분야별 주요 인물의 친일이력서

친일파 99인 (2)

반민족문제연구소 엮음

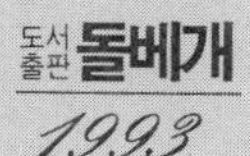

친일파 99인 (2)
—— 분야별 주요 인물의 친일 이력서

1993년 3월 25일 초판 1쇄 발행
2009년 6월 1일 초판 중쇄 발행

엮은이 / 반민족문제연구소
펴낸이 / 한철희

도서출판 돌베개
등록 1979년 8월 25일 제406-2003-018호
주소 413-756 경기도 파주시 교하읍 문발리 파주출판도시 532-4
전화 (031) 955-5020
팩스 (031) 955-5050
홈페이지 www.dolbegae.com
전자우편 book@dolbegae.co.kr

KDC 911
ISBN 89-7199-012-0 04910
ISBN 89-7199-014-7 (전3권)

잘못된 책은 바꾸어 드립니다.
책값은 뒤표지에 있습니다.

책을 펴내면서

이완용의 증손자가 이완용 명의의 땅을 되찾겠다고 나섰다. 실제로 법원에서 승소하고 있고 앞으로도 승소할 것이니 최소한 수백억 원 내지 수천억 원대의 재산을 가만히 앉아서 차지하는 셈이다. 매국 역적 노릇을 한번 잘 하면 본인의 영화는 물론이고 5대, 6대 후손들도, 아니 10대 후손까지도 그 영화가 계속될 판이니, 이제 누구든지 매국역적 노릇을 한번 잘 하고 보자고 들 것이다.

이완용은 매국역적의 대명사이며 범죄와 악한을 상징하는 일반명사이다. 그러한 이완용을 4대, 5대 후손에 이르도록 법률체계로 보호해 주고, 반면에 독립운동을 하다가 빼앗긴 재산은 지금에 이르도록 법률로써 짓눌러 버리는 것이 대한민국의 법체계이다. 하기야 법체계 자체가 바로 식민지 유산이 아니던가.

식민지에서 해방된 나라로서 식민지 시기의 반민족적 범죄와 유산을 청소하지 않은 나라는 대한민국뿐이다. 제3세계는 물론이요, 선진국을 둘러봐도 모두가 잔인할 정도로 철저하게 식민지 시기나 점령기간을 깨끗하게 청소해 버렸다. 바로 이렇게 깨끗하게 암종을 청소해 버린 결과는 전민족 성원의 흔쾌한 단결과 국가와 민족에 대한 헌신적 봉사이다. 참된 민주발전과 경제번영의 기초가 튼튼히 다져진 셈이다.

요즘 우리 사회는 많은 문제를 안고 진통하고 있다. 경제는 위기에 빠져 있고 민주화는 아직도 그 초보적인 절차마저도 준수되지 않고 있으며 사회는 온갖 이기적 요소로 산산이 흩어져 버렸다. 범죄는 세계 최고 수준을 달리고 부정부패는 끝간 데 없이 뻗쳐 있다. 이제 누구나 문제의 심각성을 인정하지 않는 사람이 없는 형편이다.

그러면 오늘날 민주화의 발전을 저지하는 반민주세력의 민족사적 실체는 무엇인가. 그리고 분단구조를 창출하고 민족통일을 저해하는 반통일세력의 민족사적 실체는 무엇인가. 또 사회의 통일적 기반을 파괴하면서 전사회를 범죄의 온상으로 몰아가고 있는 반사회세력의 민족사적 실체는 무엇인가. 이런 개념들은 친일파로 상징되는 민족반역자 매국노와 잇닿아 있다.

한 사회가 모든 범죄와 불행의 원천을 뿌리 뽑지 않고 용인한다면 그 사회는 기준이 없어지고 범죄가 창궐하는 세상으로 바뀔 것이다. 하물며 세상을 그들에게 몽땅 내맡기는 지경에 이르러서야 사회정의나 민족정기가 어디에 발을 붙일 수 있겠는가. 결국 사회 전체가 극단적 혼란과 위기에 봉착하게 될 것임은 너무나 분명한 일이다.

민족사가 이런 모양으로 흘러왔기 때문에, 민족문제에 대한 회의는 물론이요, 민족 그 자체의 존재에 대한 회의까지도 이미 적지 않게 형성되어 있는 형편이다. 민족 자체에 대한 회의가 커지면 그 민족은 어디로 가는가. 식민지 노예로 가는 수밖에 없다. 그 때 가서야 비로소 가슴을 치며 후회하겠지만 사태는 소 잃고 외양간 고치는 격이 될 터이다.

오늘날 우리가 친일파 문제를 다시 끄집어내는 이유는 이미 병증이 깊어져 기술적 처방만으로는 고칠 수 없게 된 우리 현실을 그 출발점에서부터 다시 짚어보고 대책을 강구해 보자는 심정에서이다. 친일파 문제는 대단히 중요한 문제임에도 불구하고 친일파가 주인이 되어 설쳐온 분단구조의 엄혹성 때문에 친일파 문제에 대하여 발표는 물론 연구조차 할 수 없었다. 그러다 보니 그 역사적 의미와 연결과정이 밝혀지지 못하고 결국은 과거의 이야기로 인식되어 역사 속에 묻히고 말았다.

한 사회가 제대로 나아가자면 장려와 더불어 금기가 명백해야 한다. 독립운동사에 대한 연구와 더불어 친일파에 대한 연구는 더 철저해야 한다. 우리 역사는 금기가 장려되고 장려사항은 처단받는 극도로 뒤집힌 민족사였기 때문에 더욱 그 연구에 집중해야 하고 심판에 철저해야 한다. 하물며 그것이 과거사로 끝나지 않고 현재진행상태에 있음에야.

이 문제를 해결하자는 것이 바로 우리 반민족문제연구소가 추진하는 '친일인명사전' 편찬 사업의 기본취지이다. 친일인명사전은 이름이 사전이지 사실은 친일파 심판서이다. 친일인명사전의 편찬주체는 민족의식이 투철하고 역사에 대한 책임감이 높은 전문연구자들이라야 한다. 친일권 인사들의 영향력 아래에 있는 관변단체나 어정쩡한 곳에서 손을 대, 우리 역사를 모욕하는 일은 없어야 한다.

이 책은 우리 연구소에서 앞으로 편찬할 친일인명사전의 준비사업으로 시작하였다. 즉, 지금까지의 연구성과들을 종합하여 앞으로의 본격적 연구를 위한 토대로 삼고자 함이었다. 또한 사전편찬에 들어가면 어떤 문제가 나타날 것인지 미리 점검해 보고 그 대비책을 세우며 전문연구자들의 준비 정도를 높이려는 생각도 있었다. 당초 예상했던 일이지만 많은 문제점이 나타났다. 우선 모든 사람이 공통으로 겪었던 어려움은 자료 부족이었다. 여기 실린 인물들은 친일행적이 뚜렷하여 매국노로서 손색이 없는 자들이다. 그런데도 자료가 없어서 쓰지 못하는 사람이 상당수였으니 문제가 심각한 것이다. 그들의 범죄가 가벼운 것이 아니라 그 죄를 입증할 자료가 국내에 없는 우리 현실이 딱한 것이다. 이 자료의 제약 때문에 처음에 선정되었던 사람이 빠지고 다른 인물이 실린 경우도 없지 않았다. 다음으로 친일파와 일제침략에 대한 연구가 없다 보니 전문연구자가 대단히 부족하여 많은 어려움을 겪었다. 지금까지는 친일파에 대한 연구가 추상적인 원칙론이었거나 아니면 개개인의 개별 사실들에 대한 폭로 수준에 머물러 있었다.

우리는 이러한 숱한 어려움에도 불구하고 민족의 비극과 고난을 초래한 주요 인물들을 선정하고 그들의 반민족적 행위를 계통적으로 추적하여 개개 행위의 역사적 범죄성을 논증하고자 하였다. 그러나 시간이 너무 많이 흐르고 자료가 극도로 부족한 관계로 우리의 욕심만큼 내용이 풍부하지 못하여 몹시 안타까웠다. 특히 해방 이후의 행적을 추적하여 해방 전과 후를 연결시켜서 통일적으로 살펴야 했는데 그러지 못하여 죄송한 마음 금할 길이 없다. 지금

실린 것들도 대부분 아주 공식적이고 평범한 자료들에서 뽑은 사실들이다.

그럼에도 불구하고 이 책은 친일파에게 해산당한 반민특위 이후에 민족사를 아끼는 많은 전문연구자들에 의해서 집필된 첫 친일파 심판서라는 의미를 갖는다. 왜곡되고 뒤집힌 우리 역사를 바로잡아야 한다는 소리는 높았으나 지금까지 이에 대한 구체적이고 학문적인 답변은 별로 없었다. 이 책에는 이에 대한 분명한 답변이 담겨져 있다는 점에서도 그 출간 의의가 자못 크다. 44명이라는 많은 전문연구자들이 집필에 참여한 것은 이 작업이 앞으로 민족사를 정화하는 하나의 경향으로서 추구될 것임을 예고하는 것이다. 특히 소장 연구자들이 다수 참여한 것은 이 작업이 참여자의 범위를 넓히면서 오늘의 역사적 입장에서 냉정한 심판을 계속할 것임을 다지는 결의로 이해하여도 좋을 것이다.

세계질서의 재편기 속에서 일본의 재침략을 걱정하는 사람들이 많다. 그런 걱정이 앞설수록 우리가 살펴야 하는 것은 일본이 아니라 우리 내부에 있는 앞잡이다. 이 앞잡이가 없이는 침략이 불가능하기 때문이다. 이 책의 출간이 그런 점에서 민족의 자주화를 앞당기는 선구자의 역할을 해 주기를 기대한다. 마지막 순간까지 들어갈 사람이 바뀌는 등의 우여곡절을 겪다 보니 원고를 체계적으로 검토할 시간이 절대적으로 부족하였다. 처음 시도해 본 사업이라 많은 잘못이 있을 것이다. 앞으로 이 사업이 국민적 관심 속에서 진행되면서 숨겨진 많은 내용들이 보충되리라고 믿는다. 책을 읽으신 분들께서 많은 비판과 지적을 해 주시기 바란다.

한 가지 꼭 지적해야 할 점은 종교분야에서 특정 종교와 관련된 항목이 빠져 있다는 점이다. 이유는 그 특정 종교에 친일매국행위를 한 사람이 없어서가 아니라 그 분야의 어떤 연구소에서 자료를 꽉 움켜쥐고 내놓지 않고 있기 때문이다. 개인이건 집단이건 누구나 잘못을 저지를 수도 있다. 문제는 이후에 그 문제를 대하는 자세이다. 자기 잘못을 진심으로 뉘우치고 새로운 각오로 나설 때에 참다운 성장이 있는 법이다. 자기 과거를 감추기만 하면 된다는 생각은, 특히 종교인에게서의 그런 생각은 놀라운 발상이다. 바로 이런 발상이 범죄를 재생시키는 온상이기 때문이다.

바쁘신 시간중에도 책의 출판 시점에 맞추기 위하여 앞서서 원고를 써 주신 연구소 지도위원께 감사드리며, 자료부족의 악조건과 싸우며 집필에 참여해 주신 연구원들을 비롯하여 모든 분들께 감사의 말씀을 드린다. 특히 집필대상자 선정에서부터 마지막의 원고 검토에 이르기까지 애써 주신 강창일, 김도형, 김경택, 윤해동 편집위원들께 감사드리는 바이다. 그리고 이 책은 돌베개 출판사의 제안으로부터 시작되어 돌베개 출판사의 수고로 마무리되었다. 돌베개 출판사의 한철희 주간, 심성보 편집장, 유정희 씨는 연구소에 상주하면서 작업을 챙기신 분들이다. 우리 연구소의 모든 작업이 항상 그러했듯이 이번 사업에도 연구원 김민철 씨를 비롯하여 남창균, 이원경, 양승미 씨의 수고가 밑받침되어 책이 나오게 되었다. 앞으로 더 좋은 사업을 추진하여 모든 분들의 기대에 보답할 각오를 다시 다진다.

1993년 2월

반민족문제연구소 소장 김봉우

일러두기

1. 『친일파 99인』(전3권)은 우리 민족 구성원 모두가 반드시 알아야 할 친일파를 각 분야별로 선정하여 그들의 반민족적 행각을 체계적으로 밝혀냄으로써 민족사의 정화라는 과제를 해결하려는 뜻에서 기획하였다.

2. 수록할 친일 인물들을 엄정하게 선정하기 위해 1876년에서 1945년까지의 시기를 대상으로 하여 일본 제국주의의 식민지 권력기관 및 친일단체 등에 소속되었던 인물을 1차 사료와 그간의 연구성과를 참조로 조사하여 약 2천여 명(중복 포함)에 이르는 명단을 일차로 정리하였다. 즉, 민비시해사건 주모자, 을사오적, 매국의 공신 등을 비롯하여, 친일단체의 간부이거나 식민지 권력기관의 고급 간부 그리고 비록 하수인에 지나지 않았더라고 악질적인 행위로 제 민족을 괴롭히고 파괴하는 데 앞장 섰던 자들을 선정하였다.

3. 위의 2천여 명의 명단에서 사회 각 분야별 중요 인물이라고 판단되는 약 200명을 다시 선정한 뒤, 다음의 조건을 고려하여 다시 100명 내외로 조절하였다. 즉, 첫째, 사회 각 분야의 대표적인 친일 인물인가 및 둘째, 현실적으로 집필이 가능한 자료가 존재하는가를 주요 기준으로 삼았다. 따라서 명백하게 친일행위를 했음에도 불구하고 자료 문제로 제외된 인물도 있었다. 이렇게 해서 총 대상인물이 99인으로 되었다. 따라서 이 책에 수록된 99인은 친일의 정도가 가장 극악했던 순서대로 99인을 뽑았다는 의미가 아님을 밝혀둔다.

4. 서술에서는 독자 누구나가 해당 인물의 친일행각을 명확하고도 쉽게 이해할 수 있도록 하기 위하여 해당 인물의 주요한 친일 행각을 중심으로 서술하였다. 따라서 이 책에 수록된 글들은 객관적 자료에 입각하되, 연대기적 서술 또는 사전식의 서술은 가능한 한 피했음을 밝혀둔다.

5. 개별 인물별로 편집된 제한성을 다소나마 극복하고자 서장 '친일파 문제를 다시 본다'를 수록하였다.

6. 참고문헌은 개인별 항목에서는 주로 1차 사료만을 선별하여 '주요 참고문헌'의 형식으로 수록하였고, 기타 관헌문헌 및 관련 논저를 망라하여 부록 1 '친일파 문제 관련 주요 문헌 목록'으로 정리하였다.

7. 이 책의 대상자를 선정한 주요 근거이자 차후 친일파 연구의 주요 자료가 될 '일제하 친일단체 및 기관 소속 주요 인명록'을 부록 2로 실었다.

8. 이 책에 수록된 99인은 다른 인물을 서술하는 글에서 거명될 경우 *표를 하여 각 인물간의 상호관계를 살펴볼 수 있도록 하였다(단, 중복되어 나올 경우는 처음에만 표시하였다).

『친일파 99인』 편집위원회

친일파 99인 (2) / 차례

제2부 경제

제3부 사회·문화

1. 언론

2. 학술

3. 법조

4. 여성계

친일파 99인 (1)/수록 인물

제1부 정치

1. 을사오적 ———— 이완용 / 박제순 / 권중현 / 이지용 / 이근택
2. 일진회 관련자 ———— 송병준 / 이용구 / 윤시병 / 윤갑병
3. 갑신·갑오개혁 관련자 ———— 박영효 / 김윤식 / 조중응 / 장석주 / 조희연 / 윤치호 / 정란교 / 신응희 / 이규완
4. 을미사변 관련자 ———— 이주회 / 이두황 / 우범선 / 이진호
5. 왕실·친족 ———— 윤덕영 / 민병석 / 민영휘 / 김종한
6. 관료 ———— 박중양 / 유성준 / 유만겸 / 유억겸 / 장헌식 / 고원훈 / 박상준 / 석진형 / 김대우

친일파 99인 (3) / 수록 인물

제3부 사회·문화

정치-직업적 친일분자

민원식
배정자
선우순
이각종
박석윤
박춘금
현영섭
이영근
이종형

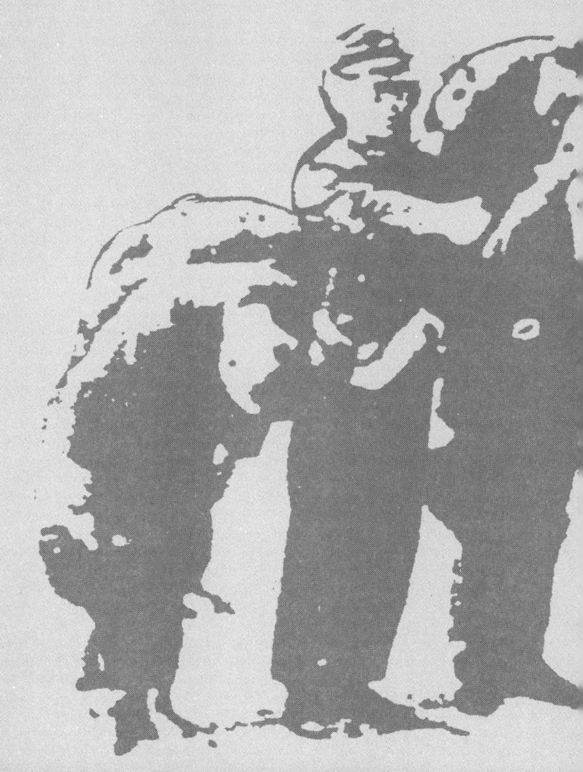

민원식

참정권 청원운동의 주동자

• 閔元植, 1886～1921
• 1910년 친일단체 진보당과 정우회 조직. 1919년 중추원 부찬의
1920년 국민협회 회장

"나의 오늘이 있음은 전적으로 일본인 덕택"

1886년 7월 출생하여 1921년 2월 16일 도쿄에서 민족청년 양근환(梁槿煥)에게 살해된 민원식은 일제 초기 최고의 직업적 친일분자라 할 수 있는 자이다.

그는 원래 평안북도 선천의 비천한 가문 출생으로 어릴 때에는 황해도 해주에서 자랐다. 갑오농민전쟁이 일어났던 8세 때 양친이 살해되어 민원식은 하루아침에 고아가 되었다.

사고무친이 된 그는 마치 상가집 개처럼 여러 곳을 방랑하다가 경성에 들어오게 된다. 경성에서 민원식은 청나라 상인 왕춘원(王春元)을 알게 되고 마침내 그를 따라 선양(瀋陽)에까지 가게 되지만 그 곳에 도착한 지 1년 만에 왕춘원이 병사한다. 그리하여 그는 조선으로 다시 돌아와 떠돌이 생활을 하게 된다.

13세가 되던 해에 민원식은 일본으로 건너가 전국을 돌아다니면서 자신이 당시의 세도가 민영준(閔泳駿)의 아들이라 사칭한다.

그런데 훗날 민원식은 자신이 그 당시 일본에서 이토(伊藤博文), 이노우에(井上馨), 소에지마(副島種臣), 도야마(頭山滿) 등의 가문에 출입하면서 명사들과

민원식

'교제'하였다는 주장을 한 적이 있다. 그러나 이 말은 상식에 어긋나는 이야기가 아닐 수 없다. 일본의 내로라 하는 정치가들이 무슨 할 일이 없어서 조선인 어린애를 상대로 '교제'를 했겠는가. 일찍부터 앞잡이로서의 싹이 보여 보호하고 교육시켰다면 몰라도 말이다. 김옥균 등 당시 조선의 친일 정객들과 가깝게 지냈던 도야마가 민원식을 수년간 식객으로 있게 해 준 것도 이런 목적 때문이었을 것이다.

그 후 민원식은 이러저러한 '교제' 끝에, 후쿠오카(福岡)에서 현(縣)지사 가와지마(河島醇)의 비호와 보살핌으로 마침내 동아어(東亞語)학교 교사가 되기에 이르렀다. 그 후 20세가 되면서 민원식은 다시 조선으로 돌아왔다. 그는 특히 글을 잘 쓰고 잘 지어 일본에서 무전여행할 때 글을 팔아 배고픔을 면하였다고 한다.

1906년 귀국한 민원식은 오카(岡喜七郎)의 주선으로 정3품 내부 위생국장이 되었다. 이들 일본인의 도움으로 그는 일찍부터 본격적인 반민족 활동을 벌일 수 있게 된 것이다. 그는 당시 미인으로 소문이 자자했던 엄채덕(嚴彩德)에게 장가를 들었는데, 그녀는 육군참장 및 중추원 참의를 지낸 엄준원의 딸이자 엄비의 조카였다. 민원식은 항상 "나의 오늘이 있음은 전적으로 일본인의 덕택"이라고 자랑스럽게 말하곤 했다 한다.

민원식은 1906년 7월 탁지부 주사에 임명되었다가 9월에는 내부 참서관으로 전임하였다. 1907년 3월에는 6품의 승훈랑(承訓郎)이었는데, 한 달 만에 정3품 통정대부로 승품되었고, 이어 같은 달 22일에는 제실회계심사위원이 되었다. 4월 25일에는 왕명으로 일본에 건너가 그 곳 궁내성 사무를 시찰하고 돌아왔으며, 6월에는 내부 서기관이 되었다. 이처럼 일제의 비호 아래 고속 승진을 계속하던 민원식도 협잡질을 하다 경무청에 연행된 사건이 일어나 결국 파면되고 말았다.

관직에서 쫓겨난 그는 이제 정치협잡꾼으로 활약하기 시작했다. 즉, 대한실업장려회라는 친일단체를 만든 뒤 '한일의정서'의 조선측 주역이자 친일파의 거두였던 이지용*과 함께 1908년 친일단체인 대한실업협회를 조직, 신문발간을 계획하였다. 또한 중추원 찬의 홍승목, 친일 정상배 이규항·김광희 등과 더불어 1908년 9월 5일 제국실업회를 설립하여, 러일전쟁 직후 상무사가 해산되자 구심점을 잃은 전국의 보부상 중 친일적 성향의 사람들을 규합하여 이들을 중심으로 '합방'을 준비하고자 하였다. 제국실업회는 당시 법부대신 조중응*이 회장으로 활약한 친일 상업단체인 동아개진교육회(東亞開進教育會)와 쌍벽을 이루면서 친일 경쟁을 하던 단체였다.

통감부 설치 시기부터 '합방' 직전에 이르는 기간에는 식민지화 정책에 편승한 친일파들에 의해 많은 친일단체들이 설립되고 있었다. 이 때 민원식은 또 다른 친일단체인 진보당과 정우회(政友會, 1910. 3)를 조직하여 활동하였다. 500여 명의 회원을 가진 진보당은 민원식과 문탁이라는 자가 주동이 되어 설립한 것이며, 정우회는 친일파의 총수인 내각총리대신 이완용*의 후원 아래 김종한*을 총재로 하고 고희준, 민원식, 정응설 등이 역원으로 활동하는 등 친일을 직업으로 일삼던 자들이 총망라된 단체였다. 이 두 단체는 표면상 모두 국권회복을 주장하고 있었으나, 실제로는 친일 여론을 조성하는 한편 '합방'을 준비하였던, 그리고 훗날 '합방'이 성립되면 그 지분을 기대하고 있던, 통감부 휘하의 '합법적' 친일단체들이었다.

동화정책에 편승하여 '신일본주의' 주창

1920년 일제의 민족분열정책의 일환으로 표방된 이른바 '문화정치'와 그에 따른 일련의 친일파 육성정책이 전개되자 민원식도 이에 적극 앞장 서게 된다. 이 때의 대표적인 직업적 친일분자로는 민원식, 선우순*, 유일선 등을 들 수 있다. 이들은 모두 상해임시정부가 '당면필살의 매국적(賣國賊)'으로 지적하여, 1차 암살대상자 명단에 넣었던 자들이었다. 선우순과 유일선은 모두 개신교 지도자로 3·1 운동이 일어나자 이후 조직적으로 이에 대한 반대운동을 벌였다. 이 기간 동안 민원식은 윤치호*, 한상룡*, 민영기 등과 교풍회(矯風會)를, 다시 김명준, 윤갑병* 등과 더불어 국민협회를 창립하고 그 기관지 『시사신문』을 발행하면서 총독부의 정치선전을 홍보하고 친일 여론을 조성하는 한편 참정운동을 주창하였다.

관직에서 쫓겨났다가 '합병'의 공로로 다시 관직에 오른 그는 1911년 이래 양지·이천·고양군수를 하다가 3·1 운동 무렵 퇴관하여 중추원 부찬의가 되었다. 전국적인 만세시위운동이 전개되자 당황한 민원식은 『경성일보』와 『매일신보』 지상에 「소요의 원인과 광구(匡求)의 예안(例案)」이라는 장문의 글을 1주일 동안 연재하여 3·1 운동을 매도하고 실력양성론을 폈다. 그는 3·1 운동은 "민족자결의 새 용어를 오해한 데서 일어난 것으로 여겨지는 망동"이고 "조선 민족은 바로 충량한 일본 민족의 일부로서 국헌을 존중하고 국법을 준수하며 개인 독립의 실력을 양성"하자고 주장하였다. 이어 그는 4월말에 또 다시 「다시 소요에 대해」라는 글을 『경성일보』에 게재하였다.

3·1 운동 이후 사이토 총독은 '몸과 마음을 걸고 일을 해 낼 핵심적 친일 인물을 골라 귀족, 양반, 부호, 실업가, 교육가, 종교가' 등에 침투시켜 '얼마간의 편의와 원조를 주어' 친일단체를 만들고자 하였다. 이 기간에 민원식은 사이토 총독의 친일파 양성정책에 적극 협력하고자 무려 19회씩이나 총독을 면회하였다.

뿐만 아니라 그는 당시 일본 수상 하라(原敬)의 '내지연장주의'(內地延長主義)라는 새로운 동화정책에 편승하여 '국민정신 발양, 사상선도, 입헌사상 및 민권신장, 자치정신 배양'이라는 구호 아래 이른바 '신일본주의'를 제창, 국민협회를 중심으로 이에 찬동하는 여론을 조성하였다. 당시 민원식이 주장한 신일본주의의 내용은 다음과 같다.

일한 양국의 병립은 과거의 사실이며, 지금은 합체하여 한 나라가 되었다. 일본은 벌써 예전의 일본이 아니요, 조선의 토지와 인민을 포유(包有)하는 신일본인 것이다. 바꾸어 말하면 일본 민족만으로 된 일본이 아니라, 일선 양민족의 일본이 된 것이다. 우리는 이 사실과 자각에 입각하여……일선 민족 공존의 대의를 완수하려 할 뿐인 것이다.

한편, 민원식은 『시사신문』을 발행하여 조선'병합'의 대의를 선전하고 자신의 친일적 행동을 전민족적으로 여론화하려 하였다. 그러나 민원식의 일본에 대한 그칠 줄 모르는 충성에도 불구하고, 당시 그의 이른바 '신일본주의' 선전 강연장에 강제동원된 민중들은 그를 일본의 앞잡이로 생각하여 비아냥거리거나 욕설을 퍼붓기 일쑤였고, 그를 '일본 당국자의 등롱(燈籠)잡이'라고 비웃었다 한다.

일제가 사주한 참정권 청원운동의 속셈

3·1 운동 직후 일본 정부와 총독부측의 일관된 공식적 입장은 일시동인주의(一視同仁主義)와 내지연장주의에 입각한 참정권 부여론을 제기하는 것이었다. 이 무렵 민원식은 일본 국회에 '참정권 청원서'를 제출한다. 신일본주의에서 출발한 참정권 청원운동은 일본 국회에 조선인 지역대표를 보내자는 것으로 일본 당국의 주선으로 민원식은 제42의회(1920. 1), 제43의회(1920. 7), 제44의회(1921. 2) 등 세 차례에 걸쳐 일본 중의원에 참정권 청원서를 제출한다. 물론 그 목적은 조선인 본위에 있는 것이 아니라 '병합'과 '동화'를 기정사실화하고 독립과 자치를 부정하고 참정권에 대한 환상을 가지게 함으로써 조선 민중을 일제의 식민지 지배정책에 충량하게 적응시키고자 하는 것이었다.

1920년 1월 국민협회 회장 민원식은 참정권 청원운동을 위해 도쿄로 가서 105명의 연서로 청원서를 중의원 의장에게 제출하였다. 그는 계속 도쿄에 머무르면서 청원서를 인쇄하여 귀족원과 중의원에 배부하는 등의 활동을 활발하게 전개했다. 즉, 이제 조선은 일본의 영토가 되었고 조선인은 일본 국민이 되어야 한다는 궤변을 늘어 놓으면서, 조선인의 동화를 위해서는 일본의 일부분으로서의 참정권을 누리는 것이 마땅하며 따라서 이를 허용해 달라는 것이었다. 더불어 일찌감치 조선인에게도 일본인과 마찬가지로 징병령을 시행할 것을 주장한다. 이것은 조선인에게 참정권이라는 '광명'을 줌으로써 3·1 운동으로 고양된 조선인의 독립의지를 희석시키고자 하는 일제의 고도의 식민지 지배 기술에 일조하는 것이었다.

한편, 제3차 청원서는 3226명의 연서와 오오카(大岡有造) 외 16명의 의원의 소개로 중의원에 전달되었다.

> 참정권은 제국헌법이 인정한 국민의 당연한 권리로서 조선이 일본의 영토가 되고 조선인은 일본의 신민이 된 이상 그것의 향유를 요구하는 것은 필연의 결과로서 조금도 괴이한 일이 아닙니다.……지금 조선의 현상은 혹은 독립을 절규하고 혹은 자치를 주장하여 표면적으로는 자못 혼돈스럽지만 이것은 본시 다수 조선인의 참뜻이 아니요, 어떠한 사람도 마음 속으로 독립의 가능성을 믿는 자는 없고, 자치 같은 것은 책상 위의 공론에 불과합니다. 오직 참정권의 요구가 가장 진면목이 되는 것으로, 전조선인 열망의 소리로서 우리들 청원자만의 희망은 아닙니다.……2천만 인으로서 그것에 반대할 이유는 없습니다.……우리들은 지금에 미쳐 병합의 사실을 운위하는 것은 이익이 없다는 것을 압니다.……이 때에 정부의 방침을 선시(宣示)하여 조선인의 전도에 광명을 던지는 것입니다.

이들 일파의 참정권 청원운동이란 독립에 대한 의지를 전혀 찾아볼 수 없고 독립운동에 대한 열망은 극소수의 견해로 돌리는 참정권 운동이었으며, 일제통치 정책의 수용만이 전조선인의 열망이라고 말하고 있는 것이다.

민원식 사후 1년이 되는 해에 국민협회 회원이 1만여 명의 연서로 일본 내각에 건백서(建白書)를 제출한 일이 있었다. 이들은 「조선 참정권 요구 건백서」에서 선거법 시행 칙령을 반포하라고 주장하며 운동을 계속했다. 그러나 그것도 1924년 이후에는 유야무야되었다. 이 때 일본 정부도 '현재의 조선에게 참정권을 부여할 의사가 없다'고 잘라 말하고 있는데, 이 단계에 가서는 전과 같은 애드벌룬마저 거두어 버리게 된 것이었다. 실제로 일제는 조선인에게 참정권을 부여하려고 하지 않았다. 그것은 1945년 식민지 상태에서 해방될 때까지 끝내 조선 민족에게 참정권을 주지 않았다는 사실 하나만으로도 쉽게 알 수 있는 일이다.

민족청년 양근환의 민원식 처단

민원식은 제3차 청원서를 내기 위해 일본으로 갔다가, 1921년 2월 16일 숙소인 도쿄 스테이션호텔에서 민족청년 양근환의 칼에 살해당한다. 제3차 청원서는 그의 그칠 줄 모르는 친일활동의 유작이자 결산이 된 셈이다.

1921년 초 민원식은 그의 친일 취지에 찬동하는 자들과 더불어 참정권 청원서를 제출하고자 도쿄에 머물고 있었다. 양근환은 그곳 『중앙신보』에서 그 사실을 알고 분개하여 그를 처단할 결심을 하고, 2월 16일 비수를 품고 그가 머물고 있는 호텔로 갔다. 양근환은 자신을 이기령(李基寧)이라고 거짓으로 소개하면서 민원식에게 조선의 현상에 관한 견해를 물었는데, 그는 친일 정객답게 오히려 평온하다고 대답하였다. 양근환이 말하기를 "금일 온 나라가 들끓고 있는데 어찌 평온타 하리오? 우리 나라를 속이는 자는 당신이다. 당신은 우리 조선인이 아니다"라고 하였다. 이에 민원식은 "상하이에서 운동하는 자는 모두 폭도다. 그 무리가 어찌 족히 독립을 이루겠는가?"라면서 당시 중국 방면에서 활동하고 있던 독립투사들을 심하게 매도하였다. 이에 양근환이 그 분함을 이기지 못하고 "상하이의 동포를 폭도라 하는데 말이 되는가?" 하고 말하였다. 이에 민원식이 벼루집을 던지려고 하자 양근환이 크게 노하여 격투하였고, 검을 뽑아 그 배를 찌르고 도주, 상하이로 도피하려 하였다. 그러나 양근환은 24일 나가사키 항으로 가서 하치야마루(八幡丸)를 타려는 순간에 체포되었는데, 조금도 초조한 기색이 없이 당당하였다고 한다. 한편, 도쿄제국대학 병원으로 긴급히 옮겨진 민원식은 다음날 아침 사망하였다. 이 때 그의 나이는 35세였다.

일제는 민원식 살해사건을 빌미로 당시 일본 내에서 소위 '불령선인'(不逞鮮人)으로 지목받고 있었던 김성범, 신원정, 이인종, 김태용, 신현성과 천도교 도쿄지부장 방정환, 박달성 등을 체포하였다. 5월 2일(음력) 양근환이 법정에서 신문을 받을 때, 홀연히 젊은 여자 한 명이 방청석에서 크게 소리 높여 말하기를 "양씨 같은 사람이 어찌 유죄판결을 받을 수 있겠는가? 심히 불가하다. 이에 나는 당연히 반대한다"하였다. 법관 기무라(木村)가 묻기를 "생명과 재산의 안전이 합병 후와 합병 전이 어떠한가?" 양근환이 말하기를 "물론 합병 전이 낫다." 기무라가 다시 묻기를 "그것은 감정이 아닌가?"라고 했고, 양근환이 "그것은 사실이다. 어찌 감정인가?" 하면서 일제의 침략상을 규탄했다고 한다. 양근환은 이 사건으로 무기형을 받았는데 이 때 그의 나이 28세였다.

사후 '추도'와 친일파 보호정책

민원식의 척살 소식은 식민지 조선 민중에게는 커다란 희열이 되었지만, 반면에 친일파와 일제 당국자들에게는 동료를 잃은 슬픔과 혹시나 자신들에게도 그와 같은 일이 닥치지나 않을까 하는 두려움을 던져 주었다.

민원식이라는 한 비열한 친일 정객의 비극적인 말로는 이들의 극진한 대접을 통해 사후 다시 한 번 지상(紙上)에 부각된다.

민원식이 위독하다는 보고가 일본 국왕에게 도착되자, 일왕은 특지로서 일본의 식민지 정책에 충량하였던 그를 정5위 훈4등에 서하고 중추원 찬의를 수여하였다. 또한 순종은 어사를 도쿄로 보내 위문하고, 사망소식을 접하자 다시 어사를 파견하여 향화료(香華料)를 내렸다. 한편, 하라 수상, 사이토 총독, 미즈노 정무총감 등 조야의 유력자들이 화환을 보냈다. 사망 소식이 경성에 전해지자 엄준원, 엄채덕, 민영대 등 가족과 친일파들은 앞을 다투어 그날 밤 일본으로 향하였다.

민원식의 유해는 19일 부산에 도착하였는데 사사키(佐佐木) 경남도지사를 시작으로 이 곳의 관민들이 영구를 맞이하였다. 총독부 관리를 대표해서 마스나가(松永) 외사과장도 참석했다. 이날 밤 유해는 남대문역에 도착하였고 국민협회 관계자 및 이완용을 필두로 조선 귀족 일동 등 일본의 '은혜'를 입은 수많은 사람들이 참석하였다. 24일 아침 서대문통, 태평통, 황금정을 거쳐 훈련원 광장에서 민원식의 노제가 열렸다. 이 때 하라 수상, 쇼우지(床次) 내상, 국민당·헌정회·경신구락부 관계자 외에 여러 '명사'가 헌사를 보내 조문을 대독, 그의 생전 활동을 찬양하고 미화하는 데 분주하였다. 장지는 경기도 고양군 숭인면 안암리로 정해졌다. 한편, 지방에서도 요란스러운 추도회가 개최되었다. 24일 평양과 함흥에서는 도지사의 주도로 추도회가 열렸고, 광주에서도 관민 다수가 참석한 가운데 추도회가 '성대'하게 개최되었다.

일본 정계에서도 민원식이 사망하자마자 이틀 후인 2월 18일 중의원 의원 요코야마(橫山勝太郎) 등 32명의 의원이 「민원식 객사에 관한 질문주의서(質問主意書)」를 의장에게 제출하였다. 이들은 "민원식은 온건한 친일주의의 신사로서 소위 완미(頑迷)한 불령선인이 동군 등의 신변에 위협을 가하였다.…… 본의원 등은 과격한 불령선인에 대한 엄중한 취체를 할 필요가 있는 동시에 일한합병의 취지를 헤아리고 일선공존의 목적을 위해 노력하는 친일주의의 인사에 대해 주도면밀한 보호를 할 필요가 있다"고 말하고 정부의 공식적인 의견을 물었다. 이에 3월 8일 내각 총리대신 하라(原敬)가 답변을 통해 이에 동감한다고 하였다. 다시 3월 9일 중의원 회의에서 요코야마는 민원식의 신일본주의와 친일파로서의 업적을 설명하는 한편 향후 '박해'받고 있는 친일파들을 보호할 것을 바라는 의미의 연설을 하였다. 다시 3월 17일의 연석회의에서 민원식 문제를 거론, 그는 조선에서 다수의 친일파를 대표하는 인물이므로 고별식으로서 총리대신과 내무대신도 민원식의 사체 앞에 서서 꽃을 바치고 참렬(參列)하라고 하였고, 이에 의원들의 박수를 받았다.

한편, 총독 사이토는 민원식의 무덤을 무려 1천 수백만 엔이라는 거액을 들여 손질해 주었다 한다. 일본인에게 민원식이 얼마나 소중한 존재였는가를 다시 한 번 확인한 것이다.

■ 조재곤(국민대 국사학과 박사과정)

주요 참고문헌

帝國實業會, 『帝國實業會商務細則附則』, 1908. 9. 5.

「噫 閔元植氏」, 『朝鮮』, 1921. 3.

『帝國議會衆議院議事速記錄』.

「朝鮮參政權要求建白書」, 『時事評論』 1, 1922. 4.

韓國史料研究所, 「大正 九年 六月 朝鮮人 概況」, 『朝鮮統治史料』 7, 1971.

배정자

정계의 요화(妖花)로 불렸던 고급 밀정

• 裵貞子, 1870~1951
• 1894년 이후 정계의 고급 밀정으로 맹활약
1920년 보민회 발기인. 1922년 조선총독부 경무국 촉탁

이토의 양녀가 되어 밀정교육을 받다

일제시기 요화(妖花)로 불렸던 배정자는 뛰어난 미모와 함께 이토 히로부미(伊藤博文)의 양녀로 숱한 화제를 뿌렸으며 또한 일제를 위해서라면 목숨까지 무릅쓰고 정보를 얻어 내었던, 누구보다 탁월한 실력의 일제 밀정이었다.

그런데 아직도 어떤 사람들은 배정자를 일제의 밀정으로서보다는 뛰어난 용모를 지녔던 이토의 양녀로 많이 알고 있다. 또 일제시기 조선총독부를 다룬 어떤 소설에서는 배정자가 마치 조선을 위해 일본 밀정으로 위장활동을 한 것처럼 얘기하고 있다. 배정자에 대한 이러한 이해는 시각의 차원을 넘어서 사실 자체를 왜곡하는 것이다. 배정자는 누구와도 견줄 수 없는 일제의 충견이었다.

배정자는 1870년 김해에서 밀양부의 아전 노릇을 하던 배지홍(裵祉洪)의 딸로 태어났다. 어릴 때 이름은 분남(粉男)이었다. 배정자라는 이름은 나중에 이토가 직접 지어준 일본 이름 다야마 데이코(田山貞子)에서 비롯된 것이다.

3세 되던 1873년 배정자는 아버지를 잃었다. 아버지는 당시 대원군이 권좌에서 쫓겨난 뒤 불어닥친 숙청바람에 휩쓸려 대구 감영에서 처형되었다. 졸

배정자의 양부였던 이토 히로부미. 배정자는 뛰어난 미모와 이토의 양녀라는 신분을 배경으로 일제의 밀정으로서 탁월한 실력을 발휘하였다.

지에 아버지가 죽고 집안이 산산조각이 나자 어머니로서는 살 길이 막막했다. 아버지가 역적으로 몰려 처형되었기 때문에 어머니는 마음대로 일할 수도 없었다. 엎친 데 덮친 격으로 어머니는 아버지의 죽음에 충격을 받아 눈까지 멀어 버렸다.

이에 어머니는 어린 배정자를 데리고 집을 뛰쳐나와 발길 닿는 대로 떠돌아 다니며 살았다. 그러나 집을 나와 유랑생활을 한다고 해서 사정이 나아질 수는 없었다. 할 수 없이 어머니는 어린 배정자를 양산에 있는 통도사에 맡겨서 키워 달라고 부탁하였다. 이 때가 1882년으로 12세 되던 해이다.

배정자는 이 때부터 여승이 되어 절에서 승려 수업을 받았다. 그러나 승려생활이 체질에 맞지 않았는지 1년도 넘기지 못하고 절에서 뛰쳐 나왔다. 절에서 나와 떠돌이 생활을 했지만 죄적에 올라 있는 역적의 자손이었기 때문에 곧 밀양관청에 체포되었다.

그런데 당시 밀양부사로 있던 정병하(鄭秉夏)는 배정자의 부친과 알고 지내던 사이여서 그를 풀어 주었다. 뿐만 아니라 국내에서 살기 어려운 그의 처지를 생각하여 당시 무역상인으로 위장하여 활동하던 일본인 밀정 마쓰오(松尾)에게 부탁하여 일본으로 건너갈 수 있도록 주선해 주었다. 이렇게 하여 배정자는 1885년 15세 되던 해에 일본으로 건너갔다. 일본에서 배정자는 갑신정변 실패 후 망명해 있던 개화파 인물 안경수(安駉壽)를 알게 되었다. 안경수와의 만남은 이후 배정자의 일생에 커다란 전환점이 되었다.

안경수는 배정자를, 역시 일본에 망명중이던 김옥균에게 소개하였는데, 김옥균은 그를 데리고 있으면서 보호해 주었다. 바로 이 때 배정자의 인생을 바꿔 놓은 일본의 실력자 이토를 만나게 된 것이다. 이토는 배정자의 빼어난 미모가 마음에 들어 자기 집에서 살게 하고, 하녀 또는 양녀로 생각하면서 새로이 다야마 데이코라는 이름을 직접 지어 주었다.

이토는 배정자에게 수영, 승마, 자전거, 사격술, 변장술을 가르쳐 밀정으로 써먹을 날을 대비했으며, 당시의 동양 정세를 설명하면서 '일본이 동양 3국을 지배해야 동양의 평화가 온다'는 일제의 침략사상으로 그녀를 철저하게 무장시켰다.

고종의 총애 속에 세도를 부리다

이토에게 세뇌된 배정자는 드디어 1894년 24세의 나이에 밀정으로 조선에 파견되었다. 그러나 부산에서 서울로 오는 도중 체포되었다. 이 때 그는 김옥균이 국내의 어윤중(魚允中), 김홍집(金弘集) 등에게 보내는 편지와 안경수의 밀서를 지니고 있었다. 체포되어 조사받는 과정에서 김옥균의 편지와 밀서가 발견되어 심한 고초를 겪었다.

당시 김옥균, 안경수 등을 비롯한 망명 개화파는 나라의 역적으로 몰려 있었기에 배정자는 역적의 연락원으로 들어온 셈이었다. 결국 첫번째 밀정으로서의 임무는 실패로 끝났지만, 이토의 양녀라는 신분을 내세워 위기를 간신히 넘기고 일본으로 되돌아갈 수 있었다.

그러나 일본으로 돌아온 배정자는 고영근(高永根)을 만나면서 다시 밀정으로 파견되는 기회를 잡게 되었다. 고영근은 민비 살해사건의 주범 가운데 한 사람이었던 우범선*을 일본에서 살해한 사람이었다. 당시 일본 경찰은 고영근을 붙잡아 그를 정략적으로 이용해 먹으려는 음모를 꾸미고 있었다. 일본의 입장에서 볼 때 고영근은 살인범에 지나지 않았지만, 조선 정부에게는 충신이었기 때문에 충분한 이용가치가 있었다.

배정자는 고영근의 신임장을 가지고, 당시 서울에 부임하던 하야시(林權助)

공사의 통역 자격으로 다시 조선에 밀정으로 들어왔다. 배정자에게 부여된 임무는 일제의 조선 침략에 장애가 되는 러시아 세력을 황실에서 몰아내는 것이었다. 조선에 들어온 배정자는 주로 일본공사관에서 생활했다. 그러다가 1903년, 당시의 세도가였던 엄비의 조카사위 김영진(金永鎭)과 이용복(李容馥)을 만나게 되었고, 또 이들을 통해 황실로 들어갈 수 있는 기회를 얻게 되었다. 배정자는 엄비의 주선으로 고종에게 소개되었는데, 고종은 그의 미모에 감탄하면서 일본에 대한 정보를 알려 줄 것을 부탁하였다. 얼마 지나지 않아서 화려한 미모와 뛰어난 일본어 실력으로 그는 고종의 총애를 받게 되었다.

이러한 신임을 바탕으로 배정자는 러일전쟁 직후인 1904년 말, 밀정으로서 큰 공을 세우게 된다. 당시는 일본과 러시아의 관계가 점차 악화되는 상황이었다. 민영휘*, 이용익(李容翊) 등 친러파 거두들은 러시아와 일본이 전쟁을 벌일 경우, 러시아가 승리한다고 내다보고 있었다. 이들은 러시아 군대를 끌어들여 일본과 전쟁을 벌이려고 생각하였고, 이를 구실삼아 고종을 외유라는 이름으로 블라디보스톡으로 옮겨 가려는 계획도 세워 놓고 있었다. 그러나 고종이 배정자에게 블라디보스톡에 갈 때 데리고 가겠다고 말하는 바람에 비밀이 일본으로 사전에 새나가 계획은 실패로 끝나고 말았다. 밀정으로서의 진면목을 훌륭하게 발휘한 것이었다.

35세가 될 때까지 혼자 살고 있던 배정자가 재혼한 것도 이 무렵의 일이다. 배정자는 원래 일본에서 김옥균의 보호 아래 있을 때 전재식(田在植)과 결혼한 적이 있었다. 일본에 건너가기 전에 한때 기생집에 있으면서 대구 중군(中軍) 전도후(田道後)의 아들 전재식을 알게 되어 깊은 관계에 빠졌다가, 훗날 전재식이 일본으로 유학을 오자 배정자는 그와 다시 만나 결혼하였던 것이다. 그러나 배정자의 첫 결혼생활은 당시 게이오의숙(慶應義塾)에 다니던 전재식이 잠깐 귀국했다가 병을 얻어 죽는 바람에 끝장 나고 말았다.

두번째 남편은 일본공사관의 조선어 교사였던 현영운(玄英運)이었다. 현영운은 배정자의 노력으로 박영철*, 박두영(朴斗榮) 등과 함께 일본으로 유학을 가서 육군사관학교를 나온 것으로 전해진다. 배정자에 대한 고종의 총애 덕분에 현영운은 결혼한 뒤 눈에 띄는 대우를 받았다. 즉, 파격적인 승진을 거듭하여 육군 참령, 육군 참장, 육군 총장, 삼남 순무사를 거쳐 궁내부 대신 서리까지 오른 것이다. 현영운의 남다른 출세는 고종이 일제의 밀정이었던 배정자를 얼마나 아끼고 신임했는가를 잘 보여 주는 한 예이다.

밀서사건으로 절영도로 유배가다

러일전쟁이 점차 확대되자 배정자는 일본 군부의 종군 명령을 받고 만주로 갔다. 만주에서도 뛰어난 활약을 하여 '여자 밀정 배정자' 하면 일본군 장교들 사이에 모르는 사람이 없을 정도였다.

그러나 국내에서 다시 친러파가 득세하자 배정자는 이를 막으려는 일본군의 명령을 받고 서울로 돌아오게 되고, 서울에서 친러파를 몰아내는 작업에 밀정으로서 봉사하다가, 고종이 이토에게 보내는 친서를 받아들고 일본으로 건너간다.

오랜만에 배정자를 만난 이토는 너무도 기뻐 그를 스루가타이(駿河臺) 하마다(濱田)병원에 입원시켜 피로한 심신을 풀게 하였다. 그리고 얼마 되지 않아 그는 이토로부터 중요 밀서를 받아 귀국하여 고종에게 전달하였다. 한편 이 때 이봉래(李鳳來), 강석호(姜錫鎬) 등이 배정자를 암살하려는 계획을 세웠으나 일본군이 보호하고 있어 성사되지 못하였다.

밀서는 일제가 고종에게 보내는 일종의 '권고서'로서 일본에 대한 주의를 환기시키는 오만방자한 문서였다. 밀서를 전달받은 정부에서는 너무 놀라 일본에 대한 경계를 늦추지 말 것을 다짐하였다. 특히 이 때 고종과 일본이 가까워지는 것을 염려한 친러파 내각은 일제의 밀정 배정자의 밀서 전달을 문제 삼기에 이르렀다. 고종의 신임을 배경으로 하늘 높은 줄 모르고 날뛰던 배정자도 밀서사건으로 곤욕을 치르게 된 것이다. 결국 이 사건으로 배정자는 1905년 2월, 3년 유배형을 받고 부산 앞바다에 있는 절영도(絶影島)로 쫓겨났다. 이 때 그의 나이 36세였다.

일본에 충성을 다했던 밀정 배정자가 유배되자 일본공사관에서는 서기관 구니와케 쇼타로(國分象太郎), 간카와 이치타로(監川一太郎) 등을 파견하여 위문하였다. 또 일본 정부에서도 이토 등이 대리사절을 보내 위로하였다. 배정자의 유배생활은 오래 가지 않았다. 러일전쟁이 일본의 일방적인 승리로 끝나자 1905년 11월 14일 부산에 도착한 이토는 비서관을 보내 배정자의 사면을 정부에 종용하였다. 당시 이토는 일본특파대사 자격으로 조선의 외교권을 박탈하는 '을사조약'을 체결하기 위해 서울에 오는 길이었다. 이에 정부는 할 수 없이 배정자를 석방하였다. 이제 배정자로서는 자신의 양아버지라 할 수 있는 이토가 서울로 옴으로써 자신의 친일 능력을 발휘할 수 있는 기회를 다시 한 번 잡게 된 것이다. 또 일제의 야심이 노골화되던 시기여서 고종에게도 일본의 사정을 잘 알고 있는 배정자는 어느 정도 필요한 존재였다.

고종은 배정자를 불러 이토의 방문에 공로가 컸다고 치하하면서 이토가 어떤 사람인지를 물었다. 배정자가 "이토는 폐하와 한국을 돕기 위해 왔다"고 대답하자, 고종은 "이토는 일본의 중신(重臣)이니 응당 자국을 위하고 그 다음에 우리 나라를 생각하지 않겠느냐. 그대가 이토를 성의껏 모셔 이 나라에 도움을 주도록 하라"고 말했다.

배정자에게서 고종의 말을 전해 들은 이토는 "네 남편 현영운이 의병대장이 되고 엄비나 순비도 요즈음 너를 멀리한다는데, 궁중에서 나의 일을 도울 수가 있겠느냐"고 물었다. 이에 배정자는 궁중의 김영진과 이용복, 일본 유학에서 돌아온 이갑(李甲)과 유동열(柳東說) 그리고 일진회의 이용구*와 송병준*이 모두 일제를 위한 좋은 협력자들이라고 말하면서 이토를 안심시켰다.

이토의 사망 소식을 듣고 병석에 눕다

'을사조약'에 따라 1906년 3월, 이토가 조선의 초대 통감으로 부임하고 친일내각이 들어서자 밀정 배정자는 마치 제 세상을 만난 것 같았다. 배정자 덕분에 그의 오빠 배국태(裵國泰)는 한성판윤, 동생은 경무감독관으로 승진되기도 하였다. 밀정 배정자가 그야말로 생애 최대의 전성기를 맞이한 것이었다. 배정자는 이토라는 막강한 보호막을 뒷배경으로 삼아 아무 거리낌없이 밀정으로서의 역할을 수행하였다. 특히 그는 1907년 헤이그 밀사 사건이 일어나 일제가 고종에게 퇴위 압력을 넣을 때, 밀정으로서의 역할을 톡톡히 했다.

그러나 배정자는 1909년 6월 이토가 통감 자리에서 물러나면서 빛을 잃기 시작하였다. 막강한 후원자였던 이토와 운명을 같이해 온 배정자에게는 당연한 일이었다. 배정자는 당시 조선에서 복잡하게 전개되고 있던 청나라와의 국제관계를 해결하기 위해 도쿄로 갔다. 도쿄로 떠나던 날 배정자를 자신의 관저로 부른 이토는 다음과 같은 중요한 지시를 내렸다.

> 청나라의 앞으로의 움직임은 조선과 일본은 물론 동양 전체에 큰 영향을 미칠 것이며, 또한 위안 스카이(袁世凱)의 부인이 조선인이라 하니 그대가 접근하여 일본과 청의 화목을 이루도록 하라. 나의 이상은 동양 3국을 병합하여 동양평화의 기초를 튼튼히 하는 것이다.

배정자는 그러나 이러한 지시를 실천에 옮기기도 전인 1909년 10월 26일, 이토가 하얼빈 역에서 안중근 의사에게 사살되었다는 소식을 들었다. 그는 이토가 죽었다는 청천벽력 같은 소식을 듣고 그 자리에서 쓰러지고 말았다. 마음의 태양같이 믿고 따르던 이토가 죽은 뒤 배정자는 며칠 동안 식음을 전폐하다시피 생활하다 드디어 병으로 드러누웠다. 이토의 말이라면 팥으로 메주를 쑨다 해도 믿고 따랐던 일제 밀정 배정자다운 자세였다. 1910년 8월 한일 '합방' 소식을 들었을 때도 병석에 누워 있으면서 소리 높여 만세를 불렀다고 한다.

실의와 좌절의 늪에 빠져 있던 배정자에게 다시 구세주로 나타난 것은 조선주둔군 헌병사령관 아카시(明石元二郞)였다. 아카시는 배정자의 과거 밀정 경력을 높이 평가하여 헌병대 촉탁으로 채용했다. 1914년 제1차 세계대전이 터지고 일본도 시베리아 지역으로 군대를 파견하게 되자, 배정자도 일본군을 따라 함께 갔다. 이 곳에서 배정자는 포로가 되기도 하고 마적단에 납치되었다가 풀려나는 등 죽을 고비를 몇 번씩 넘기면서도 일본군의 밀정으로 맹활약했다. 이 때 배정자는 중국 마적단의 두목과 상당 기간 동거생활을 하면서 정보를 빼내 일본군에 넘겨 주기도 하였다. 그야말로 몸과 마음을 다 바치면서 일제의 밀정노릇을 했던 것이다.

그 뒤 배정자는 일본 외무부 촉탁으로 자리를 옮겨 펑톈(奉天)영사관에 근무하면서 주로 남만주 일대의 조선인들의 움직임을 하나하나 감시하여 보고하는 일을 맡았다. 그 후 국내로 들어와 얼마 동안 활동하다가는 1919년 3·1

운동이 일어나자 다시 임무를 부여받고 만주로 갔다. 일제가 배정자에게 내려준 임무는 만주에 보민회(保民會)를 창설하는 것이었다.

1920년 봄, 일제 총독부는 최정규(崔晶圭), 이인수(李寅秀) 등을 중심으로 한 옛날의 일진회 잔당들을 끌어모아 만주의 독립운동단체를 파괴하기 위한 무장 첩보단체로서 보민회를 만들었다. 보민회의 후원자는 조선총독, 조선군 사령관, 총독부 경무국장 등이었다. 보민회의 반민족적 성격은 1920년 4월 11일 초대 보민회 회장 최정규 등이 독립군 장기정을 잡고 무기와 서류를 빼앗은 일에서도 알 수 있다. 최정규는 보민회에서 활동한 공로를 인정받아 뒷날 중추원 참의에 오르기도 했다.

배정자는 밀정이었으므로 제우교 성부인(濟愚教誠夫人)이라는 직함으로 발기인에 참여했으며, 보민회 고문이 되었다. 배정자는 보민회에서 활동하면서 총독부로부터 운영자금을 조달하는 데 뛰어난 수완을 발휘하기도 했다.

같은 조선 여성을 일본군의 노리개감으로 바치다

배정자는 보민회 활동을 마치고 1922년 국내에 들어와 총독부 경무국 촉탁으로 있으면서 밀정노릇을 계속했다. 조선총독부 경무국장 마루야마(丸山鶴吉)의 주선으로 촉탁이 된 배정자는 그의 지령으로 항일독립투사를 잡아들이는 데 누구보다 앞장 섰다. 총독부는 이러한 공로를 높이 평가하여 약 600여 평이나 되는 토지를 주기도 했다. 배정자는 1924년 57세로 일선에서 물러났는데, 총독부는 그 뒤에도 촉탁이라는 이름으로 봉급을 계속 주어 넉넉한 생활을 하도록 배려해 주었다.

1940년 태평양전쟁이 일어나자 배정자는 70세의 늙은 몸을 이끌고 남양군도로 달려갔다. 당시 배정자는 전선에서 '자신의 조국 일본 장병들이 고생하는 것이 가슴 아프다' 하여 일본군의 후원으로 조선인 여성 100여 명을 군인위문대라는 이름으로 끌고갔다. 배정자는 같은 조선인 여성들을 성욕에 굶주린 일본군들의 노리개감으로 바치면서까지 일제의 승리를 위해 충성을 다했던 것이다.

배정자는 뛰어난 미모에 걸맞게 늙은 나이에도 항상 퍼머 머리를 하고 당당하게 걸어다녔다. 밀정으로 활약하면서 서울과 일본에서 숱한 염문을 뿌리고 다닐 만큼 남성 편력도 화려했다. 두번째 남편인 현영운과 1년 살다가 이혼한 뒤, 동생으로 부르던 박영철과 다시 결혼했다가는 또 1년 만에 헤어졌다. 이와 함께 일본인 오하시(大橋), 은행원 최모, 전라도 갑부 조익헌, 대구 부호의 2세 정경진 등과 끊임없이 관계를 맺었다. 또 57세로 은퇴할 때에도 25세 된 일본인 순사와 동거하고 있었던 것으로 전해진다.

1945년 8월 15일 조선이 일제로부터 해방될 때, 배정자는 지난날의 반민족적인 밀정 행위에 대한 응징이 두려워 집에서 숨어 지냈다. 1948년 어느 기자가 성북동의 집으로 찾아가 배정자에게 조선이 해방되고 새로 정부가 세워진데 대해 어떻게 생각하느냐고 물었다. 이에 배정자는 '기쁜 마음이 가득 차서 무어라 말할 수 없다'고 하였다. 또 자신의 친일행위에 대해서는 '지금 아무 기억도 없고 다 어리석고 나이가 어렸던 까닭에 어찌할 수 없었던 일'이라고 변명하였다. 이 때 옆에 있던 배정자의 손자가 할머니를 흔들면서 '자백하라', '용서를 빌어라' 하면서 다그치기도 하였다 한다.

해방된 뒤, 배정자로서는 자신의 밀정 행위를 진정 잊고 싶었는지도 모른다. 그러나 1948년 9월 국회 본회의에서 '반민족행위자특별처벌법'이 통과되자, 배정자도 국민의 심판대에 오르게 되었다. 반민특위가 본격적으로 가동되면서 일제시기의 악질적 친일행위로 인해 구속된 여성은 모두 6명이었다. 이 가운데 배정자는 반민특위에 제일 먼저 검거되었다. 밀정으로서의 악명이 일찍부터 알려졌고 국민들의 처벌요구가 그 누구보다 드높았기 때문일 것이다.

반민특위의 해산으로 감옥에서 나온 배정자는 주위에 돌봐 주는 사람 없이 어렵게 생활하다가 1951년 한국전쟁 때 서울에서 81세로 사망하였다. 지난날의 화려했던 영화를 간직한 채 쓸쓸한 말로를 맞이한 것이다.

■**김무용**(구로역사연구소 연구원)

주요 참고문헌

『민족정기의 심판』, 혁신출판사, 1949.
고원섭 편, 『반민자죄상기』, 백엽문화사, 1949.

선우순

내선일체론의 나팔수

• 鮮于錞, 1891~1933
• 1920년 대동동지회 회장. 1921년 이후 13년간 중추원 참의

기독교 친일화의 앞잡이로 친일 행각 시작하다

선우순은 1891년 3월 평안남도 평양 육로리(陸路里)에서 출생하였다. 1909년 『서북학회월보』에 「국가의 개요」라는 글을 발표한 것으로 보아 박은식 등과 함께 계몽활동을 전개한 것으로 보인다. 1931년에 나온 『조선신사록』(朝鮮紳士錄)에 의하면 그는 1907년 『대한매일신보』 기자로 입사하였고 1910년 3월에 퇴사한 것으로 기록되어 있으나 확인되지는 않는다. 이어 4월에는, 1909년 일본인에 의해 창간·경영되고 있던 평양신문사(일문)에 입사하여 주필 겸 편집부장을 지냈다. 이 때 그가 친일의 길을 걷게 된 계기가 마련된 것으로 보인다. 언제 입학했는지는 확실하지 않으나 1910년 11월에 보성전문학교 법률과를 졸업하였으며, 이어 일본 유학을 떠나 1914년 12월 일본 교토(京都) 도지샤(同志社)대학 기독교신학과를 졸업하였다.

선우순이 도지샤대학을 들어가게 된 계기는 다음과 같다. 도지샤대학은 일본조합기독교회의 전신인 일본기독전도회사 의장인 니지마죠(新島襄)에 의해 1875년에 설립된 학교로 니지마가 중심이 되어 일본 애국주의를 교육하던 곳이다. 그런데 일본기독전도회사는 1886년 제9회 대회에서 일본조합기독교회로

선우순

명칭을 바꾼 뒤 1899년에 조선에 진출하기 시작했다. 그리고는 1903년 조선 내에서 포교할 것을 결의하고 이듬해 경성교회를 창립함으로써 종교 침략의 발판을 만들었다. 한편 '합방'이 있은 후 데라우치(寺內正毅) 총독은 조선 민족운동의 본산이 기독교라고 여기고 '105인사건' 등을 날조하여 기독교도 민족운동가들을 탄압하였다. 그러나 그는 여전히 식민통치가 그들로부터 위협을 받고 있다고 판단하였다. 이런 차에 1911년, 일찍부터 조선전도론을 부르짖던 일본조합교회의 와다세(渡瀨常吉)가 조선전도부 총무로 부임하자 총독부는 이를 크게 환영하였다. 와다세는 1889년 대일본해외교육회에서 서울에 경성학당을 세울 때 초대 학당장을 역임한 바 있으며 1907년 일본으로 돌아가 일본조합교회 목사 안수를 받고 1909년 전도계획을 위해 조선을 방문하여 식민지 정책과 식민지 선교를 주장한 바 있었다. 그는 조선에 부임한 뒤, 데라우치 총독을 방문하여 식민지 전도에 협조해 달라는 부탁을 하였으며, 일본 수상 및 조선 총독의 지원뿐만 아니라 일본 재계의 실력자들로부터 많은 기부금을 얻어 조선에서 대대적인 전도사업을 실시하여 1911년 7월에 한양교회와 평양 기성(箕城)교회를 세웠다. 아마도 선우순은 평양신문사에 입사하여 일본인과 교제하면서 당시 평양 기성교회를 출입하게 되고, 이 때 와다세의 눈에 띄어 도지샤대학으로 유학하게 된 것으로 보인다.

도지샤대학에서 조합교회 전도사 수업을 받고 졸업한 후 국내로 들어온 선우순은 1915년에 기성교회의 전도사가 되어 평양을 중심으로 한 평남지역 포교에 열을 올렸다. 조합교회는 막대한 자금력과 총독부의 보호 속에서 가난한 농민들과 상인들에게 각종 혜택을 받을 수 있도록 해 주었으며, 심지어는 세금 혜택까지 주면서 조합교회에 나오도록 유도하였다. 그리하여 1918년 말에는 함북과 경남을 제외한 전지역에 149개의 교회를 세웠고 1만 3631명의 신도를 확보하였다. 이 무렵 일본에서는 조합교회가 지(支)교회까지를 포함하더라도 102개에 지나지 않았고, 신도 수도 1만 6630명밖에 되지 않은 것을 보면 상당한 숫자였다. 선우순은 한편 1917년 4월에 정미소를 개업하여 개인사업도 병행하였다.

내선일체운동의 기수, 대동동지회를 조직하다

1919년 3·1 운동이 일어나자 일본조합기독교회측은 조선반도의 교화를 외국인 선교사에게 일임하지 않겠다는 자세를 가지고 '배역운동'(排逆運動), 이른바 '대시국운동'이라는 명칭으로 함남북을 제외한 전국을 순회하면서 강연회를 개최하기 시작했다. 이 운동에 선우순은 유일선(柳一宣), 신명균(申明均), 차학연(車學淵)과 함께 조선인측 중심 인물로 참가하였다. 그들은 각종 책자와 인쇄물을 배포하면서, 집회 등을 통해 '내선인 융화, 정신계의 개척, 사상의 건전한 발달' 등을 선전하고 다녔다. 선우순은 4월 13일부터 일본조합교회 조선순회교사인 다카하시(高橋鷹藏), 중화(中和)·황주(黃州)교회 전도사인 혼마(本間淸) 등과 함께 '배역유세단'을 조직하고 황해·평남·평북 3도에 걸친 지방 일대에서 적극적인 포교활동과 만세진정운동을 벌였다. 또한 그는 1919년 9월 19일에 중추원 회의장에서 개최된 지방 유력자 모임에서 조선 독립 불능론을 강연하는 등 일제의 앞잡이 노릇을 마다하지 않았다. 그리하여 1919년 8월부터 1926년 12월까지 사이토 총독이 그를 119번이나 만나 주었다는 기록이 증명하듯이 일제로부터 돈독한 신임을 받았다.

그 뒤 1920년 평안도 지방에 발흥한 독립사상을 파괴하기 위하여 평안남도지사 시노다(篠田治策)의 사주와 지원으로 선우순은 나일봉(羅一鳳), 김흥건(金興健) 등과 함께 일본과 조선 양민족의 공존공영이라는 미명으로 포장한 대동동지회(大東同志會)를 창립하고 회장에 취임하였다. 시노다는 도쿄제국대학 법대를 졸업하고 변호사를 하다가 1906년에 제3군사령부 부설 국제법사무 촉탁으로 통감부 간도파출소 사무관을 역임하면서 조선과 청나라간의 쟁점이었던 간도문제를 일본에 유리하게 해결하는 데 기여하였던 자이다. 1910년 '합방'과 동시에 평안남도 내무부장에 임명되어 일찍이 평남 지역과 인연을 맺은 이래 1919년에는 평안남도 지사로 임명되었다.

평안남도 일대는 독립운동이 가장 거센 지역이었으며 3·1 운동 당시도 가장 민족운동이 격렬했던 곳이었다. 시노다는 평안남도 지역이 전통적으로 관헌에 반항하는 지역이며 불온사상의 근원지라고 보았고, 지역주민들이 선교사의 보호를 받기 위하여 정치적 의미에서 기독교를 신앙하고 있다고 판단하였다. 또한 상해임시정부와 연락 관계를 맺어 1919년에서 1920년까지의 기간 동안 독립운동가들에게 경찰관이 가장 공격을 많이 받은 지역이므로 특별한 조치가 필요하다고 인식하였다. 시노다는 내무부장 히라이(平井三男 : 총독부 학무과장 역임) 등을 동원하여 조선 독립 불능론을 강연하고 다녔지만, 조선 민중으로부터 호응을 얻지 못하자 조선인들을 이용하여 선전활동을 전개할 필요를 강하게 느꼈다. 이에 일본조합기독교도이며 조선인인 자들을 이용해 민심수습에 나서고자 하였다. 그러나 종교의 이름으로 사업을 전개하는 데는 한계가 있었으므로 선우순을 내세워 친일조직 '대동동지회'를 조직하도록 사주한 것이었다. 시노다는 대동동지회를 조직할 당시를 다음과 같이 회고하고 있다.

> 기자 자손이라 칭하는 평양의 명문에서 출생하였는데도 친일파인 선우순 씨가 대동동지회를 지도하여 크게 친일론을 고취하고 저들 불량배(독립운동가——인용자)의 획책으로 잘못된 소이(所以)를 역설하여 내선의 융화에 노력함으로써 선우순씨의 반대파에서 대단한 박해를 입었지만 나날이 동지를 얻어 크게 친일적인 효과를 거두었다.

선우순은 대동동지회를 이끌고 축음기, 영사기 등을 가지고 전국을 순회하며 설교, 강연, 호별방문을 통해 만세를 부르지 말도록 종용하였다. 『고등경찰

요사』에 의하면 대동동지회의 회원은 약 3000명이었다고 한다. 대동동지회는 또한 도쿄에 유학생을 파견하여 새로운 친일파를 양성하기도 하였다.

한편, 선우순은 기관지로 『대동신보』를 창간하면서 그 사장에 취임하였고, 평양에서 『공영』이라는 월간지도 발간하였는데, 이들 신문·잡지는 모두 일선융화, 공존공영의 논리를 내세우면서 민중들을 기만하는 데 앞장 섰다. 선우순의 내선일체론은 그가 『조선 및 조선민족』에 기고한 「내선일체에 대하여」라는 글에 잘 나타나 있다.

> 이들(조선과 일본——인용자)은 이해관계가 공통하고 순치보거(脣齒輔車)의 관계이므로 내선인(內鮮人)이 마치 잉글랜드와 아일랜드 혹은 웨일즈와 같이 서로 한덩어리가 되어 대륙방면으로 발전하고 세계적으로 웅비하는 방법은, 조선을 독립시켜 소위 3천리 강산과 2천만 인구로써 나가기보다 일본과 하나가 되어 넓은 면적과 7천만의 인구로 나가는 방법이 확실히 유리할 것이다……무릇 극동에서 일본도 역시 잉글랜드와 같이 세계적으로 발전하는 데는 서쪽에 있는 조선을 언제까지 불평불만의 자리에 두어서는, 즉 조선인이 혼란스러운 동안 일본과 본당(本當)의 발전을 도모하는 것은 곤란하다……일본인은 설사 조선인을 증오하여도 역시 표면에서는 잘 제휴하지 않으면 안 되고 조선인 역시 내지인을 증오하여도 조선인 장래의 발전을 위하여 하나가 되지 않으면 안 된다고 생각한다.

선우순의 내선일체, 공존공영의 논리는 자신의 견해라기보다는 총독부가 식민통치의 궁극적 목적으로서 선전한 내용으로, 식민치하에서는 정치적 또는 사회적으로 결코 행해지지 않는, 아니 행해질 수 없는 내용을 조선인의 입을 빌려 선전하고자 한 것이었다. 그는 조선 민족과 일본 민족은 이해관계가 같아, 조선인은 일본을 믿고 일본은 조선인을 향상시켜서 일체(一體)가 되어 대륙으로 전진해야 한다는 팽창주의사관을 되풀이하면서, 일본 대 조선은 잉글랜드 대 스코트랜드·웨일즈처럼 되어야 한다고 주장하였다. 또한 그는 민족간의 현실적 문제를 무시한 채, 일본인은 조선인을 차별하지 말고 조선인이 오해를 풀 때까지 포부나 경륜으로써 통치에 임해야 하며 조선인에게도 일본과 같은 참정권을 부여해야 한다고 요구하였고, 조선인에게는 불평 불만 하지 말 것을 호소하였다. 선우순이 내세우는 내선일체로 가는 길이란 바로 이런 것이었다.

또한 그는 총독 사이토에게 「조선의 최근과 대응책」이라는 보고서를 제출하여 3·1 운동의 원인과 민심의 동향, 국내외 기독교계와 독립운동계 등 각 방면의 상황을 보고하고 아울러 대응책까지를 제시하여 철처히 일제 총독의 충견임을 자처하였다. 그는 태평양회의(워싱턴 군축회담)를 이용하여 조선인들이 독립운동을 일으키려 한다고 종합하고 다음과 같은 대응책을 제시하였다. 즉, 임시대응책으로는 경비기관을 엄중히 하고 고등밀정을 교묘히 활용하여 주모자 등을 내정(內偵)하고, 각 지방의 도·부·군(道府郡) 참사와 면장들 중에서 유력자를 이용하여 지방 인민을 충분히 권유(勸喩)하여 '망동자'(독립운동가)의 유혹에 넘어가지 않도록 하며, 태평양회의 개최를 전후하여 만일에 대비하기 위하여 수비대를 각지에 임시 배치하고, 각 도회지와 위험지대라고 인식되는 곳에서 자주 군사훈련을 하여 무력시위를 함으로써 조선인들에게 겁을 주어야 한다는 것이었다. 그리고는 내선융화, 공존공영을 조선인들이 자각하도록 하는 길이 이 모든 것의 영구적인 대응책이라는 주장을 서슴없이 내뱉었다.

선우순은 1920년 11월에 평양부협의회원으로 선정되었다. 또한 1921년 4월에 조선총독부는 중추원 관제를 개정하면서 이제까지 중추원의 찬의와 부찬의를 참의로 통일하고 주로 친일의 공로가 있는 자들을 선정하여 참의로 삼았는데, 이 때 선우순은 중추원 참의로 임명되었다. 당시 그는 전체 중추원 의원 70명 가운데 66번째 차순이었다. 아무런 기반도 없던 그가 중추원 참의로 임명된 것은 열심히 내선일체를 선전하고 다닌 덕택이었으며, 총독부가 그의 공로를 인정한 결과임은 두말 할 필요가 없겠다.

상해 임정의 1차 암살 대상으로 지목되다

3·1 운동이 실패한 후 기회를 엿보고 있던 독립운동계는 태평양회의가 개최되어 조선 문제가 논의된다는 소식을 듣고 상당히 고무되었다. 임시정부에

서도 대표를 파견하여 회의를 준비하고 있다는 소식이 전해지자 민심은 온통 태평양회의 소식에 쏠려 있었다. 이와 같은 동요를 감지한 시노다와 대동동지회에서는 1921년 8월 9일 평양공회당에서 청중 700명을 강제 동원하여 이들을 상대로 '태평양회의에 대하여'라는 의제를 가지고 강연한 것을 시발로 그 해 9월 9일까지 평안남도 21개소에서 친일 강연회를 개최하였다.

이리하여 국민협회의 민원식*과 함께 1920년대 최대의 친일파가 된 그는 총독부당국의 비호와 후원으로 도쿄를 드나들면서 정계 및 재계의 거물급들과 접촉하였다. 도쿄에 가서는 일본 수상 하라(原敬)에게 일선동화정책을 강화해야 하며 자신은 조선 독립에 반대한다고 진언하였다. 그리고 일본 재벌 시부자와(澁澤榮一)에게는 조선인의 사상을 선도할 목적으로 자금을 청하였으며, 운영자금이라는 명목으로 온갖 부정행위를 일삼았다고 한다.

선우순은 1922년에 독립단 가담 혐의로 구속된 독립단 안주(安州)지단장 홍의도(洪彝道)의 아들 홍성하(洪性夏)와 평원군 용포리 안창일(安昌日)의 동생 안창석(安昌錫) 등 여러 사람에게 부친 혹은 형의 가출옥이나 석방을 주선하겠다는 구실로 500원에서 1000원에 이르는 돈을 사취한 혐의로 고발되어 기소되었다. 극비리에 조사를 받았으나 언론에 보도된 이후 신병을 핑계로 병원에 입원하여 검사국의 호출에도 응하지 않고 있던 중 『동아일보』 기자와 인터뷰를 하게 되는데, 그 자리에서 선우순은 자신이 여러 가지 사업을 벌여 놓은 관계로 항상 돈에 몰리는 것을 보고 그들이 자진해서 꾸어 주었다고 변명하였다. 그런데 사건을 담당했던 검사가 총독부로부터 호출을 받고 다녀온 뒤 사건은 흐지부지되었고 사건담당 검사가 조선인에서 일본인으로 바뀌면서 증거 불충분이라는 이유로 2월 18일 선우순은 불기소처분을 받았다. 그리고 그는 3월 2일 즉시 일본으로 내뺐다.

한편, 대동동지회측은 '배일파들이 검사국 직원과 협동하여 홍성하를 사주하여 없는 사실을 고소하도록 하였다'는 소문을 내어 오히려 원고측이 검찰의 조사를 받는 어처구니없는 일이 일어났다. 홍성하는 복심법원에 항고를 제기하였으나 3일이 못 되어 대동동지회 간부에게 현금 1000원과 취하장을 교환하고 자취를 감춤으로써 이 사건은 일단락되었다. 이로써 소동은 마무리되었지만, 시노다는 사이토 총독에게 보낸 편지에서, 그 사건을 담당했던 조선인 검사조차도 선우순의 친일 행위를 미워하더라고 보고하였다. 또한 평양의 인력거꾼인 박만성(朴萬成)이 선우순을 상대로 1922년 3월부터 7월까지의 인력거 삯 300여 원 가운데 지불하지 않은 149원을 갚으라는 청구소송을 제기하기도 하였다.

이와 같은 반민족적이며 파렴치한 망종이 세상에 알려져 일반의 배척을 받은 결과 대동동지회의 영향력은 거의 유명무실해졌다. 당시 사이토 총독의 참모인 아베(阿部充家)는 사이토에게 보낸 편지(1922. 1. 24)에서 "몇 번 말씀드렸듯이 민원식, 선우순들로서는 도저히 전도(全道)의 민심을 수습하는 따위는 바랄 수도 없는 일입니다"라고 하여 식민지통치에 이용할 친일파를 새롭게 포섭해야만 할 지경에 이르렀다고 보고하였다.

선우순은 1927년 중추원 참의로 다시 유임되었고 그 뒤 1933년까지 모두 다섯 차례 중임하여 전후 13년을 중추원 참의로 있었다. 1933년에 선우순이 사망하자 대동동지회는 선우현이 회장으로 취임하여 일제의 중국침략 이후부터 일본에 충성을 강요하는 시국운동을 전개하면서 명맥을 이어나갔다.

선우순은 주로 평양을 중심으로 한 지역에서 친일여론을 조성하고 정책을 선전하는 강연에 열을 올렸지만 친일파로서의 그의 악명은 국내외로 널리 퍼져, 임시정부에서는 구체적으로 그의 이름를 나열하면서 "감히 적에게 아부하는, 독립운동의 독균(毒菌)인 민원식, 선우순 같은 자 및 그 도당인 자"들의 생명과 재산을 섬멸하리라고 경고하였다. 독립운동계에서는 그를 양심이 없는 금수(禽獸)나 다름없는 적으로 규정하여 주저할 것 없이 살해하고 불태울 만한 칠가살(七可殺 : 일본인 고위관료, 매국적(賊), 고등 밀정, 친일 부호, 총독부 관리, 독립운동 사칭 불량배, 모반자) 중에 매국적으로 보았다. 그래서 그는 반드시 살해되어야 하는 첫번째 암살 대상 표적이 되었다.

선우순의 동생 선우갑(鮮于甲) 역시 악질적인 친일파였다. 그는 일본 경시청 고등계 형사로 일본에 파견되어 유학생 감시역을 하였는데, 2·8 독립선언 당시 도쿄 조선기독교청년회관에서 독립선언이 진행되고 있을 때 들이닥친 일본 형사들에게 중심 인물들을 하나하나 지적하여 체포하게 한 자로 알려져 있다. 그리고 3·1 운동 후에는 기자라는 직함을 달고 미국에 파견되어 악화된 국제여론을 일본에 유리하도록 선전하는 일을 하였으며, 재미 독립운동가들의 동태를 감시하여 보고하는 일도 했다. 아베가 사이토 총독에게 보낸 편지에 의하면, 선우갑이 제공한 정보는 일본 군부와 국회 등에 보고되어 식민지 통치에 도움이 되는 주요 자료로 이용되었다고 한다.

한편, 김구의 『백범일지』에 의하면 선우갑이 상해 임시정부를 정탐하기 위하여 잠입하였을 때 "고등 정탐 선우갑을 유인하여 포박·신문한 적이 있었다. 그는 사죄(死罪)를 자인하고 스스로 사형집행을 원하는 것이었다. 그래서 내가 말했다. '살려 줄터이니 공을 세워 속죄할 것이냐?' 그러자 그가 소원이라 하기로 결박을 풀어 보내 주었다. 그러나 그는 나흘 뒤에 본국으로 도망쳤다"고 한다. 이처럼 선우갑도 형 못지않은 친일파로, 위험을 무릅쓰면서까지 일본에 충성한 충견이었다.

■ **이명화**(독립기념관 한국독립운동사연구소 연구원)

주요 참고문헌

『齋藤實文書』.
현대사자료, 『朝鮮』, 3·1 운동편(2).
慶尙北道 警察部, 『高等警察要史』, 1934.
篠田治策, 「在鮮二十六年の回顧」, 『朝鮮統治の回顧と批判』, 朝鮮新聞社, 1936.
鮮于鎬, 「國家論의 槪要」, 『西北學會月報』 8, 9, 11, 12, 13, 14.
鮮于鎬, 「內鮮一體論について」, 『朝鮮及朝鮮民族』 第一輯, 朝鮮思想通信社, 1927.

이각종

황국신민화운동의 기수

• 李覺鍾, 창씨명 靑山覺鍾, 1888~?
• 1919년 김포군수. 1938년 국민정신총동원조선연맹 상무이사
1941년 조선임전보국단 평의원

「황국신민의 서사」 문안을 만들다

1. 우리는 황국신민이다. 충성으로써 군국에 보답한다.
1. 우리 황국신민은 서로 친애 협력하고 단결을 굳게 한다.
1. 우리 황국신민은 인고 단련, 힘을 길러 황도를 선양한다.

1937년 이 「황국신민의 서사(誓詞)」를 만든 뒤 일제는 모든 조선인들에게 달달 외우라고 강요하고, 각급 학교의 조례와 모든 집회에서 제창하도록 강요하였다. 그리고 모든 출판물에는 마치 「국민교육헌장」 신듯이 「황국신민의 서사」를 게재하도록 하였다. 「황국신민의 서사」는 조선인도 '황국신민'으로서 일본 '천황'에게 충성하고 '황도'를 선양해야 한다고 끊임없이 강조하여 민족의식을 말살하고 일제 식민지 지배에 순응하는 노예로 만들려는 '황국신민화 정책'의 중요한 수단이었다.

그러한 「황국신민의 서사」는 누가 만들었을까. 내용으로 보아 일제 식민지 지배자들이 만들었으리라고 생각하는 것은 당연하다. 그 문안을 만든 자가 누구이든, 결재자가 누구이든 식민지 지배자들이 만든 것은 사실이다. 그런데

「황국신민의 서사」가 만들어진 과정을 좀더 깊이 살펴보면 관련 업무를 집행하고 문안을 만든 자들은 일본인화된 조선인들이었다는 사실을 알게 된다. 「황국신민의 서사」를 기획한 곳은 총독부 학무국이었고 그 명목은 교학진작(教學振作)과 국민정신 함양을 도모한다는 것이었다. 이 기획에 따라 학무국 촉탁으로 있던 아오야마(青山覺鍾), 즉 이각종이 문안을 만들었고, 총독부 학무국 사회교육과장이던 김대우*가 관련 업무를 집행하였다. 이렇게 만들어진 「황국신민의 서사」는 1937년 10월 2일 조선총독 미나미(南次郎)가 결재하여 공식화된 것이다.

그런데 이 「황국신민의 서사」는 이각종이 일찍이 어떤 일본인과 맺은 약속을 지키려고 1937년에 지은 『시국독본』의 핵심을 요약한 것이라고 볼 수 있다.

황도주의의 교본 『시국독본』을 쓰다

보성전문학교 법과를 졸업하고 일제가 조선을 '병합'한 후 총독부속(屬)으로 관리생활을 시작한 이각종은 김포군수로 있다가 1919년 3·1 운동을 맞았다. '대한 독립 만세'의 함성 소리가 아직 조선 방방곡곡에서 사라지지 않고 있던 5월 29일, 3·1 만세운동의 진원지 경성 파고다 공원에는 달빛이 내리비치는 가운데 일본인 한 명과 조선인 한 명이 굳은 약속을 하며 악수를 나누고 있었다. '만세 시위 같은 추악한 투쟁과 쓸데없는 희생'이 반복되어서는 안 되며, 이를 위해 나머지 생애를 희생하자는 언약이 오고갔다. 한 사람은 총독부 참사관 오쓰카(大塚常三郎)였고 다른 한 사람은 바로 이각종이었다. 이 만남은 당시 총독부 학무국장이었던 세키야(關屋貞三郎)의 주선으로 이루어진 것이었다. 이각종은 1920년 6월에 병 때문에 김포군수를 사임하였다.

한편 오쓰카는 1919년 8월에 총독부 내무국장이 되었고, 1925년에 황실 비서관장으로 갔다가 신장염으로 죽었다. 이각종은, 그의 말을 빌리면, 불치의 병에서 소생한 뒤 '망외(望外)의 잉여가치(剩餘價値)'인 나머지 생명을 파고다 공원에서 했던 약속을 이행하는 데 바치기로 했다고 한다. 『시국독본』의 책머리에 "이 작은 책자를 오쓰카의 영전에 바친다"라고 씌어 있는 데서도 알 수 있듯이, 이각종의 책은 일찍이 오쓰카와 했던 약속을 지키려고 노력한 결과였다.

이각종이 지은 『시국독본』은 「황국신민의 서사」를 이론적으로 뒷받침하고 있으며, 그가 이곳저곳에서 선전하고 다닌 황도주의의 논리를 체계적으로 담은 것이다. 내용은 서언, 만주사변의 발단과 경과, 제29군의 불법사례, 중국 항일운동의 총정리, 중국군의 세력, 중국 존망의 위기, 사변에 대한 열국의 태도, 동아시아에서 일본의 지위, 시국과 조선인의 각오, 만주사변과 경제관계, 황군의 본의와 국가총동원, 서서히 지구전에 들어, 시국의 재인식 따위로 이루어졌다. 이 책에서 그는 황도주의란 "한마디로 말하면 태고 이래의 왕도(王道)의 대의(大意)를 만세일계(萬世一系)의 황실을 중심으로 하는 일본인의 국가 신념 위에서 절대화한 것이며, 일본의 건국정신에 연원을 발하여 정치, 경제, 문화, 도덕 일체를 관류하는 근본원리"라고 한다. 이러한 근본원리에 바탕을 둔 황도주의의 골자를 그는 다음의 여섯 가지로 정리하고 있다.

1. 일본의 국체는 세계 무비(無比)의 독특한 것이며, 황조(皇祖)의 신칙(神勅)에 의해서 나라를 비롯한 후 만세일계의 천황을 받들고 있다. 역성개조(易姓改朝)할 때마다 동요하는 식의 일이 없이 고금을 일관하여 국본(國本)은 항상 안정되어 있다.

2. 천황은 국가의 원수이심과 동시에 또한 혈족적(血族的)으로 국민의 모든 씨족의 대종(大宗)이시라. 때문에 건국의 신을 시조로 해서 군민(君民)은 동조(同祖)이며 제정(祭政)은 일치한다.

3. 국민은 한가지로 적자(赤子)이며 일체 평등인 것을 원칙으로 한다. 즉, 이른바 일시동인(一視同仁)으로, 계급도 차별도 있음을 허락치 않으며, 한 명도 불평이 없도록 함을 이상으로 한다.

4. 국민도덕은 단지 생활의 방편으로써가 아니요, 경천숭조(敬天崇祖)로써 대본(大本)으로 한다. 때문에 향토 및 국가는 조상의 영장(靈場)이며, 애국관념은 신과 조상에 대한 감사 보은이요, 조상의 유풍(遺風)의 현창(顯彰)이다. 따라서 동포애도 사회봉사도 희생적 정신도 모두 여기에서 출발한다.

5. 모든 물자와 재산은 신이 만드신 바이라, 국민은 신의 뜻에 맞도록 국가 전

체의 이익을 위해서만 그 소유를 허락받는 것이다.

6. 팔굉일우(八紘一宇), 즉 세계를 한 채의 집으로 하여 널리 인류의 행복을 위해 공헌하는 것을 최대의 이상으로 한다.

이러한 황도주의를 바탕으로 이각종은 일본 민족만이 동아시아에서 우수한 독립국가로서, 유일한 안정세력으로서 모든 아시아 민족을 대신해서 동양 민족이 갖고 있던 좋은 전통부문을 보존하고 발전시켜 오고 있다고 미화한다. 그렇기 때문에 일본 민족이 동아시아의 지도 민족이라는 지위를 차지하는 것은 불가피하며 자연스러운 것이라고 주장하면서 중국을 침략한 일제를 정당화하는 것이다.

개량적 실력양성운동론자에서 황민화운동의 기수가 되다

1920년 6월 김포군수를 사임했던 이각종은 몇 년 지나지 않아 조선총독부 촉탁으로 들어갔고, 이곳저곳에서 강연을 하고 글을 쓰면서 활동을 계속해 나갔다. 1920년 7월 21일 원산청년회 초청으로 '사회제도 및 그의 발전원리'라는 강연을 한 것이나, 1924년 2월 1일 강진에서 조선총독부 촉탁으로 당시의 사회문제에 대하여 강연을 한 것, 1926년 11월 9일 '가갸날에 대하여'라는 주제로 강연한 것이 그 예이다.

이각종은 『시국독본』을 쓰고 「황국신민의 서사」를 만들기 훨씬 이전인 1920년대 초반에도 이미 식민지 지배정책에 좇아가는 글을 발표하고 있었다. 식민지 지배하의 지주제 문제를 본질적으로 해결하는 것이 아니라 식민지 농업정책인 '산미증산계획'을 통하여 소작문제를 해결해야 한다는 「산업문제의 기본」(『동아일보』, 1923. 1. 1)이 대표적이다. 농산의 증식을 통하여 소작인들의 '추악한 투쟁과 쓸데없는 희생'을 미리 막아야 한다는 생각이었다. 그 글 밑에는 조선인의 민족성이 "지극히 사대적이고 지극히 나태하다"고 하는 식민지 지배자들과 친일 변절자들의 논리가 그대로 깔려 있다.

또한 1923년 11월에 한 달 정도 영남과 호남을 돌아보고 쓴 「영호별견」(嶺湖瞥見)(『동아일보』, 1923. 12. 17, 24)도 그러한 생각의 흐름에서 크게 벗어나지 않는다. 청년회의 현황을 말하면서 이각종은 개량적 문화운동의 경향을 바람직한 현상이라고 소개한다. 농원을 경영하고 도로공원의 나무를 보호하는 따위의 운동을 객기를 버리고 실력을 기르는 행위로 칭송하였고, "윌슨을 믿을 것인가, 레닌을 믿을 것인가"라고 반문하면서 믿을 것은 자기 이외에는 아무것도 없으므로 아무렇게 굴러도 넘어지지 않을 '자기 완성'을 강조하였다. 소작운동에 관해서도 이각종은 외래사상을 바탕으로 하여 조선의 소작쟁의를 파악하면서, 그것을 중대한 계급투쟁이라고 바라보는 시각을 비판하며, 소작인의 사정을 지주에게 충실하게 호소하고 소원을 표명하는 현상을 소개한다. 즉, 소작문제 해결 방안을 지주와 소작인의 '세력균형'에서 찾고 있었던 것이다.

이각종의 이런 생각은 바로 1920년대 일제의 문화통치에 따라 널리 퍼지기 시작한 문화주의적이며 개량적인 실력양성운동의 이념과 흐름을 같이하는 것이었다. 이곳저곳에서 한 강연의 내용도 여기서 크게 벗어나지 않았을 것이다. 그리고 1920년대 전반의 이런 생각과 행동은 그 뒤 별 부담없이 친일의 의식으로 그리고 친일의 행위로 이어지게 되었다.

「황국신민의 서사」와 『시국독본』을 만들 즈음 해서 이각종의 친일 행각도 눈에 띄게 드러난다. 총독부 학무국 촉탁으로 들어간 이각종은 좌익전향자 안준(安浚), 차재정(車載貞) 등을 이용하여 과거 사상운동 관계자들 가운데 전향자들을 끌어들여 백악회를 결성하고 사상 선도와 전향 권장에 앞장 섰다. 백악회를 다시 대동민우회로 확대·재조직한 이각종은 이 단체의 고문으로 있으면서 내선일체, 황민화, 사상선도에 앞장 섰다. 1937년 7월 20일 경성사범 강당에서 시국계몽강연을 한 것이나 8월 6일부터 1주일 동안 13도 각지의 순회강연에 참여한 것들이 그러한 예이다. 이 강연은 1937년 7월 7일 중일전쟁이 일어난 직후 조선총독 미나미가 시국의 중요성을 인식할 것, 동아 안정세력으로서의 일본의 지도적 위치를 확인할 것, 교전 상대국인 중국을 과대·과소평가하지 말고 정당하게 바라볼 것을 방침으로 지시한 뒤 총독부 학무국에서 주최한 강연들이었다.

이각종 또한 이러한 강연회뿐만 아니라 대표적인 친일단체에 이름을 걸고 적극 참여하였다. 1938년 6월 22일 부민관에서 열린 국민정신총동원조선연맹 발기인 총회에 발기인으로 참여하였고, 7월 6일 이 단체가 창립된 뒤에는 이사, 상무이사가 되었다. 이 단체의 상무이사로 있으면서 그는 1938년 12월 14일 부민관에서 내선일체를 구현하고, 동아협동체를 건설하며, 국내혁신 문제를 의논하려고 열렸던 시국유지원탁회의에 참석하기도 하였다.

한편, 중일전쟁이 장기화됨에 따라 일제는 일본 정신의 앙양과 내선일체의 완성에 의한 사상통일, 국민총훈련, 전시경제체제의 추진과 증산에 의한 생산력 확충으로 '고도국방국가' 건설을 떠들기 시작하였다. 이러한 체제의 완성을 위해 일제는 1940년 10월에 국민정신총동원조선연맹을 국민총력조선연맹으로 개편하여 재출발시켰다. 이각종은 국민총력조선연맹에 참사로 참여하였다.

1941년 8월 『삼천리』 사장 김동환*이 주동이 되어 자발적 황민화 운동의 실천방책으로 만든 임전대책협의회가 그 해 9월 '총후봉공은 채권으로부터'라는 슬로건을 걸고 채권유격대를 거리에 진출시켰을 때에도 이각종은 남대문대의 일원으로 참여하여 채권을 팔았다. 또한 1941년 10월 22일 부민관에서 흥아보국단과 임전대책협의회가 통합하여 친일세력을 총망라한 조선임전보국단을 만들었을 때에는 평의원으로 참여하였다.

해방의 '충격'으로 정신이상자가 되다

1948년 민족정경연구소에서 간행한 『친일파 군상』에서는 이각종을 이성환(李晟煥), 문명기*와 함께 자진해서 성심으로 활동한 친일파 또는 전쟁협력자 가운데 "관헌의 환심을 사서 관력을 부려 세도를 부리며, 이권 등을 획득하여 사익을 도(圖)하며, 또는 대의사(代議士), 고관 등의 영달을 목적으로 한 자"로 분류하고 있다.

이각종은 1949년 3월 4일 창신동 자택에서 반민특위에 체포된 뒤 취조를 받았다. 6월 2일 신현상(申鉉商) 검사 입회 아래 신태익(申泰益) 재판장의 주심으로 그에 대한 제1회 공판이 열렸다. 재판장이 사실심리를 하려는데 이각종이 노래를 부르고 괴상한 손짓발짓을 하는 등 이상한 행동을 보여 재판을 진행할 수가 없었다. 그의 정신이상증세 때문에 재판은 20여 분 만에 중단되었다. 다음날 이각종은 정신이상증에 대한 병보석으로 출감되었다.

1937년 이후 식민지 조선 민중은 강요에 따라 시도 때도 없이 "우리는 황국신민이다. 충성으로서 군국에 보답한다"는 「황국신민의 서사」를 외워야 했다. 그러나 고통스러운 식민지 지배체제 아래서 조선 민중은 '황국의 신민'일 수도, 자발적으로 군국에 충성을 다할 생각도 없었다. 이러한 식민지 현실에서 조선의 민중들은 언제나 정신분열의 위기를 안고 살아야만 했다. 민족해방만이 이 집단적 정신분열의 위기에서 벗어나는 길이었다. 이제 바라던 해방도 민족독립국가도 완성하지 못한 단독정부·분단정권이 수립되었지만 누구도 매일매일 「황국신민의 서사」를 외우도록 강요받지는 않게 되었다.

그런데 황국신민으로서 충성을 다할 군국이 패망한 데다 재판정에까지 서게 된 1949년 상황이 이각종에게는 자신의 생각과 어긋나는 고통스러운 현실이었을 것이다. 환갑을 넘긴 이각종이 실제 정신이상증에 걸릴 수 있는 여지는 충분했다. 혹시 반민특위 재판에서 이각종이 벌였던 괴상한 짓이 재판에서 벗어나려는 연극이었는지도 모른다. 그러나 친일행위에 앞장 섰던 이각종은 반민특위 재판과정에서 정신이상자로 공식 판정이 났던 것이다.

■ **박준성**(성균관대 강사·한국사, 구로역사연구소 연구원)

주요 참고문헌

『동아일보』
李覺鍾, 『時局讀本』, 1937.
민족정경연구소, 『친일파군상』, 1948.

박석윤

항일무장투쟁 세력 파괴·분열의 선봉장

• 朴錫胤, ?~?
• 1931년 밀정조직 민생단 조직. 1937년 만주국 국무원 직속 외무국 조사처장
1940년 간도협조회 산하 동남지구 특별공작후원회본부 총무

만주 항일투쟁 파괴조직 민생단의 수괴

박석윤만큼 일제의 충실한 주구가 되어 반민족적 행위를 자행한 인물도 드물 것이다. 그에 대한 자세한 인적사항은 알 수 없으나, 원적(原籍)이 경성부 종로 6정목(丁目)이라는 기록(『현대사자료』 29권, 630면)이 있는 것으로 보아 그는 서울에서 태어난 것으로 추정된다. 그는 친일거두 최남선*의 여동생 최설경(崔雪卿)의 남편, 즉 최남선의 매부였다.

일찍이 조선총독 사이토(齋藤實)의 참모인 아베(阿部充家)에게 포섭된 그는 3·1 운동 직후부터 부일배가 되어 민족운동가 김준연(金俊淵)의 전향공작을 벌였지만, 이 공작은 실패로 돌아갔다. 그 후 박석윤은 조선총독부의 도움으로 1922년 도쿄제국대학 법학부 정치학과를 졸업하였다. 한때 휘문·중앙고보 교원으로 있다가, 그는 총독부의 재외연구원 직책을 떠맡아 수당 300엔(圓)씩을 지급받으면서 영국 케임브리지대학에 유학하였다. 귀국해서는 『시대일보』 정치부장을 거쳐 1930년 2월 조선인으로서는 처음으로 총독부의 어용신문 『매일신보』의 부사장이 되었고, 총독부의 정책을 지지·선전하며 식민주의 언론을 이끌었다.

1931년 9월 일제가 만주를 침략하자, 만주 각지에서는 조선혁명군과 독립군 및 중국인의 항일의용군이 각지에서 봉기하여 일본군과 치열한 전투를 벌였으며, 두 항일세력간에 연합전선을 형성하려는 움직임도 구체화되었다. 이에 당시 『매일신보』 부사장으로 있던 박석윤은 일제의 만주침략을 적극 뒷받침하고 한·중 양민족을 이간시키며 우리 민족의 항일투쟁을 저지하기 위해 그 해 10월경부터 조선총독부 및 간도 일본영사관 당국의 후원과 조종을 받고 밀정조직인 민생단(民生團)을 조직하기 위해 동분서주하였다. 그는 먼저 동민회(同民會) 계열의 친일주구배 조병상(曺秉相) 및 북간도의 친일파 김동한(金東漢), 김택현(金澤鉉), 이경재(李庚在), 이인선(李仁善), 최윤주(崔允周) 등과 협의하여 민생단의 조직준비를 시작하였다.

계속해서 천도교 지도자 이인구(李麟求) 및 전성호(全盛鎬) 등 친일 민족개량주의자와 반공주의자들을 규합한 그는 일본군 대좌 출신 박두영(朴斗榮)을 단장으로 하는 민생단을 1932년 2월 5일 간도 룽진(龍井)에서 마침내 발족시켰다. 이 단체는 겉으로는 '생존권 확보(생활안정)와 독특한 문화건설, 자유로운 천지의 개척(낙토의 건설)'을 표방했지만, 실제로는 한·중 양민족을 이간하여 중국공산당 조직 및 산하 대중단체를 파괴하고 독립군 등 무장세력을 탄압하려는 반공·친일의 간첩(밀정) 조직이었다.

민생단은 우여곡절 끝에 그 해 7월에 곧 해체되었지만 이들 주구배들의 특수공작은 어느 정도 성공하여 이른바 박두남(朴斗南) 체포사건을 계기로 조선인 혁명운동가와 중국인 사이에 내분이 일어나게 되었다. 즉, 이를 고비로 중국공산당 만주성위원회 산하의 동만특위(東滿特委) 등 한·중 양민족 연합의 항일무장투쟁 세력 내부에서는 조선인 대원을 거의 일제의 밀정으로 단죄하는 잘못된 숙청작업이 진행되었던 것이다. 이리하여 1935년까지 간도지역에서만 200여 명(일설에는 500여 명), 기타 지역까지 합하면 500여 명의 조선인 운동가들이 무고하게 민생단원으로 몰려 희생되는 참변이 벌어졌다. 이러한 이간공작을 추진한 박석윤 등의 반민족적 행위는 도저히 용서받을 수 없는 것이었다.

결국 '간도 자치'를 슬로건으로 내세운 민생단 사건으로 인해 만주의 한·중 항일운동세력은 커다란 타격을 받게 되었고 두 민족간의 연대는 와해될 위기에 빠졌다. 중국공산당 계열의 운동세력이 주도한 항일무장투쟁은 물론, 우리 민족의 민족주의 계열 세력이 주도한 독립운동도 막대한 타격을 입었던 것이다.

만주국의 외교관으로 영전

박석윤은 민생단의 후신으로 조선인을 주체로 하여 결성된 '간도협조회'(間島協助會)에도 참가한 것으로 판단된다. 간도협조회는 일제의 반혁명운동 공작의 일환으로 조직된 강력 밀정조직이었다. 1935년 12월 당시 간도협조회는 회원 7197명을 거느리면서 간도 일대의 각지에 스파이 조직을 펼쳐 놓고 있었던 것이다.

그는 또한 1932년 7월 25일 성립한 '만주제국협화회'(滿洲帝國協和會) 산하 '신경협화소년단'(新京協和少年團)의 고문을 맡아 나이 어린 소년들을 세뇌공작하는 데도 앞장 섰다. 협화회는 식민지 '조선'의 국민총력연맹과 유사한 성격의 외곽 어용단체인데 1940년 6월 말 현재 일본인 14만 9000여 명, 만주인(중국인) 141만 8000여 명, 조선인 8만 2000여 명, 몽고인 1만여 명, 러시아인 3600여 명, 기타 7400여 명, 합계 167만여 명의 회원을 이끌고 있었다.

이 협화회는 건국정신의 현양(顯揚), 민족협화(協和)의 실현, 국민생활 향상, 선덕달정(宣德達情)의 철저, 국민동원 완성 등 5항목으로 "건국이상의 실현과 도의(道義) 세계의 창건을 기한다"는 것을 허울 좋게 강령으로 내걸고 있었다. 특히 협화회는 '조직확대 공작 및 사회공작, 선무공작과 기타 특수사업' 등을 주요 사업으로 삼고 있는 점에서 볼 수 있는 것처럼 각종 특무공작을 벌여 일제의 만주 점령과 지배를 획책하는 단체였다.

이와 같이 민생단과 간도협조회, 협화회 등 주구단체를 통해 만주와 인연을 맺은 박석윤은 1932년 만주국이 성립된 뒤 다시 일제 당국의 추천과 보증을 받아 만주국의 고위 외무관료가 되었다. 그는 그 해 9월 국제연맹 일본대표의 수행원이 되어 해외출국을 위해 매일신보사를 물러났고, 1934년 12월에는 만주국 외교부에서 근무하였으며, 1937년 7월에는 만주국 국무원 직속 외무국 조사처장으로 승진하였다. 이 무렵 그는 각종 국제회의에 만주국 대표의 고급 수행원으로 그림자처럼 따라다니며 일제의 앞잡이로서 활동하였다.

1939년 2월에 그는 만주국과 수교한 폴란드의 바르샤바 총영사로 임명되었다. 이 직책은 당시 만주국의 외교사절 가운데 주일대사, 주독공사, 주이탈리아공사 다음 가는 중요한 직위였다. 이로 보아 그의 부일(附日)은 대단했다고 평가할 수 있을 것이다. 실제로 일제 치하에서 일제의 '신임'을 받아 외교관으로 활동한 조선인은 박석윤과 장철수(張澈壽) 두 사람뿐이었다. 영사로 재직중이던 1939년 9월 폴란드가 나치 독일과 소련 양국에 의해 분할점령되어 지도상에서 사라지는 사태를 현장에서 목격하기도 한 그였지만 식민지 치하에서 신음하고 있는 조국의 해방과 독립이라는 문제는 전혀 안중에도 없었다.

그가 만주국에서 크게 출세한 이유는 말할 것도 없이 충실한 일제의 주구로서 그들의 만주통치에 공헌하였기 때문이었다. 그 사실은 박석윤이 만주국 관료가 되기 전인 1933년 제네바에서 열린 국제연맹회의에 참석한 이승만(李承晩)의 동정을 낱낱이 정탐하여 국제연맹 일본국 사무국장 대리 이토(伊藤述史)를 통해 당시 일본 외상 우치다(內田康哉)에게 보고한 복명서를 통해서도 확인할 수 있다. 당시 그의 직책은 일본 외무성 촉탁(囑託), 즉 일제의 밀정이었던 것이다.

항일무장투쟁에 대한 관동군의 토벌·선무공작을 측면 지원

히틀러의 폴란드 침공으로 만주로 돌아온 박석윤은 만주국에서 외무관리로 복무하면서 1940년 10월 30일 조직된 간도협조회 산하 '동남지구 특별공작후원회본부' 총무로 다시 활동하였다. 신징(新京 : 지금의 長春)에 본부를 둔 이 주구단체는 일본 관동군의 반공공작, 선무공작 등을 지원한 간첩단체로서 항일운동가를 상대로 '귀순공작'을 벌이곤 하였다. 일제 관동군의 토벌 및 선무공작을 측면 지원한 이 단체의 주된 역할은 조선민족의 독립군 및 중국공산당 계열의 항일무장투쟁세력에 대한 투항권유였다.

이 공작에는 이범익(李範益 : 間島省長), 유홍순(劉鴻洵), 최남선이 고문으로 참가하였고, 박석윤 외에 김응두(金應斗), 윤상필(尹商弼)이 총무로, 김교형(金嶠衡), 김동호(金東昊), 기네코(金子昌三郞), 김중삼(金仲三), 박준병(朴準秉), 서범석

(徐範錫), 이성재(李性在), 최창현(崔昌鉉)이 상무위원으로 동참하였다. 박석윤이 총무로 앞장 섰던 이 단체는 관동군 및 조선주둔 일본군인 '조선군'의 만주 동남지구 특별공작, 즉 압록강 건너편 퉁화(通化), 지안(輯安), 린장(臨江)현 등지의 독립군과 항일빨치산에 대한 '소탕작전'에 앞서 다음과 같은 투항권고 삐라를 뿌리고 '선무공작'을 벌이는 반민족적 행동을 벌였다.

김×성 등 반국가자에게 권고문

황량한 산야를 정처없이 배회하며 풍찬노숙하는 제군! 밀림의 원시경에서 현대문화의 광명을 보지 못하고 불행한 맹신(盲信) 때문에 귀중한 생명을 초개같이 도(睹)하고 있는 가엾은 제군! 제군의 저주된 운명을 깨끗이 청산하여야 될 최후의 날이 왔다! 생(生)하느냐! 사(死)하느냐! 150만 백의동포의 총의를 합하여 구성된 본위원회는 금동(今冬)에 전개될 경군(警軍 : 경찰과 군——인용자)의 최종적인 대섬멸전의 준엄한 현실 앞에 직면한 제군들에게 마지막으로 반성 귀순할 길을 열어 주기 위하여 이에 궐기한 것이다……

일본제국은……동양적인 이상사회의 신질서를 수립하기 위하여……백인의 괴뢰가 되어 저항하는 장제스(蔣介石) 정권을 서촉(西蜀)에까지 구축하여 그 위무(威武)를 세계에 선양하고 있다……조선 내에 있어서는 2300만의 동포는 일본제국의 위광하에서 과거의 편파한 민족주의적 관념을 최후의 1인까지 완전히 청산하여 일본제국의 신민된 광영하에서 격세의 감이 있는 번영의 길을 걷고 있다. 그리하여 제군과 같은 시대착오의 이단자가 아직도 만주의 밀림에서 현실을 모르고 방황하고 있는 사실이 아직도 있다는 것을 알면 오히려 상식으로 믿을 수 없는 괴이한 일로 알 만큼 되어 있는 것이다……

오호!! 밀림에 방황하는 제군! 이 권고문을 보고 즉시 최후의 단안을 내려 갱생의 길로 뛰어나오라! 부끄러움을 부끄러움으로 알고 참회할 것도 참회하고 이제까지의 군등(君等)의 세계에 유례 없는 불안정한 생활에서 즉각으로 탈리(脫離)하여 동포애의 따뜻한 온정 속으로 돌아오라. 그리하여 군등의 무용과 의기를 신동아 건설의 성업(聖業)으로 전환 봉사하라! 때는 늦지 않다! 지금 곧 아(我) 150만 동포의 최후의 호소에 응하라. 최선을 다하여 제군을 평화로운 생활로 인도할 본위원회의 만반준비가 제군을 기다리고 있는 것이다.(『三千里』, 1941. 1)

위의 내용에서 볼 수 있는 바와 같이 박석윤이 앞장 선 친일 주구단체의 활동은 재만 조선인을 분열시킴으로써 그들의 반일의식을 말살하고 항일무장투쟁의 존립기반을 없애려는 것이었다.

간교한 박석윤은 1940년대 중반 일제의 패망이 시간문제인 것을 간파하고 서둘러 귀국하여 서울에서 은거하고 있다가 1945년 8월 15일 조선총독부 당국이 여운형(呂運亨)에게 행정권을 넘겨 줄 뜻을 비쳤을 때 여운형을 대리하여 당국과 절충하기도 하는 놀라운 변신을 보여 주었다. 요컨대 그는 절대권력자에 아부하는 기회주의자의 화신이었던 것이다.

그의 최후에 대해서는 자세히 알려지지 않고 있는데, 6·25 때 납북되었다는 설이 있다.

■ **장세윤**(독립기념관 한국독립운동사연구소 연구원)

주요 참고문헌

『동아일보』, 1928. 10. 20~30.
梶村秀樹·姜德相 編,『現代史資料』二十九卷, みすず書房, 1972.
「김×성 등 반국가자에게 권고문」,『三千里』, 1941. 1.
滿洲國 軍事顧問部,『國內治安對策の硏究』, 1937.
휘문70년사 편찬위원회,『휘문70년사』, 휘문중고교, 1976.

박춘금

깡패에서 일본 국회의원까지 된 극렬 친일파

• 朴春琴, 1891~?
• 1921년 노동상애회 조직. 1932, 1940년 일본 중의원 의원
1945년 대의당 당수

일제하 친일파는 정치적으로 협력한 자, 군경 관리로서 협력한 자, 밀정 행위로 독립운동을 방해한 자 등을 비롯하여 경제적·문화적 친일파 등 여러 유형이 있다. 그러나 이런 유형과는 좀 특이한 것이 폭력을 밑천으로 일제 권력에 아부·협력한 친일파다.

한일'합방' 전후의 일진회 같은 것이 대표적인 폭력 친일조직이지만, 개인으로서 폭력형 극렬 친일파의 대표적인 자는 박춘금이라 할 수 있다. 그는 일제 관헌의 폭력 하수인으로만 날뛴 것이 아니고, 일본 국회의원이 되어 정치적으로도 상당히 활발하게 활동한 인물이다. 그는 특히 일제가 태평양전쟁에서 패배할 것 같자 반일적 조선인 사상범을 대량 학살할 음모까지 추진하기도 하였다.

결전 테러단체 '대의당' 당수

1937년 일제가 중국을 침략하자, 일본의 영원한 동양제패를 믿은 많은 지도층 인물들이 변절과 타협의 길로 들어섰다. 또한 원래의 친일파들은 더욱 의기충천하여 세를 과시하며 조선 민중을 전시협력으로 몰아넣는 데 광분하였

박춘금

다. 이어 태평양전쟁기로 들어서면서부터 이들 친일군상들의 행태는 광기 바로 그것이었다. 1932년과 1940년 두 차례에 걸쳐 이미 일본 중의원(衆議院 : 국회) 의원에 당선된 바 있는 박춘금의 활동이 이 시기에 와서 더욱 두드러진 것은 말할 나위도 없다.

그는 거물급으로 자처, 총독부와 조선군 사령부의 고관들과 접촉하였기 때문에 조선인의 눈에는 대단한 실력자로 비쳐지고 있었다. 1944년 1월 17일, 매일신보사 주최로 부민관에서 개최된 '학병격려대연설회'에서의 그의 연설 '조선에 고한다'는 그가 얼마나 잘 길들여진 일제의 충견이었던가를 단적으로 보여 준다.

> 이제야말로 1억 국민이 마음과 마음을 합하여 내지(일본—인용자)나 반도(조선—인용자)를 구별할 것 없이 이 성전을 완수하여야 할 것이다.
>
> 이번 특별지원병도 이 정신을 이해하고 5천 인이 합심하여 하나 빠지지 않고 나가야 한다.……학도들아 반도를 바르고 밝은 길로 인도하여라. 너의 피를 흘려서 2500만의 전도를 열어 주어라. 우리의 활로는 오직 황민화가 있을 뿐이다.

전시하 박춘금의 친일활동은 승전의식 고취를 위한 강연회에서 열변을 토하거나, 학도병 출정권유 강연을 하는 정도로 끝나는 것이 아니었다. 그는 양심적 인사들을 위협하는가 하면, 관권을 업고 여러 이권사업에 개입하는 등 가히 안하무인의 작태를 서슴지 않았다. 그러다가 일본의 패전이 결정적인 단계에 이르자 반전(反戰) 조선인에 대한 폭력 제재를 목적으로 하는 테러 조직 대의당(大義黨)을 결성해 당수가 되었다.

1945년에 들어서면서 태평양전쟁의 전세는 누구의 눈으로 보아도 일본의 패전이 목전에 이른 것으로 비쳤다. '본토결전'이 강조되면서 일제는 미군의 일본·조선 상륙에 대비한 결전태세를 부르짖었다. 이러한 급박한 시국은, 일제의 승리를 철석같이 믿고 온갖 충성을 다하던 친일파들에게는 큰 불안과 위협이 아닐 수 없었다. 여기서 박춘금은 이성근(李聖根), 이광수*, 손영목(孫永穆), 김동환*, 박흥식* 등 당시의 일급 친일파들과 공모하여, 황국을 지키는 한 사람으로 충군애국의 대의를 다한다는 '대의당'을 결성, 당수가 되었다.

8·15 해방을 불과 한 달 20일 앞둔 1945년 6월 25일, 서울 부민관에서 결성된 이 대의당에는 당수 박춘금을 비롯하여, 위원으로 이성근, 이광수, 김동환, 손영목, 박흥식, 이재갑, 주요한*, 고원훈*, 이원보, 김신석, 김동진, 김민식, 정연기, 이승우*, 김사연, 신태악*, 조병상 등 당대의 지도급 각계 친일파들이 참여하였다.

그러면 대의당은 어떤 성격의 조직인가. 제헌국회에서 반민법이 제정된 1948년, 반민족행위자들의 친일죄상을 조사·폭로한 『민족정기의 심판』은, 대의당을 '항일 반전 조선 민중 30만 명을 학살코자 직접적 행동을 취한 살인단체'라고 규정하고, 일제 군·관 당국과의 모의로 조직된 것이라고 폭로하고 있다.

대의당이 반일 조선인 학살 대상을 과연 30만 명이라는 엄청난 규모로 잡았는지에 대해서는 의문이 없지 않지만, 어쨌든 대의당이 보통의 정당이나 단체가 아닌, 반전적 조선인에 대한 테러를 목적으로 하는 조직이란 것은 공식 발표된 대의당 강령에도 그대로 나타나고 있다.

> 전국은 바야흐로 황국의 흥폐를 결정할 위기에 직면하였으니, 이 위기를 신기(神機)로 돌리는 데는 국민의 결사적인 결의와 분투가 필요하다. 따라서 우리들 반도 2600만 동포는 황국을 지키는 한 사람으로, 몸과 가정에 사로잡힘이 없이

소의를 던지고 오직 충군애국이라는 대의에 살아야 할 것이다.

이러한 취지로 결성된 대의당의 강령 5개항 중 제5항은 이렇다.

> 오등(吾等)은 모든 비결전적 사상(事象)에 대하여는 단연 이를 분쇄하여 필승태세의 완벽을 기함.

여기서 말하는 '비결전적 사상'이란 반전·반일적인 요인을 가리키는 것이며, '단연 이를 분쇄하여 필승태세의 완벽을 기한다'는 것은 요시찰 인물이나 비협력 분자를 응징·말살하여 최후의 승리를 기할 태세를 갖춘다는 것을 완곡하게 표현한 것이다.

총독부 경무국은 전세가 급박해진 1945년 4월 초, 조선이 머지 않아 전장화할 것에 대비하여 '요시찰인에 대한 조치계획'을 세워 전국 175개 경찰서장에게 극비친전(極秘親展)으로 시달했다. 그 내용은 소련군 또는 미·영군이 조선으로 진격·상륙해 오는 경우, 요시찰인을 예비검속해 후방으로 옮기되 시간적 여유가 없는 때는 적당한 방법으로 처치·살해한다는 것이었다. 이 사실은 당시 경찰간부였던 조선인들의 증언으로 1970년대에 밝혀졌다.

이에 따라 소련군이 참전한 1945년 8월 8일부터 전국에서 요시찰 인물에 대한 일제 검거가 시작되었는데, 일본이 예상 밖으로 빨리 항복함에 따라 학살사태로까지 이르지는 않았다. 당시 보호관찰소장이었던 나가사키(長崎佑三) 검사가 1952년 4월 증언한 것에 따르면, 1945년 7월 7일 이후 해방될 때까지 요시찰인 중 약 3000명이 구금되었는데, 이들에 대한 총살처분이 논의되었으나 좀 두고 보자는 주장이 나와 실행에 옮겨지지는 않았다고 한다.

요컨대 당시 일제 당국의 사상범에 대한 이러한 가공할 음모에 비추어 볼 때, 친일 폭력배로 신임받아 두 번이나 중의원 의원을 지낸 박춘금이, 군경의 사주하에 조선인 사상범들을 비롯한 반전인사들을 박멸하기 위해 살인적 테러 집단인 대의당을 결성한 사정을 쉽게 이해할 수 있다.

친일 노동단체 '상애회'로 친일행각 출발

박춘금은 1891년 경남 밀양에서 출생했다. 가계나 집안사정 등은 분명하지 않으나 일본인 술집에 심부름꾼으로 있으면서 일본말을 배운 것을 밑천으로 일본으로 건너가 노동판에 뛰어들었다고 한다. 그가 일본으로 건너간 시기는 분명하지 않지만, 타고난 완력과 간교한 성격으로 곧 두각을 나타냈다. 3·1 운동 이듬해인 1920년경에는 이기동(李起東) 등과 더불어 도쿄에서 조선인 노동자들을 모아 '상구회'(相救會)라는 단체를 조직, 소규모 노동자 합숙소를 설치하고 실비 진료체계도 갖추었다.

그러다가 1921년 말에 와서 이를 사회사업단체인 '상애회'(相愛會)로 개편·발족시켰는데, 2년 뒤에는 요코하마, 나고야, 오사카 등 여러 곳에 지부를 조직하기에 이르렀다.

이러던 차에 1923년 9월에 일어난, 간도 지방을 강타한 대지진은 박춘금이 친일배로 출세하는 결정적인 기회를 던져 주었다.

9월 1일 도쿄 지방 전역과 시즈오카, 야마나시 두 현(縣)을 휩쓴 대지진은 가옥 전파 12만 호, 전소 45만 호의 재산피해와 14만 명의 사망 및 행방불명자를 내는 일대 참화를 가져왔다.

그런데 일본의 지배당국은 이로 인한 민심 동요와 정부에 대한 불만을 돌려 놓기 위해, 사회주의자와 결탁한 조선인들이 우물에 독을 넣고 방화·살상을 일삼는다는 유언비어를 조직적으로 유포시켰다. 이로 인해 일본인들은 자경단(自警團)을 조직하여 총검, 죽창 등으로 무장하고 관헌과 함께 조선인을 체포·학살하는 등 만행을 자행해 6000명의 조선인이 학살당하는 참극이 일어났다.

이러한 가공할 만행이 진정될 무렵, 이미 일선(日鮮) 융화단체 보스로 인정받고 있던 박춘금은 상애회 회원 약 300명으로 '노동봉사대'를 편성하여 시체처리와 복구작업을 자청하고 나서 열성적으로 당국에 협력했다.

박춘금 일당의 이러한 공로가 인정되어, 1924년 1월에는 상애회본부 사무실을 대지진 때 조선인들을 임시 수용했던 혼쇼구(本所區) 육군양말공장 구내로 옮기게까지 되었다. 뒤에 이 자리에 소학교가 들어섬에 따라 상애회본부는 긴시초(錦糸町)에 큰 땅을 얻어 내어, 1929년 4월 상애회관을 지어 이전했다.

아무튼 박춘금의 친일 폭력 노동단체 상애회는 대지진을 계기로 그 세가 비약적으로 확장되어 일본 주요 도시에 지방본부를 설치하게 되었고, 회원수도 2만 명을 헤아리게 되었다.

1928년 박춘금은 상애회를 재단법인으로 만들어, 총독부 경무국장을 지낸 마루야마(丸山鶴吉)를 이사장으로 영입했다. 그리고 회장에는 비교적 온순한 이기동을 앉히고 자신은 부회장 자리를 차지해 실권을 장악했다. 박춘금은 이미 이 시기에 이르러 재일 조선인 사회에서 무시할 수 없는 존재로 부상해 위세를 부렸다.

그는 권총을 항상 휴대하는 등 권력비호를 과시할 뿐만 아니라, 거슬리는 조선 동포에 대해서는 가차없는 제재를 가했다. 특히 무정부주의자나 사회주의자들에 대해서는 잔인한 테러를 일삼아, 일본인들로부터도 '일본 정부의 앞잡이', '노동자의 착취자'라는 세찬 비난을 받았다.

중의원 의원으로 출세

박춘금이 주도한 상애회는 중일전쟁 후 일본 정부가 일선융화 강화책으로 1938년 11월 '협화회'(協和會)를 발족시키자 이에 흡수되었다. 이에 따라 박춘금은 협화회의 주요 간부가 되었는데, 그는 태평양전쟁이 일어나기 두 달 전인 1941년 10월 다시 도쿄에 '대화구락부'(大和俱樂部)라는 단체를 따로 만들어 주도하면서 친일행각을 가속화해 갔다.

그런데 놀라운 것은 무식한 폭력배에 불과한 박춘금이 이보다 훨씬 앞서 일본 국회의원에 당선된 사실이다. 박춘금은 상애회가 세력을 급속히 늘려가고 있던 1932년 2월의 제18회 총선거에서, 도쿄 제4구에 입후보해 중의원 의원으로 당선되었다. 조선인 유권자가 1236명뿐인 제4구에서 6966표를 얻어 당선되었는데, 이것은 일본인 이상의 일본인으로 비쳐진 그에 대한 일인들의 지지가 많았음을 의미한다.

최초로 조선인 중의원 의원이 된 박춘금은 내외의 주목을 받았다. 그는 대정부 질문에서, 조선인에게 참정권을 줄 의사가 없는가, 조선에 일본군 사단을 증설할 의사가 없는가 등을 질문해 주목을 끌기도 했다.

한편, 그는 1936년의 제19회 총선에서는 낙선했다가 1940년 4월의 총선에서 다시 당선되었다. 그러나 1942년 4월의 제21회 총선에서 떨어진 이후 다시 의원이 되지는 못했다. 그는 의원 생활에서 조선인의 참정권 요구와 처우개선 등을 일관되게 요구하였는데, 이것이 그의 정치적 명분이었음은 물론이다.

동아일보 사장 폭행

도쿄에서 상애회를 조직해 일제의 신임을 받은 박춘금이 재일 조선인 노동자들을 폭력으로 착취·통제하는 한편, 조선에 와서까지 폭력을 휘두르고 공갈을 일삼은 예는 한두 건이 아니었다.

그 가운데 가장 대표적인 것이 1924년 4월 2일 밤, 동아일보사 사장 송진우(宋鎭禹)와 사주 김성수에게 가한 폭행사건이다.

박춘금이 이러한 안하무인의 폭력을 자행하게 된 것은, 어떤 연분으로 맺어진 것인지는 모르나 그가 총독부 경무국장 마루야마와 밀착되어 있었기 때문이다.

3·1 운동 후 민족운동이 다양한 형태로 발전해 가는 것을 우려한 경무국은 그간 양성해 온 친일단체의 연합을 추진하여, 1924년 3월 25일 '각파유지연맹'이라는 것을 결성하였다. 박춘금의 상애회, 송병준*의 소작인상조회, 민원식* 계열의 국민협회 등 11개 친일단체 대표 34명이 그 구성원이었다.

이러한 각파유지연맹의 결성이 알려지자 『동아일보』는 3월 30일자 사설 「소위 각파유지연맹에 대하여」를 통해 이를 공격했다. 그러자 이날 밤 동아일보사 사장 송진우와 사주 김성수는 평소에도 지면이 있던, 각파유지연맹의 이풍재로부터 '회고담이나 나누고 싶다'는 명목으로 요리집 식도원(食道園)으로 초대를 받았다.

두 사람이 식도원으로 가자 각파유지연맹 대표들 5, 6명이 이미 와 있었다. 이들이 술잔을 나누던 중 『동아일보』 사설을 두고 시비가 벌어졌다. 이 때 옆방에서 박춘금을 비롯한 10여 명이 뛰어들어 "우리 사업을 방해하는 놈은 죽여 버린다"고 위협하며 폭행을 가했다. 유도를 하고 일본 깡패식으로 단도를 쓸 줄 안다는 박춘금이 주동적이었다.

이들은 『동아일보』가 공개사과를 하든지, 아니면 사장 송진우가 각파유지연맹에 사과문을 보내고 3000원의 돈을 내놓으라고 강박했다.

결국 권총까지 들이대는 박춘금의 협박에 눌려, 송진우는 '사담 : 주의주장은 반대하나 인신공격을 한 것은 온당하지 못한 줄로 증(證)함'이라는 각서를 써 주었고, 김성수는 3000원을 주겠다는 약속을 한 끝에 수시간 만에 빠져 나왔다.

박춘금은 이 사건이 있기 전인 그 해 1월에서 2월에 걸쳐 일인 노동자들이 입는 하삐 복장에 단도와 몽둥이까지 들고 동아일보사에 나타나, 해외동포 위문금으로 모은 돈을 내놓으라고 7, 8회나 행패를 부린 일이 있었다.

어쨌든 식도원 폭행사건이 보도되자 각 사회단체는 이를 폭력을 통한 총독부의 언론탄압으로 규정하고 '언론탄압 탄핵 민중대회'를 열려다 경찰에 저지당하는 등 파장이 확대되었다. 한편 동아일보사는 마루야마 경무국장에게 강력히 항의함으로써 박춘금 일당의 행패는 더 나타나지 않았다.

박춘금의 해방 전후 행적

박춘금이 일제에 대한 최후까지의 충성을 다하기 위해 대의당을 결성한 지 한 달 뒤인 1945년 7월 24일 오후 6시, 서울 부민관에서는 대의당 주최로 '아세아민족분격대회'가 개최되었다.

일본의 승리를 통한 아시아 민족의 해방을 촉구한다는 것이 이 대회의 취지였다. 중국(왕정위 정권) 대표 2명, 만주 대표 1명, 일본 대표 2명이 연사로 참가했는데, 박춘금은 일본 대표의 한 사람으로 '아세아 민족의 해방'이라는 연제로 연설을 맡았다.

그러나 대회가 한창 진행되고 있던 9시 10분경 무대 입구 쪽에서 두 개의 폭발물이 연속으로 폭발해 대회장이 혼란에 빠져 버렸다. 이것은 살아 있는 조선 민족의 의기를 보여 준 통쾌한 일격이었다.

돌연한 폭탄세례의 범인을 잡기 위해 경찰과 헌병이 혈안이 되었지만 범인은 끝내 오리무중이었다. 의거의 주인공은 '산업전사'란 이름으로 일본에 끌려

갔다 돌아온 조문기(趙文紀), 강윤국(康潤國), 유만수(柳萬秀) 등 세 애국청년으로, 수색에 있는 군수공장에서 다이너마이트를 빼내 장치했던 것이다.

부민관 폭파사건은 극렬 친일파 박춘금 일당의 종언을 예고하는 것이었다. 그로부터 20여 일 뒤 일제가 항복을 한 것이다.

해방 후 건국준비위원회와 치안대가 결성되자 간교한 박춘금은 주(朱)라는 그의 부하를 통해 치안대 경비로 써달라고 20만 원을 보냈다. 그러나 건준 치안대장 장권(張權)은 "이 돈은 받을 수 없다. 또 이 돈은 박씨의 돈도 아니기에, 우리 정부가 수립되면 거기에 귀속될 것이다"라고 하면서 거절, 돌려보냈다.

며칠 되지 않아 박춘금은 다시 건준 재정부장 이규갑(李奎甲)에게, 40만 원의 돈과 자기 소유의 금광, 자동차, 의복 등을 건준에 바치겠다고 제의해 왔다고 한다. 이는 전 KOC 위원 정상윤(丁相允)의 회고에서 밝혀진 내용이다.

이미 발 부칠 곳이 없게 된 것을 안 박춘금은 언제인지는 모르나 일본으로 빠져 나갔다. 이후 그는 재일교포 사회에서도 거의 묻혀 지내다시피했는데, 1970년대에 죽은 것으로 알려지고 있다.

■ **김대상**(대한매일신문 주필)

주요 참고문헌

「조선인 지원병제도 시행에 관한 청원——제11 제국의회 속기록 발췌」, 『매일신보』, 1943. 11. 18.

『민족정기의 심판』, 혁신출판사, 1948.

현영섭

'일본인 이상의 일본인' 꿈꾼 몽상가

• 玄永燮, 창씨명 天野道夫, 1907~?
• 1937년 녹기연맹의 일본문화연구소 근무. 1938년 국민정신총동원조선연맹 주사
1940년 황도학회 이사

일본인도 혀를 내두른 극렬 친일파

나는 몽상한다. 반도의 청년이 대다수 군국을 위해 기쁘게 죽는 날을! 완전하게 일본화한 조선인 중에서 재상이 나오는 그 찬란한 날을! 백 년 후인가 몇 백 년 후인가. 내선일체를 심화, 철저하게 하여 완성시키자! 내선일체를 영구적 진리로 만들자! 내선인에 대한 당위로 만들자! 신생 조선은 내선일체의 제1단계에서 제2단계로 비약하는 바로 그 시기에 정확하게 놓여 있다.(현영섭, 『신생 조선의 출발』, 183면)

해방 후에 발간된 『민족정기의 심판』에서는 현영섭을 "과거 일제시대에 독립운동을 하던 자로, 반기를 들어 일제에 충성을 다하기로 맹세를 한 후 갖은 악질행동을 다하여 조선 민족을 여지없이 사지로 몰아 넣던 일본의 충량한 개"라고 설명하고 있다. 따라서 그를 단순히 일신의 안녕을 위해 일본에 협력한 자라고만 부르는 것은 오히려 그의 행동과 이상(?)에 걸맞지 않은, 수준 낮은 규정일지도 모른다.

현영섭의 친일 내선일체론은 그 누구보다도 더 급진적·전투적이며 매우 철

저했다. 즉, '일본인 이상의 일본인'이 되는 것이 그의 목표였으며, '완전히 일본화한 조선인 중에서 재상이 나오는 그 찬란한 날'을 바라는 것이 그의 이상이었다. 이러한 바탕에서 극렬 친일로 줄달음친 현영섭은 '일본에 혼을 판 진짜배기 매국노'로 조선인에게서만 욕을 먹은 것이 아니었다. 경성제대의 일본인 교수들조차 그를 '미운 오리새끼' 취급하면서 얼굴을 붉힐 정도였다고 한다. 그러니 그를 단순히 친일 언론인이라고 부르는 것은 부족하다. 위대한 일본인으로 다시 태어나기 위해 조선인의 행동·사고·생활양식 등 모든 것을 철저하게 부정하여 역사에서 조선이라는 이름조차 완전히 말살하고자 했던 인물, 따라서 자신뿐만 아니라 조선 민족 전체를 일본 민족으로 만들지 못해 안달이 나 있던 인물, 그가 바로 현영섭이었다.

한편, 현영섭의 아버지인 현헌(玄櫶) 또한 교육자로서는 알아주는 친일파였다. 그는 '병합' 후 경성고등보통학교 및 경성여자고등보통학교 교유(敎諭)를 하다가 1921년에 학무국 시학관(視學官 : 교육감)이 되었다. 학무국 편수관을 겸직하면서 식민지 교육행정의 중추부에서 일하던 현헌은 1931년에 강원도 참여관이 되고, 1934년부터는 중추원 참의를 지냈다. 또한 그는 황도주의를 기초로 한 사회교화를 목적으로 하는 동민회(同民會)의 이사도 함께 맡고 있었다. 이처럼 일제의 식민정책에 충성을 다하던 현헌은 1937년 일제가 중국을 침략하자 아들 현영섭과 더불어 시국강연을 하고 다니다 1939년 1월 27일 사망하였다. 이제 그 과업을 현영섭이 물려받은 것이다. 그것도 더욱 철저하고 극렬하게.

사회주의·무정부주의에서 황도주의로

대를 이어 일본의 '충량한 신민'으로 살았던 현영섭은 처음부터 친일의 길에 들어서지는 않았다. 1920년대 당시 식민지 조선의 일반 지식청년들과 마찬가지로 그 역시 일찍부터 사회주의 사상의 영향을 받은 것 같다. 경성제일고등보통학교를 졸업할 때, 이미 그는 마르크스, 레닌, 크로포토킨 등에 빠져 있을 정도였다고 한다. 19세가 되던 해인 1925년 봄, 교토로 건너가 마르크스주의에 의해 지도되던 조선인 노동조합에 들어갔다. 이 때 그는 히라노 나카오

(平野永男)라고 자칭하였다. 그런데 활동한 지 겨우 2개월 만에 노동운동에 환멸을 느끼고 탈퇴하고 말았는데 그 이유는 분명치 않다. 아무튼 그는 이듬해에 다시 조선으로 돌아와 경성제국대학 예과에 입학하였다. 경성제국대학 법문학부에서는 영문학을 전공하면서 불어, 독어, 에스페란토어도 배웠는데, 이때 그는 문예평론가가 되기를 꿈꾸며 최재서*와 사귀기도 하였다.

1931년에 대학을 졸업한 현영섭은 전부터 알고 있던 무정부주의자 원심창(元心昌)을 따라 상해로 건너가, 활발한 테러활동을 전개한 것으로 알려진 남화(南華)한인청년연맹에 가입하였다. 이 때부터 그는 사회주의자로서가 아니라 무정부주의자로서 활동하게 된다. 거기서 그는 외국문헌의 번역, 연맹원의 교육, 기관지 사설의 집필, 내외의 운동상황 소개 및 연락을 맡았다. 그 해 11월 현영섭은 원심창의 명령으로 일본에 잠입, '역도상애회 및 일체의 조선인 반동단체 박멸에 모든 정력을 기울였다'고 자임하는 조선동흥노동동맹회에 가입해 일본인 다케우치 데루요(竹內てる代)와 함께 활동하였다. 무정부주의자로서의 활동은 1934년 가을에 발행된 조선어신문 『흑색신문』에 유젠의 「노동자의 노래」를 번역·소개할 때까지 계속되었던 것이 확인된다.

그런데 여기서 그의 전향에 대해 한두 가지 짚고 넘어가야 할 것이 있다.

첫번째로 현영섭은 무정부주의운동을 하면서 동시에 동경부의 학무부 사회과에 임시고(臨時雇)로 근무하고 있었다는 점이다. 생계를 위한 임시방편이었는지, 무정부주의운동을 위한 전술적 고려였는지, 아니면 사상에 동요가 일어나기 시작하면서 비롯된 것인지는 알 수가 없다. 상식적으로 이해가 잘 가지 않는 부분이지만, 이것이 그에게 전향의 계기가 된 것만은 사실이다.

따라서 그의 전향도, 다음의 회고에서 잘 나타나듯이 외적인 강압에 의한 것이 아니라 현실에 대한 절망감과 사상의 동요에 의해 자발적으로 일어난 것이 분명하다.

나는 몽상가의 한 사람이었다. 가난한 사람이 하나도 없고 공업농촌이 만들어지고 정신·육체노동자라는 새로운 인간이 만들어져, 능력에 따라 일하고 필요에 따라 자유롭게 소비하는 사회를 꿈꾸었던 것이다. ……이러한 꿈에 빠져 현실의 세계를 잊었기 때문에 나는 환멸의 비애를 느껴 좌절한 것이다.(「나의 꿈」, 『녹

기』, 1938. 8, 48면)

이러한 절망감으로 인해 그는 임시고로 근무하면서 '사회사업의 발달만이 사회주의운동을 극복할 수 있다고 생각'하게 되었고, 나아가 쿠도 나카오(工藤永男)라 자칭하면서 마치 일본인이 된 것처럼 행동하고 다녔다. 그리고 1935년에는 친일적인 조선인에 의해 비공식으로 조직되고 있던 조선문제연구회(주로 관리들로 구성됨)와 교제하였다. 이것이 그에게는 '커다란 전환', 즉 친일로의 사상적 변절을 알리는 신호였다.

다음은 두번째 의문인데, 그 해 11월 현영섭은 무정부주의자와 교제하였던 과거의 경력 때문에 치안유지법 위반 혐의로 검거되었다. 그러나 이듬해 여름경에 무정부주의자로서 했던 활동에 걸맞지 않게 그는 무죄로 출옥하였다. 그 이유 역시 분명치 않으나 체포되기 이전에 이미 전향하였다는 점과 그의 아버지인 현헌이 일제의 식민지 교육정책에 충실한 친일파라는 점이 고려되지 않았나 생각된다.

이렇게 해서 현영섭은 무정부주의자에서 적극적인 일본주의자로 변신하게 되는데, 그 행각이 참으로 가관이다. 계속해서 그의 화려한 친일행각에 대해서 보도록 하자.

'조선어 전폐론' 부르짖어

무죄로 출옥한 현영섭은 매달 여러 지면을 통해 조선의 관습에 대한 비판과 친일적인 내용을 담은 수필과 평론 등을 발표하였다. 그 중 8월에 쓴 「정치론의 한 도막——조선어를 어떻게 할까」(발표지 미상. 『신생 조선의 출발』에 수록됨)에서 처음으로 저 유명한 '조선어 전폐론'을 들고 나왔다. 즉, "조선어를 폐지하라. 국어(일어—인용자)로 사물을 생각하도록 노력하라. 그래서 먼저 내선의 생활양식을 하나로 만들자"라고 주장하면서 내선일체의 기본 전제로 조선어를 폐지하라고 부르짖었다.

이러한 언론활동은 자연히 일본인으로만 구성된 녹기연맹(綠旗聯盟) 간부의 눈에 들어오게 되어, 1937년 봄 현영섭은 녹기연맹의 일본문화연구소에서 근무하게 되었다. 그리고 6월에 녹기연맹의 기관지 『녹기』에 「세계의 귀일(歸一)과 언어의 통제」를 발표하였다. 조선인으로서는 최초로 『녹기』에 글을 쓰는 '영광'을 누리게 된 것이었다. 내용은 '일본정신에 의한 세계의 통일을 기대하며, 거기에 협력할' 것을 밝히고 '언어, 인종에 있어 동일 계통에 속하는 조선인이 국어(일어—인용자)를 사랑하지 않는 것은 불합리하며, 인식부족이며, 불령(不逞)하다고 해도 지나친 말이 아니다'라는 것이었다. 그는 이러한 주장을 기회가 있을 때마다 펼쳤는데, 이에 관한 유명한 일화가 하나 있다.

국민정신총동원조선연맹(정동연맹)이 결성된 이튿날 미나미(南次郞) 총독을 면회한 현영섭이 '조선어 전폐론'을 주장하자 미나미는 "조선어를 배척함은 불가하다. 가급적으로 일어를 보급함은 가하나 지금 조선의 일반 인심을 살펴보면 일어보급운동도 조선어 폐지운동으로 오해를 받고 있는 것이다. 그러므로 조선어 전폐운동은 절대 불가능한 일"(『민족정기의 심판』, 183~184면)이라고 거부하였다. 그러나 현영섭의 주장이 그 자리에서는 거절당하고 비웃음만 샀지만, 1943년에 '국어보급운동'이 대대적으로 전개되어 학교나 관청에서 조선어를 일체 사용하지 못하게 하였으니 그의 탁견(?)에 정말 놀라지 않을 수 없다.

1937년 파시스트 체제를 더욱 강화한 일본 제국주의는 마침내 중국을 침략함으로써 중국과 일본뿐만 아니라 조선 민중들까지 죽음의 늪으로 끌고 들어가기 시작하였다. 그러나 현영섭에게는 이 전쟁이 마치 물고기가 물을 만난 것과 같은 기회를 가져다 주었다.

전쟁이 일어난 7월 조선총독부는 시국의 중요성을 인식시키고 침략을 합리화하기 위해 전국적인 순회강연반을 조직하였다. 현영섭은 녹기연맹의 이사 자격으로 여기에 참여하였다. 이를 시작으로 8월에는 황해도, 9월에는 충청남도 등지에서 일제의 침략전쟁을 옹호하는 강연 행각을 벌였다. 그리고 이듬해인 1938년 7월 7일에 조선내 친일단체 및 개인을 총망라하여 전국적 기구로 만든 정동연맹이 결성되자 현영섭은 주사(主事)를 맡았다. 활동의 주무대가 녹기연맹에서 정동연맹으로 옮겨진 것이다(1939년 6월에는 기관지 『총동원』이 창간되자 그 편집도 맡았다). 또한 12월 14일 부민관 강당에서 열린 '내선일체 구현과 동아협동체 건설 및 국내 혁신 문제' 등을 토론하는 시국유지원탁회의에도 참석함으로써 중심적인 친일활동가로서의 면모를 보여 주었다.

이처럼 각종 강연이나 단체활동 등을 하는 동시에 그는 언론활동도 활발하게 펼쳤다. 『녹기』, 『문교의 조선』, 『조선 및 만주』 등에 붓을 들어, 중국은 '정신의 평형을 상실'한 '소아병적'인 나라이며 중국의 정치가들은 '모두 자기의 이익과 권력유지에 급급한 무리들'이라고 비난하였다. 이에 반해 일본에 대해서는 '일본인만큼 치열한 인류애를 가진 자는 없다', '일본은 북지(北支) 농민을 구원하기를 진심으로 생각하고 있다'고 옹호하여 일본의 침략을 합리화하는 한편, '조선인의 장래는 모두 일본의 장래 여하에 달려 있기' 때문에 '조선인적 심정을 완전히 죽이고 다시 태어나야만 한다'고 역설하였다. 당시 녹기연맹도 가맹하고 있던 조선교화단체연합회에서는 이러한 논리를 체계적으로 정리한 현영섭의 「북지사변과 조선」(『신생 조선의 출발』에 수록됨)이라는 20면짜리 팜플렛을 수만 부 발행하여 1937년 7월부터 전국에 배포하기도 하였다. 이 글에서 현영섭이 일제의 중국침략을 어떻게 왜곡하고 찬양하였는가는 다음의 한 구절을 인용하는 것만으로도 족할 것이다.

> 북지사변은 일만일체(日滿一體)의 필연적 과정이며, 내선일여(內鮮一如)·선만일여(鮮滿一如)의 원리 아래 반도에서 살고 있는 내선인 모두가 필연적으로 통과해야만 하는 길이다……삼복의 더위에도 북지 평원에서 동양평화와 인류애를 위해 분투하고 있는 우리 황군에게 감사하기 위해서는 우리는 더욱 긴장된 생활을 할 것은 물론, 우리 내선동포의 조국 일본 및 선린 만주국의 무한한 발전을 돕기 위해 용감하게 매진하고 아름다운 내선상애(內鮮相愛)의 애국심을 고조시키지 않으면 안 된다. 이리하여 동양평화는 확립되고 아시아의 빛은 세계를 뒤덮으리라. (『신생 조선의 출발』, 37면)

"조선의 민족주의자는 인류의 평화를 교란하는 페스트다"

중일전쟁이라는 때를 만나 조선의 논단에 화려하게 등장한 현영섭은 1938년과 1939년에 잇달아 대단한 히트작을 만들어 낸다. 1938년 1월에 간행된 『조선인이 나아가야 할 길』(이하 『길』)과 1939년 2월에 펴낸 『신생 조선의 출발』(이하『출발』)이 그것이다. 두 책 모두 현영섭이 여러 잡지에 발표한 글들을 모아 낸 것으로 베스트셀러가 되었다. 그 가운데서도 특히 '내선일체의 3대 논저' 가운데 하나로 손꼽히는『길』은 출판한 지 7개월 만에 11판을 냈으며, 그 해 연말까지 1만 부가 팔려 조선 출판계의 신기록을 세웠다고 한다.

이 두 책을 통해 현영섭이 주장하는 논리는 크게 일본예찬론, 내선일체론의 당위와 방법론, 그리고 조선 지식인에 대한 비난과 요구로 나뉜다.

먼저 그의 일본예찬론부터 보자. 그는 '이상을 가진 국가는 일본뿐'이라는 전제 아래 '일본주의는 이른바 제국주의나 자본주의도 아니며, 히틀러·무솔리니류의 파시즘도 아니라는 것을 조선인들은 기억해야만 한다'고 역설한다. 따라서 '병합에 의해 지난날의 누습(陋習)을 모두 혁파하여 생명이 가득 찬 신조선에서 살도록 변했던 것'처럼 일본의 중국 침략도 영토를 뺏으려는 것이 아니라 '일본의 사해동포주의', 즉 '세계에 절대평화를 가져다 주는' 일본의 이상을 실현하기 위한 것이라고 억지를 부린다. 거기에 덧붙여 이런 위대한 대성업에 조선인들이 참가하는 것을 영광으로 알아야 한다고 충고하고 있다.

다음으로 그는 '내선일체는 사회법칙의 발전 코스에 순응한 현상이며, 세계의 어떤 사람도 반대할 수 없는 도덕적 현상'이라 하여 내선일체의 필연성을 주장한다. 스스로도 밝히고 있듯이『길』도 '이 객관적 정세와 내 개인의 사색에서 조선의 철저한 일본화 운동을 촉진하는 의미에서' 쓴 것이었다.

그렇다면 어떻게 해야 내선일체를 실현시킬 수 있다는 것일까? 그 첫번째 방법이 앞에서도 말한 조선어 폐지다. '언어는 사상이며, 사상은 생활에 앞서기' 때문에 조선어를 폐지해야 감정과 무의식의 세계에서 일본어가 조선인들의 언어로 되고, 결국에는 일본 정신을 체득하고 행하게 된다는 것이 그의 주장이다.

또 하나의 방법으로 의식주를 비롯하여 가족제도, 이름, 결혼에 이르기까지 조선의 모든 생활양식을 일본과 같게 하자는 것이다. 그런데 이러한 주장 속에는 사실 무서운 논리가 숨겨져 있다. 즉, 그는 "만약 먹는 것에서까지 조선인이 독특한 생활감정을 고수한다면……배타적 정치적 감정으로까지 발전할 것이라고 단언하며 우리 자손이 불행한 날을 맞이하게 될 것을 '예언'하는 것이다. 그 불행을 나는 거의 병적으로 느끼기 때문에 먹는 것까지 급진적 입장을 고수하는 것"(『출발』, 13면)이라 하여 조선의 민족적 감정조차 완전히 말살시키려 하였다. 일본 침략자들도 조선인의 민족적 감정마저 부정하지는 못했다. 그러나 광적인 일본주의자 현영섭에게는 그것이 오히려 불만이었기에, 자칭 선구자의 길을 걷고 있으며 자신의 논리를 받아들이는 대중들이 있다는 환상까지 품게 된 것이다.

> 나는 분리되는 것이 불가능하기 때문에 완전하게 하나로 될 것을 역설한다. 지금 나와 같은 태도에 대해 대중의 찬반을 구한다면, 나에 대한 투표수가 적으리라는 것을 부정하지는 않는다……그러나……완전하게 일본인이 되고 싶다고 본능적으로 절규하고 있는 대중이 다수 존재한다. 이들 대중을 격려하고 희망을 불어넣어 주는 것이 자신의 책임으로 된 지금, 나는 조선의 미래에 많은 희망을 걸고 있다.(『출발』, 10면)

그런데 이러한 현영섭의 선구자적인 길에는 방해요소가 있었다. 그것은 다름아닌 조선의 민족주의자와 전향한 사회주의자들이었다. 이제 현영섭의 광기 어린 붓끝은 이들 지식계급으로 향한다. 그는 먼저 민족주의운동에 대해 "조선인이 일본인이 되려는 것을 막는 것이며, 그것은 고기가 바다를 떠나려는 것과 같은 운동으로, 몰락하는 것이 당연한 운명"(『길』, 69면)이라 못박고 민족주의자들에게 다음과 같이 선언하였다.

> 조선의 민족주의자는——만약 존재한다고 한다면——인류의 평화를 교란하는 페스트다. 새 국가를 만들어서 지나(支那) 국민정부처럼 악정을 시행하는 어리석음을 되풀이할 필요는 없다. 그것은 인류의 발전법칙에 배치되는 일이다. ……인류를 분열 투쟁으로 몰고가는 일한(日韓) 민족주의자에게 사멸이 있어라 소리치는 바이다.(『출발』, 88면)

공격의 화살은 이들에게만 머무는 것이 아니라 전향한 지식계급 전체에게도 돌아간다. 전향한 사람들 대다수가 일본주의라는 새로운 이상을 발견하고 전향했다기보다는 가족적 이기주의 때문에 전향했다고 진단한 그는 "일본을 조금도 사랑하지 않으려는 조선 인테리의 장래는 지옥이다. 그 앞길은 함정뿐이다.……조선인의 한 사람으로서 조선에서 생활하는 나는 때때로 호흡하는 것조차 곤란할 만큼 고통을 느낀다. 그 대부분의 원인은 제군의 중도반단적인 불철저한 태도 때문"(『출발』, 15면)이라고 분통을 터뜨렸다. 따라서 그는 '구원의 언어이며 신성한 의의가 부여된 종교적인 말이기도' 한 '내선일체'를 완수하기 위해 조선의 지식계급에게 지난날의 무기력과 회색에서 벗어나 일본주의라는 깃발 아래 분기해야만 한다고 강조하였다.

친일단체 강연회의 단골 연사로 맹활약

이처럼 일급 친일파가 된 현영섭은 이후에도 계속 매월 여러 잡지에 시국에 관한 글을 발표하고 주요 친일단체의 강연회가 있을 때마다 단골 연사로 뛰어다녔다. 아마도 이 때가 현영섭의 인생에 있어 최전성기가 아닌가 여겨질 정도로 그는 내선일체를 완수하기 위해 맹활약을 하였다.

1940년 1월에는 잡지 『내선일체』를 발행하는 내선일체실천사(사장 박남규)의 이사와 12월에 설립된 황도학회의 이사도 맡았다. 그리고 같은 해 2월 창씨개명이 실시되자 그는 즉시 아마노 미치오(天野道夫)라고 이름을 고침으로써 명실상부한 일본인이 되었다.

그런데 태평양전쟁이 일어난 1941년의 『녹기』 4월호에 발표한 「민족의 영광에 부쳐」라는 글은 우리를 다시 한 번 놀라게 한다. 즉, 그는 '조선 민족의 발전적 해소야말로 일본 국가의 급무 중의 급무에 속한다'라고 전제한 뒤, '만약 일미전에서 조선 민족 가운데 조금이라도 동요하는 자가 있다면 용서없이 그들에게 기관총을 향하라'고까지 하여 그의 광기가 어느 정도인가를 보여 준 것이다.

태평양전쟁 당시 현영섭은 베이징에 있었다. 베이징의 일본대사관 내에 설치된 화북(華北)반도인협회의 주사(主事)로 있으면서 그는 베이징, 지난(濟南) 등 화북의 일본군 점령지역 내에서 협려회(協勵會)라는 친일 어용단체를 조직하는 일을 맡고 있었던 것이다.

1943년 조선에서 징병제 실시가 결정되자 그는 『매일신보』 8월 2일자에

「문화인의 감격——역사 창조의 날」을 기고하여 그것을 축하하였다. 또한 그 해 11월 서울에서 열린 출진학도격려대회에서 강연하였다.

그의 친일행각은 일본이 전쟁에서 패망하기 직전까지 진행되었는데, 1945년 7월 조선언론보국회 주최의 순회강연에 강사 25명 가운데 한 사람으로 참가하였다.

그러나 현영섭의 그 화려했던 활동도 일본의 패망과 더불어 막을 내린다. 그 해 8월 일본이 전쟁에 패하자 그는 일본으로 탈출하여 그의 '조국' 일본에서 살았다. 재일 미국대사관에서 근무했으며, 퇴직한 후에는 사이다마(埼玉)현 오미야(大宮)시에서 영어학원을 경영하였다고 한다. 죽음을 앞두고 현영섭은 과연 무엇을 생각했을까. 자신이 그토록 싫어하고 부정했던 모태, 조선에 대해 어떤 생각을 하면서 눈을 감았는지 자못 궁금하기만 하다.

글을 맺기 전에 한 가지만 덧붙이자. 일반적으로 민족운동이나 사회운동에 헌신했던 조선의 지식인들이 전향한 이후 보인 행동은 일제의 강압에 못이겨 마지못해 끌려 다니거나 또는 자포자기하여 세상의 흐름에 자신을 던져 버린 경우가 많았다. 그러나 현영섭은 그렇지가 않았다. 그는 '일본화'라는 깃발을 내걸고 최선봉에 서서 '내선일체'를 외쳤으며, 그 주장 또한 조선의 모든 것을 부정하고 말살하려는 것이었다. 왜 이렇게 극단적인 변화를 보였을까? 그것은 아마도 그가 한때나마 품고 행동에 옮겼던 무정부주의사상에서 비롯되지 않았나 생각된다.

일반적으로 무정부주의라 하면 국가나 민족이라는 개념은 그다지 중시하지 않는다. 아니 폐기되어야 하는 것으로 본다. 그리고 무정부주의자는 세계를 극단적으로 보는 경향이 있다. 기존의 모든 권위를 부정하기에 결국에는 테러와 같은 극단적인 수단에 의존한다. 이러한 논리가 친일로 전향한 현영섭에게는 조선 민족을 부정하는 논리로 변질되었을 가능성이 크다. 조선 민족에 대한 절망감에서 비롯된 민족허무주의가 무정부주의와 뒤섞여 있다가 결국에는 민족에 대한 완전한 부정으로까지 전개된 것이다. 조선어 전폐론이나 생활양식과 의식의 완전한 일본화, 그리고 민족주의자나 전향자에 대한 신랄한 공격 등은 모두 이와 같은 극단적인 논리 속에서 비롯된 것이 아닐까. 이처럼 그의 사상은 극에서 극으로 옮아가지만 그것은 항상 연결되어 있는 것이었다.

또한 이것은 그가 젊은날 가졌던 사상이 현실에 뿌리를 내리고 있지 못했음을 증명하고 있다. 노동운동에 대한 성급한 실망감, 변혁에 대한 조급성, 그리고 민족에 대한 애정의 부재는 사상의 공허함만을 낳고, 그 공허함은 마침내 자신의 뿌리마저 파괴하는 논리로 치달았던 것이다. 속담에 선무당이 사람 잡는다는 말도 있듯이 현영섭은 그 어설픈 사상으로 조선 민족을 잡으려 했던 것이다. 그렇기에 제 동포에게 '기관총을 향하라'고까지 말할 수 있지 않았을까.

■ 김민철(반민족문제연구소 연구원)

주요 참고문헌

현영섭,『朝鮮人の進むべ道』, 綠旗聯盟, 1938.
______,『新生朝鮮の出發』, 大阪屋號書店, 1939.
『綠旗』, 綠旗聯盟.
『總動員』, 國民精神總動員朝鮮聯盟.
『每日申報』.

이영근

황국신민화를 온몸으로 실천한 일본주의자

• 李永根, 창씨명 河本龍雄→上田龍男, 1910~?
• 1939년 황화(皇化)단체 황도학회 가입. 1940년 황도학회 발기인
1941년 조선언론보국회 평의원

지금 저 영광의 시대를 위해 철저한 자기 반성과 자기 청산의 때가 다가오고 있다. 전진하라 매진하라, 일본 민족이여 일본 민족이여! 그리하여 황도 조선의 새로운 노래를 불러야 하지 않겠는가!(이영근, 『황도조선』, 291~292면)

일반적으로 친일파에는 적극적인 부류와 소극적인 부류가 있다. 그러나 이러한 범위를 벗어나는 친일파가 있다. 그들은 몸만 조선인이지 생각하고 행동하는 모든 것이 일본인 이상의 일본인이었던 자들인데, 굳이 이름을 붙인다면 '극렬 일본주의자'라고 할 수 있겠다. 그들은 조선인이 살아갈 수 있는 유일한 길은, 일본의 정책에 '협력'하는 그런 수준이 아니라 조선의 모든 것을 버리고 몸과 마음이 완전히 일본화되어 '천황'의 적자로서 살 때만이라고 주장한다. 여기에 속하는 대표적인 인물이 바로 이영근이다.

그는 황도주의를 실천하기 위해 조직된 녹기연맹(綠旗聯盟)이 배출한 극렬 친일파인데, '제2의 현영섭*'이라고 불릴 정도로 철저한 일본주의자였다. 또한 그는 출발부터 친일파로 시작하였으며, 일본인 못지 않게 신으로서의 '천황'과 식민사관을 맹신하고 그것을 조선의 청소년들에게 주입시키려고 광분한 자였다.

동포의 칼을 피해 도망친 내선일체론자

1910년 충남 온양에서 출생한 이영근은 1938년 3월에 연희전문학교 문과를 졸업하였다. 그 해 여름, 유학차 미국으로 건너가 로스앤젤레스의 농장에서 학자금을 벌고 있을 때였다. 그는 그 곳에서 조선인 이민 1세대들에게 일본을 찬양하고 내선융화를 주장하다가 충돌을 일으켜 마침내 조지아주로 달아나서 에모리 대학에 입학하였다.

당시 이 대학에서는 이영근이 최초의 조선인 입학생이었기에 그에게 반일 강연을 부탁하였다고 한다. 그러나 그는 주 3회 정도의 강연회와 토론회에서 시종일관 '정의 일본과 내선일체'를 주장하고, 중일전쟁에 대해서 "나는 일본인이기 때문에 어디까지나 일본인으로서 생각한다. 그리고 일본인이 미국보다 지나(支那)에 가깝기 때문에 지나는 일본이 보살펴야 한다……이 일에 대해 (미국은—인용자) 이래라 저래라 간섭하지 마라"고 하였다. 그리고 일본인 마을을 돌아다니면서 일본인 2세에게 "일가(一家)의 중심이 부모에게 있듯이 국가의 중심은 천황, 황후에게 있다. 그 중심을 위해 제 목숨을 바치려는 생각이 일본 정신의 근본"(「나는 미국에서 무엇을 얻었는가」, 『녹기』, 1937. 3)이라는 일본 정신 강좌를 하였다.

이런 행각들이 조선인 사이에 알려지자 이영근은 다시 쫓기는 신세가 되었다. 애틀랜타에서 민족 진영의 칼에 목숨까지 잃을 뻔한 그는 결국 로스앤젤레스로 도망가 일본영사관에 몸을 맡겼다. 결국 학교마저 다닐 수 없게 된 이영근은 일본 이민들이 마련해 준 여비로 조선으로 돌아오게 되었다. 이 사실은 당시 『매일신보』 1938년 12월 21일자에 '미국서 융화강연——반일분자의 박해 피하여 귀국'이라는 제목으로 크게 다루어졌다. 일본인들이 보기에는 참으로 기특한(?) 청년이 아닐 수 없었을 것이다.

이처럼 이영근은 출발부터가 내선일체론자였으며 천황주의자였던 것이다. 식민지 조선의 피끓는 청년이라면 한번은 '조국'이니 '민족'이니 하는 개념들을 생각해 봄직도 한데 그에게는 이러한 것들이 전혀 없었다.

대일본영사관의 입구입니다. 나는 참을 수 없어 눈물을 흘리고 말았습니다. 나는 일부러 울려고 생각하지 않았으며 또 울지 않겠다고 노력하지도 않았습니다. 내가 찬연한 국화의 어문장(御紋章)에 절하는 순간 눈물이 나오고 만 것입니다. ……이 때만큼 내 자신이 진실한 일본인이라고 강하게 느낀 적이 없었습니다. (「나는 미국에서 무엇을 얻었는가」)

이것은 그가 조선 동포의 '박해'를 피해 일본영사관으로 들어가면서 느낀 감동을 회고한 글이다. 일본인에게 잘 보이려고 과장해서 쓴 측면도 있겠지만 당시의 행동들을 보면 그의 심정을 솔직하게 고백하고 있음이 분명하다. 그렇지 않다면 조선도 아닌 미국 땅에서 조선인으로서 대담하게 일본을 옹호하는 행각을 벌이고 다니지는 않았을 것이다.

그의 짧은 미국생활은 이처럼 자신을 더욱 더 철저한 일본주의자로 자각하는 계기가 되었다. 이를 기념으로 이름도 가와모토(河本龍雄)라 고치고 귀국선에서 머리까지 깎는 비장한 각오를 하였다.

귀국 도중 그는 일본에 머무르면서 대학에 진학할 것인가, 조선에 돌아가 지원병이 될 것인가를 고민하다가 결국 대일본연합청년단의 촉탁으로 활동하게 되었다. 이 단체는 독일의 유겐트, 즉 파시스트 청년단체와 같은 것으로 천황주의를 맹목적으로 믿는 조직이었다. 동시에 그는 국민정신문화연구소에 적을 두고 '일본 정신의 실체면과 국체학(國體學)의 이론적 연구'를 심화시킴으로써 철저한 일본주의로 재무장하였다.

녹기연맹에 가입한 뒤 본격화된 천황주의 선전활동

1939년 1월경, 조선인으로서는 최초로 녹기연맹원이 되었던 현영섭의 소개로 이영근은 녹기연맹에 가입하게 된다. 원래 녹기연맹은 일본인으로만 구성된 황화운동(皇化運動) 단체였는데, 1937년부터 내선일체의 실현이라는 방침에 따라 조선인도 가입시키고, 기관지 『녹기』에도 글을 싣게 하였다. 여기서 잠깐 녹기연맹의 역사와 성격에 대해 살펴보자.

녹기연맹은 1925년 2월 법화경 연구와 수양을 목적으로 설립한 경성천업청년단(京城天業青年團)을 전신으로, 이후 녹기동인회(綠旗同人會 : 1930. 5)를 거쳐

1933년 2월에 “사회발전의 법칙에 따라 인류의 낙토 건설에 기여할 것”과 “일본 국체의 정신에 즉하여 건국의 이상 실현에 공헌할 것” 등을 강령으로 하여 재발족하였다. 이후 녹기일본문화연구소, 청화여숙(淸和女塾), 녹기농장오류동농생숙(綠旗農場梧柳洞農生塾) 등을 경영하는 한편, 잡지, 팜플렛, 강연 등을 통한 사회 교화, 사상 연구, 중견인물 양성 등의 사업을 활발하게 전개하였다. 그러나 이러한 사업의 이면에는 총독부가 터놓고 하기 어려운 매수, 회유 등의 사상공작을 담당하는 총독부의 외곽 정보단체 역할도 하였다고 한다. 『녹기』 한 권을 가지면 헌병의 검문 없이 현해탄을 통과할 수 있었다는 말도 나돌았다고 하니, 이 단체의 위력이 어느 정도였는가를 짐작할 수 있다. 그리고 녹기연맹을 주관하고 있던 쓰다 사카에(津田榮)는 반관반민 단체인 국민총력조선연맹 참사 등을 지낸 거물이었고, 그의 동생 쓰다 스요시(津田剛) 역시 국민총력조선연맹 홍보부장 등을 맡았을 뿐만 아니라 특히 일제 말기의 황민문단을 만들어 낸 근본 원흉이기도 하였다.

이처럼 조선에서 대단한 영향력을 가지고 있었던 녹기연맹에 조선인이 가입하였다는 것은 그 자체로도 ‘영광’(?)이 아닐 수 없었다. 왜냐하면 이 단체의 가입은 철저한 일본주의자거나 아니면 적어도 적극적인 친일파는 되어야만 가능했기 때문이다. 새파랗게 젊은 이영근이 바로 이 대열에 끼게 된 것이다. 참고로 『녹기』에 글을 실은 조선인들로는 현영섭과 이영근 외에 이항녕(李恒寧), 배상하(裵相河), 박인덕*, 이석훈(李石薰), 김용제(金龍濟), 서춘*, 안용백(安龍伯), 이광수*, 장혁주(張赫宙) 등이 있다.

이영근이 『녹기』에 처음으로 등장한 것은 1939년 3월 「나는 미국에서 무엇을 얻었는가」와 「벗 ‘화촌군’을 그리며」를 통해서였다. 모두 자신이 미국에서 한 친일활동과 자기를 도와 준 재미 일본인들에 대해 쓴 것이다.

이를 계기로 그는 『녹기』에 본격적으로 글을 싣게 되었는데, 주로 일본 국체의 정신인 천황주의와 조선인의 사명을 주장하였다. 즉, 「국체 생명을 살리는 것」(1939. 9)에서는 “일본 국가의 본질은 일본의 마음에 있으며 일본의 마음이란 신의 마음을 말함인데, 신의 마음이란 천황의 대어심(大御心)을 말함이라. 따라서 일본은 천황의 어국(御國)이며 천황어일인(御一人)의 천하로서의 국가”라고 전제한 뒤, 일본 국체의 진정한 모습은 ‘천황의 대어심과 우리들(여기에는 물론 조선인도 포함되어 있다—인용자)의 마음이 일치할 때 나타난다"고 설명하였다. 또한 '천황폐하에 대한 충절이 곧 세계인류의 회생'(「청년 일본과 일본청년」, 1939. 12)이므로 조선인은 '결사의 각오로서 전장에 임한 기지로 흥아의 선상에서 드높이는 존재가 되자'(「흥아선상에 있어서의 조선 청년의 방향」, 1942. 2)고 호소하였다. 이쯤 되면 일본의 중국 침략을 '그 스스로 움직이지 않는 서구문명, 아니 전(全)세계문명에 새롭게 나아가야 할 생활도를 가르치는 교훈이며, 넓게는 세계의 개조작업'이라고 옹호하는 것은 그다지 어려운 일이 아니었을 것이다.

이와 같이 활발한 선전 작업을 하는 한편, 그는 녹기연맹원으로서의 임무도 열성적으로 수행하고 있었다. 그가 맡았던 일은 과거 현영섭이 했던 일이었는데, 녹기연맹의 회원을 방문하고 조직하는 작업이었다. 1940년 4월 우에다 다치오(上田龍男)로 창씨개명한 그는 그 해 10월 녹기학생숙(塾)의 간사에 취임하여 학생 교육을 맡았다. 그리고 12월에 경성대화숙이 설립되자 녹기연맹에서의 직책을 사임하고 경성대화숙에서 일했으며, 이 밖에도 황도학회 발기인(1940. 12), 조선언론보국회 평의원(1941. 11) 등의 직책을 통해 조선에 천황주의를 선전하고 교육하는 데 열을 올렸다.

이처럼 이영근은 조선인이면서도 조선인이 되기를 철저하게 거부했던 '제2의 현영섭'으로서, 그리고 일제의 식민통치가 낳은 또 하나의 프랑켄슈타인으로서 세상의 이목을 끌었던 것이다.

'우리로 하여금 일본인의 길에 서지 못하게 한다면 차라리 죽음을 달라'

1942월 6월 이영근은 『조선의 문제와 그 해결』을 비매품으로 출판하였다. 그런데 이 책은 '문제에 대한 비판이 많아 일반대중에게……배포하기에 앞서 먼저 한정해서 출판하였다'는데, 과연 어떤 부분에서 문제가 되기에 바로 출판하지 않았을까. 그 대답은 아마도 다음에 있는 것 같다. 즉, 그는 '일본인으로서 황화(皇化)의 결실을 받은 조선인을 만지인(滿支人)과 남방 제 민족과 같게 취급하여 영원히 다른 존재로서 피지도자적 지위에 두려는' 일본인에게 항의하고 있다. 내선일체를 온몸으로 실천하면서 소리 높여 외치고 있는 그로서도 조선인과 일본인 사이의 현실적 불평등을 전혀 무시할 수는 없었던 모양이다. 그래서 전시체제하에서 감히 겁도 없이(?) 이런 요구를 했지만, 그것이 아무래도 총독부의 비위를 거스르는 것 같아 슬그머니 공격의 화살을 조선인에게 돌리게 된다. 즉, 조선인이 평등하게 대우받지 못하는 것은 철저하게 일본화하지 못한 조선인에게 책임이 있다고 떠 넘기면서 '조선 생활의 완전한 청산'을 외치고 '일본 생활에의 투입을 선언'하였다.

이처럼 생활의 일본화를 주장한 그는 황민화 정책의 두 가지 중심이었던 일본어 상용과 창씨개명을 그 실천항목으로 들고 나왔다. 그러나 이에 대한 조선인의 저항이 심해지자 논리에 맞지도 않는 변명을 늘어 놓으면서 총독부의 정책을 변호하였다. 특히, '조선인에게서 성을 빼앗는다든지 내지인에게 자랑하는 어떤 성을 아무 관련도 없이 조선인에게 주자는 것은 아닙니다. 원래 조선에는 성이 없기 때문에 법률적으로 조선인을 취급하는 것이 매우 불편하기 때문'이라고 해 조선 민족을 마치 열등해서 성조차 갖지 못한 민족이라 왜곡하면서 창씨개명을 옹호하였다.

이러한 역사 왜곡과 식민 정책의 옹호는 1943년 11월에 간행한 『황도조선』에서 그 진수를 드러내는데, 특히 제1편 '조선사관의 재검토'가 핵심을 담고 있다. 중심 주제는 크게 일선동조론에 기초한 내선일체의 주장과 이를 실천에 옮기고 있는 청년들에 대한 찬양으로 나뉘어 있다.

먼저 그는 조선과 일본이 원래는 하나였는데(일선동조론), 신라가 중국의 힘을 빌려 삼국을 통일하면서 분리되었고, 그 때부터 조선의 역사는 고통과 식민의 역사뿐이었다고 주장한다. 따라서 일본에 의한 조선의 병합이라는 것도 일부 정치가들이 주장하는 것처럼 단지 양국의 정치적 이해 때문에 결합한 것이 아니라, 원래의 상태로 복귀하는 것, 즉 '천황'의 품으로 다시 들어가 생명을 누리게 되었다는 데 그 본질적인 의미가 있다고 말한다. 그러나 그것도 아직은 형식적인 내선일체의 단계에 머물러 있어 참된 내선일체가 실현되기 위해서는 생활의 모든 부분에서 철저하게 일본 정신을 배우고 실천해야만 한다고 주장하였다. 따라서 일본어 상용에 대해서도 "오늘날의 조선어는 우리들에게 있어 분명하게 외국어이다. 일본어의 습득은 외국어에서 모어(母語)로의 복귀이다. 언어뿐만이 아니라 모든 생활 재료가 그러하다"고 주장하여 다른 옹호론자들과는 질적으로 다른 차원에서 일제를 지지하고 나섰던 것이다.

다음으로 일본주의 청년운동에 대한 그의 주장을 살펴보자. 이 운동은 원래 일본인 민간 극우 단체가 주동이 되었던 것인데, 이후 일본 정부가 적극 개입하여 전국적인 운동으로 전개시켜 나간 것이다. 그 목적은 '국체신앙, 국어생활, 무사적 연성(錬成), 강건한 노동자'라는 구호 아래 철저한 황민의식을 양성한다는 것이었지만 실상은 유사시에 젊은이들을 총알받이로 만들겠다는 의도였다.

이영근이 맡았던 일은 조선의 청년들을 바로 이러한 의식으로 무장시키는 것이었고, 그 또한 이 일에 대한 사명감을 갖고 있었다. "조선반도에서 살면서 혼을 대일본의 영원한 신대(神代)와 결합시켜, 이상을 팔굉일우(八紘一宇)의 세계 건설에 두고 있는 청년, 그들은 근세 조선에서 용감하게 기상한 순수 일본청년들이다……저자는 점점 저 많은 청년들의 대변자가 될 것"이라고 자부한 그는 일본주의 청년운동을 다음과 같이 묘사하고 있다.

> 보라! 우리 뒤를 따르는 나이 어린 청소년들을……저들은 대일본제국 만세를 외치며 당당하게 진군하고 있다. 저들은 훌륭한 지도자의 훌륭한 명령만을 기다리고 있다. 저들에게는 이성이 없다. 감정만이 저들의 행위의 동기이다. 그 감정은 무엇인가. 오직 일본만을 사랑하는 마음 그것이다. 죽으라고 한다면 묵묵히 죽는 마음인 것이다.(141~142면)

가히 종교적 열정, 그것도 광적인 열정에서 나온 표현이라 할 만하다. 이러한 광적인 열정이 있었기에 그는 내선일체를 실현하는 데 방해가 되는 '모든 민족주의적 사상객과 목숨을 건 투쟁조차도 사양하지 않았으며' 나아가 '우리로 하여금 일본인의 길에 서지 못하게 한다면 차라리 우리에게 죽음을 달라'고까지 절규할 수 있었던 것이다.

한편, 이 글을 쓸 당시 이영근은 조선총독부 노무과에 설치되었던 조선노무협회에서도 일을 하고 있었다. 이 단체는 태평양전쟁을 도발함에 따라 더 많은 노동력을 필요로 하게 된 일본 제국주의가 이른바 '관알선'(官斡旋)이라는 이름하에 경찰들을 동원하여 수많은 조선 민중들을 죽음의 공사장으로 몰아 넣기 위해 만든 것이다. 충성스러운 황국신민 이영근, 아니 우에다 다치오가 이 단체에서 무슨 직을 맡았는지는 분명치 않으나 다음의 말 한마디가 그의 입장을 분명하게 전달하고 있다.

> 단나(丹那)터널을 기차로 지날 때마다 매번 생각하는 것이 있는데, 저 어려운 공사를 완성하기 위해 조선인 노무자가 9명이나 순직했다는 점이다. 후쿠오카(福岡)의 탄광, 야하타(八幡)의 제철소, 그 밖의 생산전(戰)에서도 순직자가 생겨날지도 모른다. 이것이야말로 조선인 노동자에 있어 무상의 영예라 할 수 있다.(220면)

이처럼 제 동포가 일본까지 끌려와 개보다 못한 죽음을 당했는데도 광적인 내선일체론자의 눈에는 그것이 오히려 '순직'이며 '무상의 영예'로만 보였던 것이다. 자신의 말처럼 '이성'은 없고 오직 일본을 향한 그리고 '천황'을 향한 맹목적인 충성심만이 존재할 뿐이었다. 이처럼 이영근은 진심으로 조선 민족이 아닌 일본 민족으로서 살기를 원했으며, 나아가 제 민족 전체를 황국신민으로 만드는 것을 자신의 사명으로 느끼고 온몸으로 실천에 옮겼던 일본주의자였다. 일제의 식민지배가 낳은 또 하나의 괴물을 우리는 본 것이다.

■ **김민철**(반민족문제연구소 연구원)

주요 참고문헌

『綠旗』, 綠旗聯盟.

李永根, 『朝鮮の問題と其の解結』, 京城正學研究所, 1942.

______, 『すめら朝鮮』, 日本青年文化協會, 1943.

이종형

독립운동가 체포로 악명 높았던 밀정

• 李鍾滎, 1895~1954
• 일제 밀정으로 만주에서 활약
해방 後 대동신문사 사장으로 반민법 반대. 1950년 2대 국회의원 당선

독립운동했다고 사실을 날조한 밀정

이종형의 유년기와 청년기에 대해서는 몇 가지 단편적인 자료와 자신의 주장 이외에는 거의 기록이 없다. 자신의 주장 또한 역사적 근거는 전혀 없고 사실을 과장하거나 날조한 흔적들만 나타나고 있기 때문에 그의 일생을 체계적으로 조명하는 데는 많은 어려움이 따른다. 특히 그가 일제의 밀정으로 활약했던 만큼 청년 시절은 그야말로 안개에 싸여 있다.

1895년 4월 20일 함북 명천에서 태어난 그는 15세까지 한학을 공부한 뒤 원산 광성(光成)소학교, 보광(保光)중학교를 나와 일본으로 건너가 와세다대학 정경과를 졸업한 것으로 알려져 있다. 그런데 와세다대학 조선인 동창회 명부에는 이종형이 충남 출생으로 1918년 와세다대학 전문부 정치과를 졸업한 것으로 기록되어 있지만, 졸업생 명부에는 이름이 없다. 따라서 그가 실제로 와세다대학에 입학해서 졸업했는지는 분명치 않다.

하여튼 이종형은 일본에서 귀국하게 되는데, 훗날 그는 자신이 3·1 운동 때 종로에서 일본인 순사 2명을 때려 죽인 혐의로 체포되어 복역했다고 주장한 적이 있다. 그런데 이 또한 의문이다. 1949년 3월 반민특위 재판부가 낭독한

기소장에 따르면 '이종형은 3·1 운동에 주동자로 참여하여 징역 19년을 언도받고 복역중 감형되어 9년 만에 출감하였다'고 한다. 또한 이종형이 1950년에 2대 국회의원에 당선된 후 작성된 『국회보』 3호에서는 그가 '3·1 운동에 참여하여 12년 징역을 받아 서대문과 함흥감옥을 거쳐 원산감옥에서 출감했다'고 기록하고 있다. 그러나 이것은 모두 자신의 주장을 그대로 받아 쓴 것이기 때문에 역사적 검증이 필요하다.

먼저 3·1 운동에 참가했다는 이종형의 형량부터 보자. 자신은 '19년'의 형을 받았다고 하는데, 이런 형량은 존재하지 않는다. 왜냐하면 일제 때의 형법에 따르면(지금도 대개 그러하지만) 15년형이 넘을 경우는 일반적으로 무기징역이나 사형을 언도한다. 따라서 이런 형량은 법적 상식에서도 어긋난다. 이종형 자신도 이것을 뒤늦게나마 알았는지 『국회보』에서는 12년형으로 고친 것 같다.

다음으로 자신의 주장처럼 '19년 징역 언도에 9년 복역'이라 하면 실로 대단한 형량이다. 3·1 운동 가담자에 대한 당시의 일반적인 형량을 보면 시위 주모자라 하더라도 1년에서 3년 정도였고, 소수의 사람들만이 이 이상의 징역을 살았다. 한 예로 경기도의 민용운(閔用云)은 '소요·살인 및 보안법 위반' 혐의로 7년형을 선고받았는데, 이는 그 때로서는 대단히 높은 형량이었다.(『독립유공자공훈록』 2권, 465면)

이런 측면에서 본다면 이종형의 형량은 지서 습격, 살인·방화 정도에 해당되는 것으로 당연히 그 자료가 남아 있어야 한다. 그러나 그의 행적은 우리나라나 일본측 어느 자료에도 보이지 않는다. 3·1 운동 상황을 비교적 빠짐없이 기록한 김정명(金正明)의 『조선독립운동』, 강덕상(姜德相)의 『현대사자료』, 나아가 『동아일보』, 『조선일보』 및 독립운동사편찬위원회가 간행한 『독립운동사』 제2·3권에서도 이종형의 행적은 찾을 길 없다. 『독립운동사』는 2천페이지 정도의 방대한 분량으로 1919년 전국의 3·1 운동 상황을 비교적 빠뜨리지 않고 기록하고 있다. 따라서 이종형이 주장하는 정도의 감옥생활을 했거나 주도적인 역할을 했으면 당연히 서술되어 있어야 하지만 불행하게도(?) 찾을 수가 없다.

의열단원으로 행세하며 밀정노릇을 하다

이종형의 사실 날조는 여기서 그치지 않는다. 즉, 그는 감옥에서 나온 뒤 계속 독립운동을 했다고 주장한다. 『국회보』 3호에 경력을 소개하면서 자신은 '원산감옥에서 나와 36세 때(1930년) 만주로 건너가 독립운동을 계속하고 42세 때 하얼빈에서 일본경찰에 체포되어 지린(吉林)·다롄(大連)·뤼순(旅順)감옥에서 복역하다가 46세 때 출감했다'고 하였다. 그러나 이러한 주장이 어떤 진실을 담고 있는지 보자.

1930년 여름, 만주로 건너간 그는 독립운동단체인 의열단에 가입하여 활동한 것으로 알려져 있다. 의열단 활동을 같이 했던 유석현(劉錫鉉)의 회고에 따르면, 자신이 21세에, 펑톈(奉天) 만주일보 사장으로 있던 고향 선배 구연흠(具然欽)의 소개로 이종형을 만났다고 한다. 유석현은 이종형을 당시 30세 정도의 대머리로 재주가 뛰어났다고 기억하면서 그래서 '변절'했을지도 모른다고 회고하였다. 그런데 '변절'이라고 하면 그 전에는 민족운동을 했다가 어떤 이유로 해서 일제에 협력했다는 뜻이 되는데, 그렇다면 과연 이종형이 의열단에서 독립운동을 했을까.

의열단은 1919년 11월 만주의 지린에서 암살, 폭동, 파괴 등의 방법으로 독립을 달성하려고 조직된 독립운동단체였다. 그런데 이종형이 의열단에 가입한 것은 어디까지나 자신의 밀정활동을 감추기 위한 술수에 지나지 않았다. 일제의 밀정으로 의심받지 않고 활동하려면, 의열단에 가입하여 독립운동가로 행세하는 것보다 좋은 방법은 없었다.

이종형의 이러한 간교한 술책은 밀정으로 활동하면서 곧 드러난다. 자칭 '조선의 독립운동가'인 이종형은 만주국 지린성 군법처장 왕(王)씨를 통해 지린 감군(監軍) 장쭤린(張作霖), 참모장 희흡(熙洽)과 서로 짜고 이른바 초공군(剿共軍)사령부를 조직하였다. 초공군사령부는 1920년 일제가 만주에 있는 조선인들을 탄압하고 독립군을 검거하기 위해 만든 보민회(保民會)와 같은 조직이었다. 이종형은 초공군사령부의 고문 겸 군재판관에 취임했으며, 얼마 되지 않아 군경 지휘권까지 얻어 냈다. 이종형은 이러한 지위와 권한을 이용하여 5개월 동안 둔화(敦化), 동만(東滿) 일대를 돌아다니면서 밀정노릇을 했다. 이 때 이종형은 조선인 공산당원을 토벌한다는 구실 아래 지린성 둔화현 왕도하(王道河) 등의 부락에 살고 있는 애국지사 50명을 직접 체포하여 그 가운데 17명을 교살하거나 투옥하는 만행을 저질렀다.

이듬해인 1931년부터 이종형은 동북군 총사령부 겸 동삼성 순열사위내 고문으로 있으면서 주로 조일 관계 또는 일본 외교 문제를 담당하였다. 1931년 5월 만보산(萬寶山) 사건이 일어나자 그는 다시 한 번 밀정으로서의 악명을 떨쳤다.

당시 조선일보 창춘(長春)지국에서 근무하던 김이삼(金利三)은 만보산 사건의 진실을 취재하여 보도했다. 이 때 이종형은 김이삼을 얼토당토 않게 일본 영사관의 주구로 몰아붙였다. 또한 그는 김이삼이 만보산 사건이 없었음에도 대서특필하여 허위보도함으로써 조선인들에게 나쁜 영향을 미치게 했다고 주장하고 몰래 죽여 없앨 계획을 세웠다. 이에 그는 김이삼을 창춘에서 지린의 자기 집으로 불러들여 체포·감금하였다. 그리고 5~6시간이 지난 뒤 풀어주겠다고 하면서 지린시 우마황 연등호 여관에 잠시 머물게 한 뒤, 부하를 시켜 여관에서 총으로 사살했던 것이다. 또 독립운동가 승진(承震)을 지린 강남공원에서 암살했고, 하얼빈에서 활동하던 독립운동가 남자현(南慈賢)을 일제 경찰에 밀고하여 결국은 옥사케 하였다.

이처럼 이종형은 만주에서 밀정으로 활동하면서 온갖 악질적인 행위를 거리낌없이 저질렀다. 그는 밀정으로 활동하면서 보복이 두려웠던지 의열단원, 그 가운데서도 특히 김시현(金始顯)과 친하게 지낸 것으로 알려져 있다. 김시현은 의열단원으로 해방 후 이승만의 암살을 기도했던 테러리스트였다. 결국 이종형은 일제 군경과 독립운동단체에 양다리를 걸치면서 자신의 악질적인 밀정 행위를 숨기려고 했던 것이다.

유석현의 증언에 따르면, 당시 김시현은 조선의 해방에 대비하여 일본인 기타하라(北原)와 박시목(朴時穆), 권태석(權泰錫) 등과 함께 옌안(延安)의 독립동맹 등 각지의 무장 독립운동세력을 연결하여 국내 진공작전을 추진했다고 한다. 이들은 해방이 되었을 때 일정한 발언권을 확보하기 위한 차원에서 계획을 추진한 것이었다. 그런데 도중에 발각되어 김시현을 비롯한 관련자 수십 명이 모두 베이징에서 체포되어 구속 수감되었다.

이 때 이종형은 김시현을 베이징에서 국내로 데려와 용산 헌병대에 수감시켰다. 베이징에서 구속된 사람들은 대부분 죽었지만, 김시현만은 살아 남을 수 있었다. 이종형이 김시현을 국내로 데려와 결국 죽지 않게 한 것은 자신의 밀정 행위를 은폐하고 더 많은 독립운동가들을 잡아들이기 위한 교묘한 술책이었다.

이종형은 1941년 만주에서 귀국한 뒤에도 일제 총독부 경무부 촉탁으로 있으면서 밀정노릇을 계속하였다. 총독부 경무국 보안과장 야쓰기(八木信雄), 경무국 경무과장 후루가와(古川兼秀), 조선주둔군 참모장 다카바시(高橋), 헌병사령부 특고과장 노하타(野田) 등과 몰래 만나면서 이들의 앞잡이로 활동했다. 이 때 그는 베이징에서 활동하고 있던 독립운동가 장명원(張明遠), 권태석, 김만룡(金萬龍), 김선기(金善基), 이상훈(李相薰), 박시목 등을 일제 경찰에 밀고하여 투옥시키는 공로를 세웠다. 이종형의 이 같은 뛰어난 활약에 대해 당시 일제 경찰도 입을 다물지 못하고 감탄했다고 한다.

이종형은 1942년에는 친일단체 총진회(總進會)를 조직하여 기독교 탄압에 앞장서고 일본 신도(神道)를 합리화하면서 일제의 침략정책을 적극적으로 지지하였다. 이 때 이종형은 아현 마루턱에 있는 성결교회를 접수해 학교를 경영한다고 나서기도 했다.

해방과 함께 극우반공주의자로 변신하다

악명 높은 밀정으로서 일제에 충성을 다바치던 이종형은 해방과 함께 철저한 극우반공주의자로 변신하였다.

해방이 된 지 얼마 되지 않은 1945년 11월 25일, 그는 극우반공신문인 『대동신문』(大東新聞)을 창간했다. 나중에 『대한일보』, 『대동신문』(大同新聞)으로 이름을 바꾼 『대동신문』은 그 경영진과 제작진들이 대개 친일파에서 변신한 자칭 반공주의자들로 구성되었다. 그러나 이종형은 언동이 너무 극단적이어서 보수우익으로부터도 따돌림을 받았다. 이런 점에서 이종형의 행동은 일본군국주의 반공정신에 철저히 물들어 있던 친일파가 해방 후 살아 남기 위해 보여준 처절한 몸부림의 전형이었다.

자신이 직접 쓴 저돌적인 반공논설을 『대동신문』에 매일 실은 이종형은 극우반공주의자로서의 면모를 유감없이 발휘하였다. 이승만, 김구 세력을 제외한 모든 정당과 정파에 무차별적인 공격을 펴다가 결국에는 1946년 1월 7일 테러단의 습격을 받기까지 했다.

이종형이 사주로 있던 『대동신문』은 여운형 암살음모사건을 노골적으로 찬양하거나 미군정을 신랄하게 비판하다가 5월 15일 정간처분을 받았다. 이종형은 이 때 구속되었다가 11월 초에 석방되었다. 신문이름을 바꿔 『대한일보』를 발행하면서 이승만의 독촉국민회 중심의 단독정부 수립노선을 지지하거나 한민당을 공격하는 등 좌충우돌을 계속하였다. 『대한일보』는 당시 친일세력을 대변한 극우반공신문으로서 사주인 이종형의 개인 감정을 발산하는 수단으로 이용되었다.

한편, 이종형은 극우 테러리스트들과도 친하게 지내면서 이들의 테러활동을 배후에서 지원하기도 하였다. 그는 북창동에 있던 자신의 대동신문사 사무실에서 송진우 암살사건에 관련된 신동운(申東雲), 여운형의 집에 폭탄을 던졌으며 나중에 반민특위위원 암살을 기도했던 백민태(白民泰), 그리고 박임호(朴林虎), 김시제(金時齊) 등과 자주 만났다. 그러던 중 1947년 7월 12일 비원에서 열린 '서재필 박사 귀국환영연'에서 허헌(許憲) 등 좌익요인들을 암살하기 위해 그는 이들 테러분자에게 45구경 권총과 미제 수류탄 2개를 건네 주었다. 그러나 이종형은 사건이 크게 확대되어 자신에게 번질 것을 염려하여 사전에 이승만, 김구 등에게 알려 좌익요인들의 참석을 막게 했다고 한다.

"반민법은 망민법이다"

이종형은 자신이 극우반공주의자로 변신하게 된 계기가 해방 후 국내에 공산주의가 새빨갛게 퍼졌기 때문이라고 주장하였다. 그러나 대부분의 친일파가 해방 후 열렬한 반공주의자로 탈바꿈하는 모습에서 알 수 있듯이, 이종형의 변신도 일제의 앞잡이가 되어 같은 동족에게 악질적인 행위를 자행하던 자신의 친일 전력을 감추기 위한 술수에 지나지 않았다. 따라서 그는 친일파 청산 움직임이 나타날 때마다 선두에 서서 이를 반대하였다.

1947년 입법의회에서 부일협력법안 제정이 논의되자, 이종형은 5월 5일 '부일협력법안 검토대회'를 열고 다음과 같은 주장을 늘어 놓으면서 반대를 부르짖었다.

> 이것은 망민법(網民法)입니다.……그냥 두다가는 1백만 내지 2백만~3백만 명의 많은 사람들이 이 망민법에 다 걸려……가장 능률적, 가장 명석한 인재들을 제외하고 누가 미증유의 건국대업을 성취할 것입니까?……법이 없을 때의 행동을 지금 새로이 법을 만들어 소급하여 처단하려는 불합리한 이 법을 민주주의적 현실에서 그냥 묵과할 수 없는 것입니다.

그리고 1948년 정부가 수립된 뒤, 제헌국회에서 '반민족행위자특별처벌법'의 초안을 의사일정에 상정하자 이종형은 제일 먼저 이를 정면으로 반대하고 나섰다. 그는 『대한일보』 8월 17일자 사설 「은위병행」(恩威幷行)을 통해 '친일파 문제는 그 시대 우리 민족의 공동으로 진 책임성'이라고 주장하여 책임을 회피하면서, "보호 또는 합병 조약에 책임을 진 매국적(賣國賊) 이외에는 대개 직업상 종사한 자"라고 친일파들을 변호하였다. 그는 또한 법은 기강을 세우는 데 그쳐야 하는데, 반민법은 '입의(立義) 때 이상 광범위로 많은 희생'을 내게 되므로 '민심을 소란케 하는 악영향'을 끼칠 뿐이라고 주장하였다.

1948년 단독정부가 수립된 후에도 친일파 처단을 요구하는 민중들의 요구는 계속되어 9월 7일, 마침내 반민법이 제정되었다. 그러자 이를 전후하여 친일세력들은 반민법 제정에 앞장 선 국회의원들을 공산당으로 몰아붙이면서 끊임없는 방해 책동을 벌였다.

친일세력의 대변자인 이종형이 그냥 보고만 있었겠는가? 그는 『대한일보』 사설을 통해 친일파 "처단 운운하는 자일수록 동포를 괴롭혔다. 국회의원이 양심이 바늘끝만치라도 있다면 망민법을 제정할 수 있는가?"라고 떠들어 대는 한편, 반민법이 공포된 다음날 극우반공단체들을 끌어모아 '반공구국 총궐기 및 정권이양 축하 국민대회'를 열었다. 궐기대회가 열린 서울운동장 곳곳에는 '국회를 통과한 반민법은 일제시대 반장이나 동장까지 잡아넣을 수 있도록 되어 있어 이것은 온국민을 그물로 옭아매는 망민법이다', '이런 민족분열의 법률을 만든 것은 국회 안에 있는 공산당 프락치의 소행이다', '국회 내의 김일성 앞잡이를 숙청해야 한다'는 등등의 반민법 반대구호들이 도배하듯이 붙어 있었다.

대회 주최자인 이종형은 연단에 나가 '반민법을 철폐하고 이를 제정한 국회를 쳐부수자'고 소리쳐 참석한 친일파들로부터 열화와 같은 박수를 받았다. 이 궐기대회에서는 반공과 반민법에 관한 2원칙 7조항을 결의하였다. 그중 제1원칙은 "현재 대한민국을 지지·보위하는 자는 애국자로 규정하고, 따라서 8·15 이전 행동에 구애하지 말고 포섭"하라는 내용이었다. 반민법을 완전히 부정하는 주장이었다. 또한 이 대회에서는 이승만 '대통령에게 보내는 글월'을 채택하였는데, 그 내용은 "진정한 민족반역의 현행범인 공산매국노의 처단을 전혀 도외시한 채 극단 광범위에 소급 적용하여 동포이간과 동족상잔할 화근을 남길 반민법이 제정"되었으므로 "각하께서는 이 법의 실시를 보류하는 시책을 조속히 강구"해 달라는 것이었다.

처음부터 반민법 제정을 방해했던 이승만 정권은 이범석 국무총리가 참석해 격려사를 하는 것으로 대회를 성원해 주었다. 경찰도 대회에 참석하지 않으려는 시민들을 좌익으로 몰아세우거나 배급통장을 빼앗겠다고 협박하면서 강제 동원하였다. 당시 내무장관이었던 윤치영(尹致暎)도 24일 오후 7시 방송을 통해 반공대회는 해방 후 처음 보는 애국적 대회라고 추켜 세웠다.

이종형이 주도하는 『대한일보』의 반대운동은 반민법 공포에 따라 '반민특위'가 결성되고 활동에 들어가기 시작하면서부터 더욱 격렬해졌다. 이는 결국 사회적으로 커다란 논란을 일으켜 국회는 1949년 11월 29일 제116차 본회의에 김동성(金東成) 공보처장을 출석시켜 답변을 듣기에 이르렀다. 본회의에서 윤병구(尹炳求), 노일환(盧鎰煥), 김상돈(金相敦) 등 소장파 의원들은 반공을 내세워 국회를 모독하고 국민을 선동하는 반국가적 행위를 저지른 『대한일보』를 폐간시킬 것을 요구하였으나 검토해 보겠다는 답변을 얻어 내는 데 그쳤다.

반민특위 방해 책동에 발벗고 나서다

반민특위 활동에 끝까지 저항하던 이종형도 마침내 검거되기에 이르렀다.

1949년 1월 10일 오후 8시 30분, 반민특위 위원 김동명(金東明)의 지시를 받은 신형식(申亨植) 조사관이 특경대를 이끌고 종로의 집을 급습하여 그를 체포하였다. 이종형은 화신재벌의 총수로 친일자본가의 거두였던 박흥식*에 이어 두번째로 반민특위에 검거되어 여론의 주목을 받았다.

당시 이종형은 반민특위 특경대원들이 집으로 들이닥치자, 권총을 빼들고 "내가 이종형인데 무슨 일이 있어 잡으려 왔느냐"며 극렬하게 반항하였다. 반민특위 사무실에 끌려와서도 "나는 애국자다. 나를 친일파로 몰아 잡아 넣다니 이럴 수가 있느냐. 내가 풀려나는 날 한민당, 빨갱이, 회색분자를 모조리 토벌하겠다"고 고래고래 소리를 지르면서 날뛰었다. 이종형은 마포형무소 독방에 수감된 뒤에도 '반민법은 망민법이며 내가 무슨 죄가 있느냐? 내가 이곳에 들어오게 된 원인은 사방에 정치적 적을 둔 까닭'이라며 화를 냈다.

이종형의 공판은 1949년 3월 29일 오후 3시 30분에 열렸다. 이종형에 대한 기소장은 주로 만주에서 일제의 밀정으로 활약하면서 독립운동가들을 검거하고 학살한 내용으로 채워져 있었다. 기소장 낭독이 끝나고 재판장이 사실심리에 들어가려 하자, 그는 웅변하듯 "공산당을 때려 부순 애국자를 어째서 반민법정에서 재판하려 하는가. 나는 심문에 응하지 않겠다"며 소란을 피워 15분 만에 폐정되었다. 폐정 이후에도 억울하다는 듯이 가슴을 치며 "내 가슴에 훈장을 달아 주지 않고 내 손에 쇠고랑을 채워 주다니!" 하며 고함을 질러 댔다.

2회 공판은 6월 12일에 열렸으나 재판부에 반항하는 그의 태도는 여전했다.

> 공산당을 토벌하였다고 재판하는 이 법정에서는 나는 재판을 못 받겠다. 공산당을 타도하였다고 재판을 받는다면 여기 앉아 있는 재판장 자신이 재판을 받아야 될 것이다. 이동녕 선생이 애국자인데 그의 아들인 너 이의식이가 너의 아버지 못지않은 나 같은 애국자를 심판할 수 있는가? 대한민국에서는 반공주의자를 처단할 수 없다. 김일성(金日成) 법정이 아닌 이 법정에서 나를 심판한다고?

1949년 6월 6일 이승만의 비호 아래 친일경찰들이 반민특위를 습격함으로써 친일파 처단을 위한 마지막 노력마저 무산되었다. 반민특위가 해산되자 감옥에서 풀려나온 이종형은 이제 자유롭게 활개칠 수 있는 세상을 맞이하게 된 것이다. 이후 그는 평소부터 '정치투쟁이 자신의 취미'라고 강조해 온 대로 정계에 뛰어들었다.

1950년 5·30 선거에서 이승만 지지 계열의 국민회 추천으로 입후보한 그는 무소속의 유기수(劉奇洙)를 어렵게 누르고 국회의원으로 당선되었다. 과거 일제의 밀정노릇을 하며 민족해방운동가들을 잡아들이던 자가 '해방'된 조국의 국회의원이 되었다는 이 사실을 우리는 과연 어떻게 받아 들여야 할까?

이종형은 국회의원으로 활동하면서 『대한일보』에 이어 발행된 『대동신문』의 사장으로도 행세했다. 『대동신문』은 이승만의 재집권을 열어 준 '발췌개헌안'이 계엄령 아래서 통과된 1952년 '부산 정치파동' 때에도 야당인 민국당, 이승만 정권, 조봉암계를 모두 공격하여 '독설가의 독설 신문'이라는 별명을 듣기도 했다. 이를 보면 그가 주장하던 반공주의라는 것도 어떤 정치철학에서 나온 것이 아니라 단지 자신의 존재를 과시하고 살아 남기 위해 부르짖은 구호에 지나지 않았음이 드러난다. 이런 그도 운이 다했는지 1954년 2월 교통사고로 죽고 말았으며 그의 죽음과 함께 『대동신문』도 곧 사라져 갔다. 사람들은 이제 변신과 곡예를 거듭하며 필사적으로 살아온 한 친일파의 모습을 다시 볼 수 없게 된 것이다.

■ **김무용**(구로역사연구소 연구원)

주요 참고문헌

민족정경문화연구소, 『친일파군상』 (上), 1948.
국회사무처, 『國會報』 3호, 1952.
_____, 『國會史』(제헌·2대·3대 국회), 1971.

정치－경찰 · 군인

김태석
김덕기
전봉덕
김석원
정 훈

김태석

강우규 의사 체포한 고등계 형사

- 金泰錫, 창씨명 金村泰錫, 1883~?
- 1923년 경기도 경찰부 형사과장. 1938년 경상남도 참여관 겸 산업부장 1944년 중추원 참의

재판장 : 피고가 사법계에 있을 때 사상범을 취급한 사실이 있지?

피고 : 절대로 없습니다.

재판장 : 기미만세운동 당시 학생사건을 취급하였다지?

피고 : 아닙니다. 절대로 없습니다. 나는 한갓 심부름꾼에 지나지 않았습니다.

재판장 : 그러나 조선사람으로서 일인에게 피고가 보고하여야만 되지 않았나?

피고 : 그것은 저 혼자 한 일은 없습니다. 거듭 말합니다만, 일본말로 말하자면 고쓰가히(小使)에 지나지 않았습니다.

반민족분자로 체포·기소된 피고 김태석과 재판장 노진설 사이에 있었던 제1회 공판 사실심리의 일부이다. 여기서 보듯이 김태석은 기소된 자신의 범죄를 전면부인하는 것으로 일관했을 뿐만 아니라, 한술 더 떠서 3·1 독립만세운동 당시 자신도 만세를 불렀으며, 독립운동자를 구해 낸 애국자라고 떠들어 댐으로써 이 날 공판정은 김태석의 철면피 같은 태도에 대한 분노와 허위 대답에 대한 어이없는 폭소로 가득 찼다. 이러한 김태석의 완강한 부인은 공판기간 내내 계속되어 김태석 공판은 반민자 공판 중 가장 애를 먹인 공판 가운데 하나로 기록되고 있다.

화려한 친일 이력과 반민족범죄

김태석의 창씨명은 가네무라(金村泰錫)이다. 그는 1883년 평안남도 양덕에서 출생, 그 곳에서 보통학교를 마치고 서울로 올라와 관립 한성사범학교에 입학하여 1909년 3월에 졸업했다. 그는 졸업 후 한때 평양공립보통학교 교원을 하다가 일본으로 건너가 니혼(日本)대학 야간부 법과 2년을 수료했다. 귀국 후 다시 충남공립보통학교, 평양공립보통학교 교원을 하던 중 1912년 9월에 조선총독부 경찰관 통역생으로 전출되어 경찰에 발을 들여놓게 되었다.

이후 김태석은 함북 웅기경찰서, 평안남도 광량만경찰서·평양경찰서 등을 옮겨 다니면서 근무하다가, 1918년 3월 경무부 총감부 고등경찰과로 전직하였는데, 이 때부터 본격적으로 반민족 범죄 이력을 작성하게 되었다. 1919년 8월 경찰관 제도 변경으로 경기도 고등경찰과에 근무하게 되었으며, 1923년 8월 경시로 승진되어 경기도 형사과장으로 근무하다가 그 해 12월 퇴직함으로써 경찰계를 떠났다.

1년여 공백기간을 거친 뒤 1924년 12월 경기도 가평군수로 출발, 연천·부천군수를 거쳐 함경남도 참여관을 지냈다. 1938년 6월에는 경상남도 참여관 겸 산업부장이 되었다가 1940년 9월 참여관 직을 사임하였는데, 이 때 일본 정부로부터 친일의 공로를 인정받아 종4위 훈4등을 받았다.

이후 그는 친일 원로로서 국민총력조선연맹(1940년 결성) 평의원, 조선임전보국단(1941년 결성) 평의원으로 활약하였다. 이와 같은 그의 충실한 친일행각이 인정되어 1944년 6월에는 친일파들의 최고 명예직인 중추원 참의에 임명됨으로써 그의 화려한 친일 이력은 끝을 맺는다(그는 또한 조선광업진흥회사 상임감사를 한 바도 있다).

김태석은 반민법 위반자로 기소되었는데 기소내용은 주로 경찰 재직시에 저지른 반민족 범죄행위에 초점을 두고 있었다. 그만큼 친일경찰로서 재직할 때 그가 저지른 반민족적이고 비인간적인 죄악은 가증스러운 것이었다. 그에 대한 기소장에서 나타난 범죄행위 가운데 몇 가지만 살펴보자.

1. 피의자 김태석은 경기도 경찰부 고등과 경무 재직시, 1919년 9월 17일 서울

시 누하동 17번지 임재상의 방에서, 같은 해 9월 1일 경성역전에서 신임하여 오는 조선총독 사이토(齋藤實)에게 투탄하였던 강우규 선생을 체포하여 사형케 하고, 그 사건의 연루자인 허형, 최자남, 오태영 등 조선 독립운동자를 검거·투옥케 함을 위시하여,

2. 피고 김태석은 1920년 7월 20일, 김태석의 밀정 김진규를 이용하여 밀양 폭탄사건의 선동자인 이성우, 동 윤소룡을 체포하여 취조한 결과 곽경을 통하여 김병환 집에 폭탄 2개를 임치하였다는 사실을 알고 급격 수사한 결과, 동 폭탄을 발견하여 당시 피의자에게 혹독한 고문과 잔인한 수단으로써 취조를 단행하여 사건 성립에 많은 공을 남기고,

3. 피의자 김태석은 1921년 10월 말경 김태석의 밀정 김인규의 보고에 의하여 조국광복운동자 단체인 조선의용단 사건 주동자인 김휘중을 서울시 와룡동 모 하숙집에서 체포·취조한 결과 그 연루자인 황정연을 검거하였으며,

4. 피고인 김태석은 1915년 세칭 일심사(一心社) 사건에 있어서, 김태석은 평양경찰의 근무임에도 불구하고 서장의 특명으로 동 사건의 일부를 취급하여 결과적으로 사건에 도움을 주었으며,

5. 피고인 김태석은 1938년 경상남도 참여관 겸 산업부장으로 임명되어 당시 지원병 모병시험과를 겸무하면서 출병케 한 자이며, 애국청년 15명을 출병케 한 자이다.

6. 피고인 김태석은 반민족행위 규칙의 발표를 보아 자기 친우인 이원찬을 이용하여 일본으로 도주하려던 분자이다.(「곽상훈 검찰관의 기소문」)

고문왕으로 악명 높아

친일경찰 특히 고등계 형사에게는 '고문왕', '고문귀'(拷問鬼), '악의 화신', '귀경부'(鬼警部), '친일귀' 등등의 별칭이 주어졌는데, 그만큼 이들이 동족에 대해 악랄했으며 갖은 고문으로 수많은 사람들을 죽게 하거나 불구로 만들었기 때문이었다. 따라서 이들이야말로 반민족행위자 가운데 '수급(首級)에 오르는 최고의 반역자'들이었다. 이것은 특히 김태석의 반민족 범죄행위에서 잘 드러난다.

고문왕 김태석에게 희생된 강우규. 김태석은 사이토 총독에게 폭탄을 던진 강우규를 비롯, 많은 애국지사를 체포하고 고문하여 악명이 높았다.

김태석의 죄상 가운데서 가장 널리 알려진 것은 앞의 기소문에 언급된 바 있듯이, 강우규 의사를 체포하여 사형받게 한 것이었다.

1919년 8월 5일 노령(露領)의 독립운동단체인 노인동맹단을 대표하여 일본 총독을 폭살할 것을 계획하고 서울에 도착한 강우규는 때마침 9월 2일 신임 총독 사이토가 부임한다는 정보를 입수하여 거사에 착수했다. 거사 당일 용산역은 허형, 서울역은 강우규가 맡았다. 결국 서울역에 도착한 사이토 총독에게 강우규는 폭탄을 던졌으나 총독의 혁대에 파편이 박혔을 뿐 총독은 죽지 않았다. 그러나 이 거사로 『아사히신문』(朝日新聞) 경성특파원 다치바나(橘香橘), 일경 쓰에히로(末弘又二郞) 등 2명이 죽고, 37명이 부상당했다.

이 당시 김태석은 경기도 경부로서 현장 경비를 하다가 강우규가 폭탄을 던지는 것을 보았다. 김태석도 폭탄 파편에 맞아 오른쪽 다리 정강이에 깊이 다섯 푼, 너비 한 치 정도의 복숭아꼴의 부상을 당하였으나, 전치 1주일 정도의 가벼운 것이었다. 부상에서 일어난 그는 곧 강우규의 체포에 진력을 다하여 9월 17일 누하동 17번지 임재상의 집에서 그를 체포하고, 청진동 이화여관에서 허형을 체포함으로써 사건 해결에 결정적인 역할을 하였다.

피의자를 취조하는 데 있어 김태석의 고문은 유명하지만, 특히나 밀양 폭탄사건의 피의자 15명에 대한 그의 고문은 악명 높은 것이었다. 이 밀양 폭탄사건은 의열단이 조직된 후 처음으로 벌인 거사였는데, 당시의 피의자들은

"이 세상에 있을 수 있는 가장 잔인하고 야만적인 온갖 고문, 악형을 받았다"(『약산과 의열단』, 백양당, 1947)고 기술하고 있다.

1949년 5월 20일 김태석의 제3회 공판에 증인으로 나온 홍종린은 법정에서 눈물을 머금고 떨리는 목소리로 "밀양 폭탄사건 당시 학생이던 나의 동지 윤필환 이하 15명을 체포하여 고문과 극형을 하였고, 나중에는 죽게까지 한 자가 바로 이 자다"라고 증언하였다.

다음은 제1회 공판 법정에서 있었던 일을 기록한 것인데, 고문의 실상과 범행을 부인하는 김태석의 뻔뻔스러움이 잘 드러나고 있다.

> 이 때 김태석은 여전히 그런 사실이 없다고 외쳤다. 그러나 곽검찰관은 또 한 가지의 사실을 예로 들었다.
>
> 그것은 곽상훈 검찰관 자신과 함께 같은 형무소에서 복역을 하였던 황삼규(黃三奎) 동지가 감옥에서 출옥하여 자신에게 말하기를 "내가 김태석이라는 놈 때문에 폐병에 걸리고 이렇게 폐인이 되었으니 그놈의 원수는 죽어서라도 갚아야 할 것이다. 특히 나는 경찰서에서 고 강우규 의사가 그놈한테 고문당하는 것을 보았는데 어찌 맞았는지 혀가 세 치나 빠져 나온 것을 보았으니 이야말로 천인공노할 죄상이 아닌가"라고 했다는 것이다. 곽검찰관은 이 두 가지 증언을 보더라도 피고인의 죄상은 역력하지 않은가라고 반박하니, 당황한 빛으로 두 손을 흔들면서 재판장을 바라보며 절대로 그런 사실이 없노라고 뻔뻔스럽게 최후까지 부인하였다.(『반민자 대공판기』, 한풍출판사, 1949)

반민자 최초로 사형 구형받아

반민족행위특별조사위원회(반민특위)가 구성되어 활동에 들어가게 되자, 김태석은 밀항선을 이용하여 일본으로 도피하려 했다. 그러나 친구에게 알선을 부탁하는 서신이 발각되어 반민특위에 압수되었고, 김태석은 1949년 1월 13일 오후 11시쯤 신당동에서 체포되고 말았다.

제3회 공판에서 곽상훈 검찰관은 준엄한 논고와 아울러 "피고는 민족 앞에 자기 죄를 자책하며 개전할 의사는 추호도 없고 오히려 자기 죄를 은폐하는 자다"라면서 반민자 최초로 사형을 구형하였다. 사형 구형에 이어 오승은 변호인의 변론이 있었는데, 과잉 변론과 반민자를 옹호하는 발언으로 큰 물의를 일으켜 변론이 중단되었으며, 오승은 역시 5월 23일 반민법 제7조 위반으로 구속되고 말았다.

제4회 공판의 최후진술에서 그는 "나는 원래 마땅히 체포될 줄 알았으며, 따라서 자수하려 하였지만 이왕 체포된 것이므로 기다리고 있었다. 그리고 체포되면 반민법정에서 사과하려고 생각하였으므로 어떠한 처벌이라도 재판관의 판결을 감수하겠다"라는 말을 하는 등 이전과는 달리 대죄하는 듯한 태도를 보였다. 이는 진심으로 뉘우쳐서 그런 것이 아니라 그렇게 함으로써 조금이라도 형량을 가볍게 해보려는 교활한 변신이라고밖에 볼 수 없다.

6월 14일 오전 10시 30분, 제5회 공판이 개정되자 노진설 재판장은 바로 판결선언을 한 다음 "피고인은 자기영리를 취하여 포악무도한 일본의 제국주의 침략정책에 호응·진력하여 우리 나라의 독립운동자에 막대한 방해를 가하였으니 피고인의 죄상은 중대하다 아니할 수 없다"는 요지의 죄상이유를 낭독한 다음 반민법 제3조 및 제4조에 의하여 무기징역과 50만 원 재산몰수를 부과하는 언도를 내림으로써 말썽 많던 김태석의 공판을 끝냈다.

그 후 김태석은 재심청구 끝에 감형되어 1950년 봄에 석방됨으로써 무기징역은 '기록'으로만 남게 되었다. 다른 모든 민족반역자들과 마찬가지로.

■ **이수리**(반민족문제연구소 연구원)

주요 참고문헌

김영진 편, 『反民者大公判記』, 한풍출판사, 1949.
박태원, 『약산과 의열단』, 백양당, 1947.

김덕기

반민자 최초로 사형언도 받은 친일경찰

• 金悳基, 1890~1950?
• 16년간 평북 경찰부 주임, 나중에 고등과장 역임
1942년 평북 참여관 겸 산업부장. 1943년 평남 참여관 겸 농상부장

반민재판에 기소된 반민족분자 중에서 사형선고를 받은 자가 한 명 있었다. 그가 바로 김덕기였다.

그는 1890년 강원도 출생으로 일제하에서 33년 동안 관리로 근무하였는데, 그 중 23년 동안 경찰에 있었다. 김덕기는 23년의 경찰생활중 16년을 평북 고등계 주임으로 있었으며, 나중에는 고등과장까지 역임하였고, 일제 40년 동안 20명밖에 받은 사람이 없는 경찰공로기장(功勞記章)을 받았다. 경찰직을 물러난 뒤에는 도이사관을 거쳐 1942년 평안북도 참여관 겸 산업부장, 1943년 평안남도 참여관 겸 농상부장을 지냈다. 후에는 그의 친일 공로가 인정되어 칙임관 훈4등까지 받았다.

독립투사 오동진을 체포, 옥사케 해

평북은 만주와 접해 있어서 많은 독립투사와 독립군이 들고 나는 관문이었을 뿐만 아니라, 만주 항일투쟁의 많은 지도자를 배출해낸 지역이었으며, 만주 독립군의 국내 침공·침투 작전의 주요 대상 지역이기도 했다. 따라서 일제의 충견으로서 평안북도에서 16년 동안이나 고등계에 몸담았다는 사실만으로

도 김덕기의 죄상이 만만치 않으리라는 것을 쉽게 예측해 볼 수 있을 것이다.

실제로 김덕기의 죄상은 엄청난 것이었다. 그의 자백에 의하면 16년간 자기 손을 거쳐 송치한 사상범이 무려 1000명에 달했으며, 그 중 사형이 1할, 무기징역이 1할, 그리고 10년 이상의 체형을 받은 사람이 1할 정도 되었다고 한다.

김덕기에 의해 체포·투옥 또는 사살당한 독립투사는 오동진을 비롯하여 창의단 단장 편강렬, 낭림단 단장 장창헌, 정의부 이진무·김형출 등 만주독립운동계의 쟁쟁한 지도자로서, 이들이 체포 또는 사살됨으로써 항일무장투쟁은 막대한 타격을 받았다.

이 가운데 오동진은 광복군사령부 총영장으로 국내와 만주일대의 항일무장투쟁을 지도하여 용명을 떨쳤다. 그리하여 김동삼, 김좌진과 함께 무장 독립투쟁계의 3대 맹장의 한 사람으로 불리고 있었다.

그리고 이진무는 평안도 지역에서 압록강을 넘나들며 일인 순사를 습격하고 독립군의 군자금을 모집했던 '애꾸눈' 지휘관으로서, 용감무쌍하여 일목장군(一目將軍)이라 불렸으며, 불의를 보면 불같이 노하는 성미이기 때문에 흑선풍(黑旋風)이라 불리기도 하여 그의 별명만 들어도 일경과 밀정들은 지레 겁을 먹었다고 한다.

오동진은 평북 고등과의 교묘한 계략에 속아 희생되었다. 당시 평북 고등과장은 이성근(李聖根)이었고, 바로 그 밑에 고등계 주임으로 김덕기가 있었다. 이들은 독립운동단체인 정통단(正統團)에 관련되어 체포된 김종원을 밀정으로 포섭, 오동진을 유인해 오도록 했다. 김종원은 1927년 12월 16일 오동진을 찾아가 국내의 금광재벌 최창학이 군자금을 주기 위해 만나기를 원한다는 거짓말로 그를 창춘(長春)역 부근의 신음하(新蔭河)라는 곳으로 유인해 잠복했던 왜경이 체포하도록 했다.

신음하로 가기 위해 기차를 타고 가던 오동진은 계략에 걸려든 것 같아 지린(吉林)－창춘선의 흥도진(興陶鎭)역에서 내렸으나 대비하고 있던 신의주 경찰대의 습격을 받고 체포되고 말았다. 이후 장장 6년여의 재판 끝에 1932년 6월 24일 평양복심법원에서 무기형을 받았으며, 1928년 4월에는 정의부 10중대

원인 김여연, 최봉복 등이 총사령관인 그를 구출하기 위하여 입국하다가 신의주에서 체포되기도 하였다. 오동진은 상고를 포기하여 무기형이 확정되었으며, 1934년 7월 19일에는 20년형으로 감형되기도 하였으나, 모진 옥고 끝에 옥중에서 순국하였다.

친일경찰이 그렇듯이 김덕기도 독립투사를 체포·검거하는 과정에서 그 잔악함을 유감없이 발휘하였다. 낭림단 단장 장창헌 외 1명을 강계군 도서면 황청동에서 김덕기 자신이 직접 엽총으로 사살하였으며, 정의부 김형출과 그 부원 2명은 김덕기 자신이 직접 무장 경찰을 시켜 그 자리에서 사살해 버렸다.

김덕기의 반민족적 죄상을 살펴보면서 깨닫게 되는 점은 친일경찰, 특히 고등계 경찰과 형사들은 자신의 충성심을 보이기 위해 정도 이상의 범죄를 저질렀고, 그 과정에서 온갖 비인간적 만행과 고문을 자행했다는 것이다. 실제로 그들은 일인 경찰과 같은 부류의 고양이였으며, 그 이상으로 잔악성을 보인 경우도 많았다.

의열단의 제2차 거사를 좌절시키고 경찰공로기장 받아

의열단은 무력으로 일본과 맞선 독립운동단체의 하나로, 약산 김원봉의 주도로 1919년 10월 10일 만주 지린에서 조직되었다. 여러 차례의 파괴·암살 공작을 수행하여 일제의 간담을 서늘하게 하던 의열단은 마침내 김원봉의 지휘 아래 주도면밀한 대파괴 암살계획을 세우기에 이르렀다.

그는 파괴대상으로 조선총독부, 동양척식회사, 조선은행, 경성우편국, 경성전기회사 그리고 경부선·경의선·경원선 등 중요 철로 간선을 생각하고, 암살대상으로는 조선총독, 정무총감, 경무총감 그리고 밀정 가운데 악질적인 자들을 마음에 두고 있었다. 단재 신채호의 유명한 「조선혁명선언」은 바로 이러한 의열단의 암살·파괴 활동에 공감한 신채호가 김원봉의 요청에 의하여 의열단을 사상적·이론적으로 뒷받침하기 위하여 지은 것이었다.

「조선혁명선언」으로 사상적 무장을 마친 김원봉은 이동화로 하여금 외국인 청년 마자알로부터 폭탄 제조 기술을 습득하게 하고, 김시현을 통해 경기도 경찰부 현직 경무인 황옥을 포섭하여 계획을 실천에 옮겼다. 황옥의 주임무는 파괴·암살에 쓰일 폭탄을 국내로 반입하는 것이었다. 이 거사가 성공할 경우 일제의 주요 적성(敵性) 기관들이 박살남과 동시에 독립운동사상 찬연한 업적을 기록하는 것이었다. 그런데 바로 김덕기가 이를 좌절시키고 말았다.

당시 평북 고등경찰과 현직 경무였던 김덕기는 1922년 가을 무렵 의열단의 거사를 탐지했다. 안둥(安東), 펑톈(奉天) 등을 내왕하면서 비밀리에 사찰하던 김덕기는 마침내 김시현, 황옥의 행적을 밝혀 내기에 이르렀다.

1923년 3월 7일 폭탄 및 권총을 휴대하고 안둥역에 내린 황옥 일행은 『조선일보』 안둥 지국장 홍종우의 집에 임시 잠복처를 정했다. 그리고 나서 5월 중순으로 예정된 거사 날에 맞추기 위해, 그들은 3월 12일 오후 6시발 남행 열차로 압록강을 건너 경성에 잠입하였다. 그 때 폭탄은 이미 국내에 반입되어서 그 일부가 신의주 한성여관 등지에 은닉되어 있었다. 18개는 황옥이 서울로 가져가고, 나머지 반인 18개는 추후에 옮길 예정이었다.

이러한 행적을 경부 김덕기는 3월 13일 오후 11시에 탐지해 낸 것이다. 황옥 일행이 경성으로 떠난 지 만 하루 만이었다. 이튿날 경기·평북 경찰부가 출동하자 제보자인 김덕기는 가장 앞장 서서 연루자인 조동근, 홍종우, 백영부, 조영자 등을 검거했다. 이어 김시현, 황옥도 경기도 경찰부에 의해서 체포되고 말았다. 이리하여 의열단의 제2차 대암살·파괴 거사는 수포로 돌아가고 말았다. 더욱이 같은 동족인 친일 매족 경찰에 의해 좌절되었다는 데서 통분을 금할 길이 없다. 김덕기는 이 거사를 미연에 방지한 공로로 경찰 최고의 포상인 공로기장을 받았다.

반민자 최초로 사형언도 받아

김덕기는 1949년 2월 8일 정오 무렵, 경기도 양주군 화도면 녹촌리 344번지에서 반민특위가 파견한 특경대에 의해 체포되어 서울로 압송되었다. 체포 후 그는 일체 자기 죄상을 자백하지 않다가 25일 만에 양회영 조사관 앞에서 자신의 과거 죄상을 자백하기 시작했는데, 앞서 말한 바와 같이 엄청난 죄상이었다. 김덕기는 1949년 4월 26일의 사실심리로부터 시작하여 7월 1일 사형언도를 받기까지 모두 5회의 공판을 받았다. 범행을 자백한 이후부터 그는 김태석과 달리 큰 물의를 일으키지 않고 재판을 받았다.

김덕기는 제1회(4. 26), 제2회(5. 6) 공판에 걸쳐 사실심문을 받았다. 제1회 공판에서 김덕기는 기소 사실을 순순히 시인하였다. 또한 장창헌을 엽총으로 사살한 데 대하여, "지금 와서 차마 인도상 못할 일을 하였으며 후회됩니다" 라고 말하고, 오동진을 체포하여 옥사시킨 데 대하여는 자신이 전적으로 책임 지겠다고 진술했다.

또한 제2회 공판에서는, 오동진의 체포에 관한 일은 자신이 직접 취급하지 않았으나 상부에 있었으니만큼 그 사건에 대한 책임을 지겠다고 진술하였다. 그러나 그 밖의 허다한 반민족 범행을 전적으로 부인함으로써 제1회 공판과는 다른 태도를 보여 주었다.

제4회(6. 3) 공판에서 김웅진 검찰관은 약 30분에 걸쳐 진지한 논고와 아울러 "특히 피고는 낭림대 사건 관계자를 피고 자신이 직접 엽총으로 총질하였으며, 상해임시정부 연락원을 체포·투옥케 하는 동시에 오동진 의사를 옥사케 함에 비추어 이는 민족정기를 살리기 위하여……사형에 처해 주기 바란다"는 준엄한 사형구형을 하였다. 그러자 방청하고 있던 방청객들은 민족정기는 살아 있다는 듯이 일제히 우뢰와 같은 박수로 법정 내를 진동하게 했다.

제5회(7. 1) 공판은 오전 11시부터 노진설 재판장 주심으로 열려 이유문 낭독과 아울러 11시 20분 김덕기에 대한 언도가 내려졌다. 노진설 재판장은 피고에 대하여 "피고는 14년간 고등경찰로서 최고 직위까지 지냈으며, 재직중 수많은 애국자들을 검거·소탕하여 민족정신을 말살케 한 극악한 자라 아니할 수 없다. 그러므로 우리의 민족정신을 살리고 수많은 선열의 영을 위로하고, 외국으로부터 돌아오신 애국투사들의 정신을 살리기 위하여 피고인을…… 사형에 처한다"라고 하며 엄숙한 태도로 사형을 언도하였다.

반민법 실시 이후 최초로 사형언도를 내린 노진설 재판장은 언도 후 "김덕기는 많은 투사를 살상하고 혁명운동을 방해함이 큰 고로 부득이 극형에 처했다. 이로써 민족정기를 살리고 반민법이 엄연하게 운영되기를 믿는다"는 요지의 언도소감을 피력했다. 한편 사형 언도를 받고 형무관에 이끌려 나가던 김덕기는 소감을 묻는 기자의 질문에 "아무 할 말이 없다"며 땅만 보고 창백한 얼굴로 재판소 내 유치장으로 들어갔다.

6·25 직전 감형으로 풀려나

사형언도를 받은 김덕기는 7월 4일 옥중에서 "그 억울함이 비길 데 없다"고 변호인을 통해서 특별재판부에 재심신청을 하였으나 기각되어 사형이 확정됐다. 그러나 6·25 직전 감형으로 풀려났다.

여기서 우리가 주목해야 하는 것은, 첫째 사형언도 이후 거의 1년이 지나도록 사형집행을 하지 않았다는 것과, 둘째 감형으로 사형수가 (무기형이나 몇 년형의 징역이 아니라) 풀려 나왔다는 사실이다. 독립투사들을 체포·사살한 용서할 수 없는 반민족적·반인간적 범죄를 저지른 김덕기가 풀려 나왔다는 것은 곧 반민자 처단이 실패로 끝났다는 것을 웅변해 주는 것이다.

실제로 사회여론의 성원과 국회 내의 소장파 의원들의 주도로 추진된 반민특위는 '국회프락치사건'으로 인하여 소장파 의원들이 구속되는 한편, '6·6 경찰특위 습격사건'으로 특경대가 무력화된 뒤로는 제대로 구실을 하지 못하였다. 그리고 반민자의 공소시효를 1949년 8월 말일로 하자는 개정안이 국회에서 통과된 뒤에는 반민자 처단사업은 사실상 무조건 종결의 방향으로 진행되어 갔다. 이렇게 해서 민족의 오랜 숙원사업이던 친일파·민족반역자 척결은 실패로 끝나고 말았다.

이러한 상황이었기 때문에 김덕기는 풀려 날 수 있었다. 그러나 김덕기는 천벌을 받았는지 6·25가 일어나기 얼마 전에 정릉 근처의 산에 갔다가 떨어져 죽었다고 한다(독립투사 정이형의 딸 정문경 씨의 증언).

■ **이수리**(반민족문제연구소 연구원)

주요 참고문헌

박태원, 『약산과 의열단』, 백양당, 1947.

민족정경문화연구소, 『친일파군상』, 1948.

고원섭 엮음, 『반민자 죄상기』, 백엽문화사, 1949.

전봉덕

화려한 경력으로 위장한 친일경찰의 본색

- 田鳳德, 창씨명 田中鳳德, 1910~?
- 1941년 평안북도 경찰부 보안과장. 1943년 경기도 경찰부 수송보안과장
  1949년 헌병사령관

인명사전에서 자신의 친일경찰 경력을 빼다

얼마 전 김구 암살의 주범 안두희의 입을 통해 사건의 배후가 일부분 언론에 보도된 적이 있는데, 이 때 새삼스럽게 떠오른 인물이 전봉덕이었다. 그는 일제 때 경찰로 활약하다 해방 후에는 헌병사령관으로서 김구 암살사건의 수사를 직접 담당·지휘한 인물이다. 1980년대 초에 미국으로 건너간 전봉덕은 1992년 4월 잠시 귀국했다가 국내에서 김구 암살사건의 배후로 다시 거론되자 서둘러 출국했다.

그런데 아직도 많은 사람들은 전봉덕을 친일경찰로 보기보다는 대한변호사협회 회장을 지낸 법조계의 원로로 많이 알고 있다. 문인 전혜린의 아버지이기도 한 그는 또 우리 나라를 대표하는 법사학(法史學)계의 원로로도 많이 알려져 있다. 전봉덕은 사실 1947년에 『법학통론』을 펴낸 이후, 『암행어사제도연구』(서울대박사학위논문, 1967), 『한국법제사연구』(1968), 『이조법제사』(1971), 『한국근대법사상사』(1981), 『경제육전 습유』(1989) 등 법학과 법사학 분야에서 고전적인 연구서를 많이 낸 바 있다.

우리가 흔히 볼 수 있는 인명사전에서도 전봉덕은 1910년 출생, 1940년 경성

전봉덕

제대 법문학부 법학과 졸업, 1939년 일본 고등문관시험 사법과 및 행정과 합격, 1949년 헌병사령관, 1950년 예편·국무총리 비서실장, 1969년 서울변호사회 회장·대한변호사협회 회장, 1972년 법사학회 회장, 1980년 헌법개정시안 작성 소위원회 위원장 등으로 기록되어 있다. 일제 시기나 해방 후 헌병사령관 이전의 경력과 활동은 아예 빠져 있는 셈이다. 1981년 한국법사학회에서는 70세를 맞이한 전봉덕의 업적을 기리기 위해 『법사학연구』 6호를 고희기념논문집으로 꾸몄지만 여기에도 해방 후의 경력만이 비교적 자세하게 적혀 있을 뿐, 일제 시기 친일경찰 경력은 빼놓았다.

그러면 전봉덕의 참된 모습은 무엇일까? 자신의 일제 시기 경력의 한 부분을 은폐하고 아예 잊어버리려고 한 전봉덕은 과연 어떤 사람일까? 또 어떤 부분이 자신의 경력에서 지우고 싶을 정도로 떳떳하지 못한 것인가?

친일경찰로의 '투신'과 고속승진

전봉덕은 1910년 12월 12일, 평안북도 강서(江西)에서 담양 전씨 병룡(秉龍)과 안동 장씨 병선(秉善) 사이에서 태어났다. 전봉덕은 4세 때부터 평양 서문안 학당골에 있는 외할아버지의 사랑 양몽재(養蒙齋)에서 한학을 배웠다.

그러나 전봉덕은 7세가 되던 1917년 9월, 평양 서문외 교회에서 세례를 받고 기독교 신자가 되었으며 아울러 신학문을 배울 결심을 하였다고 한다. 한문을 배우고 유학을 숭상하는 전통적인 가정에서 기독교 신자가 된다는 것은 그리 쉬운 일이 아니었을 것이다. 원래 평양을 비롯한 평안도 서북지역은 일찍부터 기독교 세력이 번창하던 곳이었다. 아마 전봉덕이 기독교 신자가 된 것도 이러한 영향이 컸으리라 생각된다. 또 전통적인 한학 공부만으로는 빠르게 변하는 시대적 흐름을 쫓아갈 수 없으며 앞으로의 장래도 보장할 수 없다고 생각한 듯하다.

아무튼 전봉덕은 지금까지의 한문 공부를 그만두고 10세가 되던 1920년 4월에 새로 세워진 평양고등보통학교 부속 보통학교에 입학하였다. 이어 1926년 4월에 서울로 올라와 경성사범학교에 입학하였다. 1931년 4월에는 다시 경성사범학교 연습과에 입학하였다가 1932년 3월에 졸업하였다.

경성사범학교를 나온 그는 당시의 관례대로 만주 펑톈(奉天)보통학교로 발령을 받아 교원생활을 시작하였다. 그리고 그 해 12월에 김해 김씨 화준(化俊)의 딸 순해(珣海)와 결혼하였다.

전봉덕의 보통학교 교원생활은 오래 가지 않았다. 전봉덕은 교원생활 2년 만인 1934년 4월 다시 서울로 와서 경성제대 예과에 입학하여 1937년 3월에 졸업하였다. 이어 그 해 4월에는 다시 경성제대 법문학부 법학과에 들어갔는데, 재학중이던 1939년 10월에 일본 고등문관시험 행정과와 사법과에 합격하였다. 전봉덕은 본격적으로 일제의 관료로서의 길을 가겠다고 마음 먹었던 것이다.

그는 1940년 3월 경성제국대학을 졸업하고 곧바로 같은 해 4월에 총독부 내무국 지방과에서 도행정계 고등관 견습생활을 시작하였다. 친일관료로서의 첫발을 내디뎠던 것이다. 당시에는 일제 고등문관시험을 합격한 사람이 관료로 나가기 위해서는 견습생활을 거쳐야 했다. 고등관 시보(試補)로서 일정한 수습기간을 거쳐야 본관, 곧 주임관에 해당하는 관직에 임명되었다.

전봉덕도 고등관 수습생활 10개월 만에 견습 딱지를 떼어 버리고 주임관이 되었다. 즉, 1941년 2월, 요직이라 할 수 있는 평안북도 경찰부 보안과장에 임명된 것이다. 그런데 고등관 수습기간을 거친 전봉덕이 바로 보안과장에 임명된 것은 다소 파격적인 승진이었다. 보안과장은 주임관 가운데 도의 이사관급에 해당하는 것으로 고문 출신의 조선인 관료들에게 흔히 주어진 군수보다 한 등급 위의 자리였다. 당시 조선인 고문 출신자들이 수습기간을 끝내고 나갔던 자리는 대개 군수였다. 전봉덕과 1939년 함께 고문 시험에 합격했던 이항녕과 윤길중도 각각 하동군수, 무안군수로 임명되었다.

그가 이처럼 빠르게 승진한 배경에는 무엇보다 일제가 식민지 정책에 능동적으로 참여하는 고문 출신을 그만큼 우대했기 때문이다. 이는 또 일제가 행정, 사법 양과에 합격한 전봉덕의 실력을 높이 평가했기 때문에 가능한 일이었다.

그러나 일제 식민지 관료사회에서 '실력'은 다소 다른 의미를 지닌다. 일제 총독부 입장에서 실력이란 단지 행정 수행 능력만을 가리키는 것이 아니었다. 일제 시기 친일관료의 승진 기준은 무엇보다 친일 능력, 곧 일본인 상전에 대해 얼마나 아첨하고 충성하느냐가 중요한 비중을 차지하고 있었다. 따라서 친일관료들이 일제에 대한 자신의 변함없는 충성심을 증명하기 위해서는 자신의 동족을 식민지 정책에 동원하고 마음대로 다루는 능력을 과시해야 했던 것이다.

그런데 여기서 궁금한 사실은 전봉덕이 많고 많은 친일관료의 길 가운데서 왜 굳이 친일경찰로 들어갔느냐 하는 점이다. 전봉덕이 고등관 견습생활을 마치고 경찰관료가 된 이유는 분명치 않다. 당시 일제의 관료업무는 오늘날처럼 엄격히 구분되고 전문화되어 있던 것이 아니어서 고등관의 경우, 승진이나 전보될 때, 서로 교류하면서 근무하는 것이 관례로 되어 있었다. 그러나 이러한 설명만으로는 전봉덕이 친일경찰로 들어간 이유가 설명될 수 없다.

일제 시기 동안 경찰로 일한다는 것은 그리 간단한 일이 아니었다. 일제 시기 경찰은 독립운동가의 검거에서부터 각종 '범죄' 즉결, 일본어 보급, 첩보의 수집 등 조선인의 일상생활에 간섭하지 않는 부분이 거의 없었다. 특히, 전봉덕이 경찰로 들어가던 시기는 일제가 거의 발악적으로 조선 민중을 전시체제에 동원하고 혹사시키던 때였다. 이러한 일제의 정책은 야만적인 탄압으로 수행되었는데, 이는 군대와 함께 경찰력에 의해 뒷받침되었다.

당시 조선인 친일경찰들은 일제 식민지 지배의 선봉에 서서 같은 동포들을 억압하고 감시하였다. 친일경찰들은 위에서 말단에 이르기까지 일제의 앞잡이가 되어 동족을 체포, 고문, 학살하는 악질적인 행위를 거리낌없이 저질렀다. 이런 점에서 친일경찰은 민중들에게 원한에 사무친 저주의 대상이었다. 따라서 친일경찰이 된다는 것은 일제에 끝까지 충성하고 일제와 운명을 같이 하겠다는 대단한 각오와 용기가 필요하였다.

일제의 경찰로 관료생활을 시작한 전봉덕은 이어 1943년 9월에는 경기도 경찰부 수송보안과장으로 자리를 옮겼다. 수송보안과장은 앞서의 보안업무 이외에 화물 자동차 등 운송수단을 통제·감독하면서 일제의 효율적인 전쟁 수행을 지원하던 곳이었다. 따라서 일제의 침략전쟁이 막바지에 이르는 말기에 이르러서는 임무가 더욱 중요시되었다. 다나카(田中鳳德)라는 일본 이름으로 창씨개명한 전봉덕은 경기도 경찰부 수송보안과장으로 활동하다 뜻하지 않은 해방을 맞이했다.

해방 후 경기도 경찰부 보안과장으로

해방 당시 전봉덕은 일제 경찰의 직위로 경시까지 올라가 있었다. 해방 당시 조선인 친일경찰 간부들로는 오늘날의 경무관 직급에 해당하는 도경찰부장 1명(윤종화 황해도 경찰부장), 경시(지금의 총경) 21명, 경부(지금의 경정) 105명, 경부보(지금의 경감) 220명이었다. 따라서 해방 당시 전봉덕은 윤종화를 제외하고는 가장 높은 친일경찰에 속했던 셈이다.

해방되기 1주일 전쯤인 1945년 8월 8일 오전, 경기도 경찰부에서는 정례 과·서장 회의가 열렸다. 경기도 경찰부장 오카는 회의에서 "일본의 항복은 시간문제다"라고 말했다. 또 "조선은 불행해진다"는 예언적인 말도 덧붙였다. 이 자리에는 보안과장 전봉덕도 참석하고 있었다.

1945년 8월 15일, 해방이 되자 전봉덕은 경찰부장 오카가 말했던 '조선이 불행해진다'는 말의 의미를 곧 알게 되었다. 그것은 '조선'이 불행해진다는 뜻이 아니라 친일경찰을 비롯한 친일파가 불행해진다는 의미였다. 1945년 8월 15일은 특히 친일경찰에게 악몽 같은 날이었다. 해방 후 악질적인 친일경찰들은 민중들의 집중적인 공격을 받아 충북에서는 3명이 맞아 죽기도 했다. 일제에 대한 충성과 동족을 괴롭힌 대가로 출세를 거듭한 고위 친일경찰들은 민중들의 지탄과 보복의 대상이 되어 도망 다니거나 숨어 지내야 했다.

그러나 미군이 남한을 점령하면서 새로운 상황이 펼쳐지기 시작하였다. 미군은 총독부를 인수하고 군정을 실시하면서 경찰의 경우, 대부분 친일경찰로 채워 나갔다. 1945년 9월 9일 일제로부터 정식 항복 조인을 받은 미군은 14일, 총독부 경무국장 니시히로와 경기도 경찰부장 오카 등 일본인 경찰 수뇌부를 해임하였다. 그리고 일제 때의 친일경찰들로 자리를 채워 나갔다. 이에 따라 전봉덕도 경기도 경찰부 보안과장으로 그대로 눌러 앉게 되었다.

1946년 1월, 미군정청 경무부장과 수도경찰청장에 각각 임명된 조병옥과 장택상은 악명 높은 친일경찰들을 경찰간부로 들여 앉혔다. 특히 장택상은 친일경찰을 '공산당을 때려잡는 기술자'라는 이유로 많이 등용하였다. 1946년 10월 당시, 경찰간부의 80% 이상이 친일경찰 출신이었다.

친일경찰이 대거 등용된 것은 미군정과 극우 보수세력의 정치적 이해 때문이었다. 미군정은 남한에 친미반공 국가를 세우려는 자신들의 점령 목표 때문에 친일경찰을 마구 등용하였다. 국내에 민중적 지지 기반이 별로 없던 이승만 세력 역시 친일경찰을 권력장악의 주요한 수단으로 생각하였다.

이런 점에서 친일경찰과 우익세력은 이해를 같이 했다. 일제 시기 친일경찰들은 수많은 독립운동가들을 체포·고문·학살했기 때문에 독립운동 세력과는 원수지간이었다. 전봉덕은 일제와 투쟁해 온 민족세력이 정권을 잡을 경우, 자신의 민족반역행위를 심판, 처단할 것을 잘 알고 있었다. 이에 따라 그는 해방 후 자신의 충성대상을 일제에서 미국과 이승만 세력으로 바꾸고 '빨갱이'를 때려잡는 '민주반공투사'로 변신하였다.

이제 전봉덕은 일제 시기 친일경찰에서 해방된 조국의 경찰로 다시 태어났다. 전봉덕은 1946년 4월에 미군정 경무부 공안과장으로 임명되었으며, 1947년 10월에는 경찰전문학교 부교장에 임명되었다. 이 때 전봉덕은 신익희(申翼熙)를 도와 국민대학 창설에 관여하고 대학에서 법학통론을 강의하기도 하였다.

반민특위를 피해 군대로 들어가다

정부 수립 뒤 전봉덕은 일제 시기 화려한 경찰 경력을 뒷배경으로 계속 경찰관료로 출세하려던 당초의 계획을 바꾸어야 했다. 왜냐하면 해방과 함께 끊이지 않던 친일파 처단 요구는 정부 수립 후에도 계속되었기 때문이다. 민중들의 계속된 압력에 이승만도 친일파 처단 요구를 무조건 반대할 수 없었다.

1948년 9월 7일, 과거 친일행위를 처벌하는 '반민족행위자특별처벌법'이 제정되자, 많은 친일파들이 당시 '성역'으로 간주되던 군대, 특히 헌병대로 도망쳐 들어갔다. 친일경찰들의 도피에는 이승만과 신성모 국방장관 등이 도움을 주었다. 전봉덕도 예외는 아니어서 군대로 도망쳤다. 그로서는 반민특위에 체포되는 것을 모면해 보려는 일종의 자구책이었다.

전봉덕은 특히 신성모 등이 중심이 되어 만든 친일파 조직인 8·8 구락부의 일원이었다고 전해진다. 그는 1948년 10월, 육군사관학교 제1기 고급장교반에 입학하여 그 해 12월에 졸업, 육군 소령으로 임명되었다. 아마 일제 경시출신이라는 점을 배려한 것으로 보인다. 이어 1949년 3월에는 육군 중령으로 승진, 헌병부 사령관으로 임명되었다. 전봉덕이 헌병부 사령관에 임명되는 과정에는 채병덕 육군참모총장의 힘이 크게 작용했다. 1948년 12월 헌병 사령관에 임명된 장흥(張興)의 회고에 따르면, 채병덕이 자신을 헌병 사령관으로 발령해 주는 조건으로 전봉덕을 부사령관으로 받아 달라고 부탁하여 승낙했다고 한다.

전봉덕이 헌병부 사령관으로 있으면서 헌병대는 악질적인 친일경찰들의 도피처가 되었다. 반민특위에서는 당시 육군참모총장 채병덕에게 '군이 친일부역배들의 도피처가 될 수 있오?'라고 항의했지만, 끝내 군내의 친일경찰들은 건드리지 못하였다. 당시 군 수뇌부는 전봉덕을 신뢰하고 있었다. 정치감각이 무뎠던 군 수뇌부는 전봉덕으로부터 정계 인맥에 대한 브리핑을 듣고 유임 공작을 벌이기도 하였다. 이런 점에서 전봉덕의 군내 활동은 헌병대를 중심으로 군이 정치에 개입하는 길을 열어 준 것이었다.

반민특위 활동을 피해 헌병대에 숨어 있던 전봉덕은 드디어 친일파 처단을 요구하던 인사들에게 앙갚음할 기회를 맞았다. 바로 1949년 6월에 친일경찰들이 중심이 되어 반민특위 활동에 열심이던 소장파 의원들을 빨갱이로 몰아 구속한 이른바 '국회프락치사건'이 터진 것이다.

사건이 나자 헌병사령부는 이를 법원으로 넘기지 않고, 채병덕의 명령으로 붙잡아 들인 소장파 국회의원들을 수사하려고 특별수사본부를 만들었다. 이때 전봉덕은 헌병 사령관 장흥을 제치고 수사본부장이 되어 수사를 진행했다. 부사령관 전봉덕이 실세였던 것이다. 구속된 소장파 국회의원들은 헌병사령부에서 죽사발이 되도록 얻어 맞았다. 여기에는 아마 친일파 처단을 요구하던 인사들에 대한 전봉덕의 감정도 작용했을 것이다. 사건은 눈엣가시 같은 소장파 의원들을 제거하려는 이승만의 의도대로 조작되었다. 이를 통해 전봉덕은 이승만의 충실한 충복으로 눈에 들게 된 것이다.

헌병부 사령관으로 활약하던 전봉덕은 김구 암살사건 수사를 지휘하면서 다시 한 번 세간의 주목을 받았다. 1949년 6월 26일 낮 1시, 백범 김구가 안두희에게 암살되자, 전봉덕은 경교장에 나가 직접 사건의 수습을 지휘하였다. 전봉덕은 경찰로부터 안두희를 강제로 빼내 사령부로 호송하여 극진히 치료하게 하고 보호하였다. 이어 곧 신성모와 함께 경무대로 가서 이승만에게 사건 보고를 하였다. 이승만은 바로 전봉덕을 장흥과 교체하여 대령으로 승진시켜 헌병사령관에 임명, 수사를 지휘하게 하였다. 김구 암살사건의 배후로 의심받던 이승만이 정치적 타격을 받지 않고 사건을 원만히 처리하기 위해서는 전봉덕같이 자신의 마음을 잘 아는 충복이 필요했던 것이다.

전봉덕도 이러한 이승만의 기대를 저버리지 않고 헌병사령관으로서 전혀 수사도 해보지 않고 첫 공식발표를 통해 '배후는 엄중 조사하겠으나 단독범행인 것 같다'고 하였다. 이에 대해 김구 계열의 한독당원들이 격렬히 항의하자, 그는 '언동에 주의해서 법망에 걸리지 말라'는 협박조의 경고문을 발표하였다. 전봉덕은 그 뒤 사건을 의도적으로 축소하고 배후를 은폐하는 데 주력하면서 수사를 끝냈다. 전봉덕은 이러한 공로 때문에 이승만의 충복으로서 다시 한 번 인정받았는지는 모르지만, 다른 한편으로 자신도 사건 배후에 깊이 개입돼 있다는 의혹을 떨쳐 내지 못하였다.

친일 본색 감추고 화려한 사회활동

김구 암살의 배후자로 지목되어서인지, 전봉덕은 헌병사령관을 끝으로 군에서 물러났다. 전봉덕은 1950년 4월 예편하여 국무총리 비서실장이 되었다. 그리고 1년 만인 1951년 4월에는 그것도 그만두고 아예 관료사회에서 은퇴하여 변호사로 일하며 법조계를 중심으로 다양한 분야에서 활동하였다.

일제 시기 친일경찰 경력 덕분인지, 이후 전봉덕은 그야말로 사회의 여러 분야에서 많은 활동을 벌였다. 대표적인 경력만 꼽더라도 1954년 재향군인회 서울지회장, 1956년 서울시 교육위원회 법률고문, 1960년 서울변호사회 부회장, 1961년 고등고시 시험위원·혁명재판사 편찬위원회 위원·서울시 시정자문위원회 위원장, 1962년 법제처 법제조사위원회 위원·대한교육연합회 법률고문, 1969년 서울변호사회 회장·대한변호사협회 회장, 1970년 국제변호사회 상무위원, 1975년 국제관광공사 법률고문, 1976년 대한적십사사 서울지사장, 1978년 한국법학원 원장, 1980년 정부 헌법개정심의위원회 부위원장, 1981년 평화통일자문위원회 상임위원 등을 지냈다. 이 밖에 서울대 등에서 법제사를 강의하기도 한 전봉덕은 법학과 법제사 분야에서 많은 저작을 펴냈다. 1973년 3월에는 자신이 주도하여 한국법사학회를 창설, 회장에 취임하기도 하였다.

전봉덕은 관료생활을 그만둔 뒤, 친일경찰이라는 과거의 딱지는 떼어 버리고 이제는 행정경험이 있는 '유능한 인물'로서 사회의 여러 분야에서 정력적인 활동을 벌였던 것이다. 고문 출신 친일경찰로서 권력의 변화에 누구보다 민감했던 전봉덕은 이후 정권이나 환경이 바뀔 때마다 끊임없이 적응하며 자신의 지위를 계속 유지해 왔던 것이다.

그러나 전봉덕이 변신과 출세의 과정에서 보여 주는 화려하고 다양한 경력은 한편으로는 해방 후 친일경찰의 청산이라는 역사적 과제가 해결되지 못한 사실을 말해 주고 있다. 이런 점에서 전봉덕의 삶과 경력은 우리 사회의 시대적 흐름을 거부하는 반민족적·반민중적 역사의 한 가운데 위치하고 있다.

■**김무용**(구로역사연구소 연구원)

주요 참고문헌

朝鮮總督府, 『官報』.

德力新一郎, 『朝鮮總督府警察官署職員錄』, 朝鮮受驗硏究社, 1938.

한국법사학회, 『법사학연구』 6호, 1981.

김석원

일본 군국주의의 화신, 가네야마 대좌

• 金錫源, 창씨명 金山錫源, 1893~1978
• 1931년 만주침략 때 기관총부대 중대장으로 엄청난 전승 기록
1937년 산시성 전투에서 소좌로 혁혁한 전과 기록

박수 연발 속 학병 권유 열변

일본 군국주의 강점 세력은 침략 전쟁이 점점 더 확대되자 학도병 동원에 혈안이 되어, 20대 안팎의 청년 학생들이 죽음의 전선으로 뛰어들도록 각계 지도층 인사들로 하여금 충동질하게 하였다. 그 대표적인 학병 권유 강연회의 하나가 1943년 11월 9일 서울 부민관에서 개최된 '군인 선배들'의 특강이었다.

학병 강제 동원령이란 전문학교와 대학의 재학생과 졸업생에 대한 징집으로서, 그 해 10월 20일 일본 육군성령 제48호로 공포·시행되었다. 그런데 11월 20일까지를 응모 마감일로 정해 놓고 이듬해인 1944년 1월 20일 입대해야 한다고 못박은 긴급 동원 체제인 만큼, 총독부 기관지 『매일신보』는 연일 불을 토해 나갔다.

학병 권유 '군인 선배의 강연회'는 매일신보사 주최로 11월 9일 오후 6시 30분부터 부민관에서 성대하게 개최되었는데, 이 자리에서 대표적인 반민배족(反民背族)의 열변으로 공전의 히트를 친 일본군 소속 장교가 바로 김석원 중좌(지금의 중령)였다.

김석원

이 날 행사에는 조선군 요시다(吉田) 참모와 이응준(李應俊) 대좌 그리고 김석원 중좌가 연사로 초빙되었다. 가야마(香山武俊)로 창씨개명한 이응준이 '학도의 중대 책임을 각오하라'는 제하의 연설로 서두를 장식하였다. '특별 지원병제는 반도 민중의 활로'로서 '젊은 학도들을 부르는 결전장에 나가 선혈을 뿌리면 그 앞에 곧 광명이 온다'고 역설하는 한편, 문약을 극복하는 방편으로 '혈세와 희생을 바쳐 분격할 태세를 갖추되 그래도 조선인에 대한 차별대우가 있는 경우 선두에 나서서 항쟁도 불사한다'고까지 단서를 붙여 적지 않은 문제가 되었다.

이응준의 특이한 논조는 『매일신보』 서춘* 주필로 하여금 "부민관이 생기고 유일하게 위험 발언을 했다"고 우려하게 했으며, 급기야 조선총독부 관저에 불려가 고이소(小磯) 총독으로부터 "일전에 자네가 그 뭐 철저하게 연설했다던데……"라는 충고성 발언까지 들었다고 한다.

한편, 이응준 대좌에 이어 등단한 가네야마(金山錫源) 중좌의 강연은 시작에 들어가기 전부터 청중들의 열렬한 박수와 환호성에 묻혀 진행되었다. 김석원의 연제는 '결전(決戰)한 반도 동포의 각오에 대하여'였는데, 당시 사회자는 김석원을 소개하면서 이른바 '성전에 나선 군인 선배 중 가장 모범적인 황군가족'이라 치켜세우면서 격찬을 아낄 줄 몰랐다.

앞서 『매일신보』 11월 7일자에 '3부자 군문(軍門)에 봉공(奉公)——가네야마 중좌 장남도 이번에 지원'이라는 특보가 실린 바 있어, 중일전쟁에 출정하여 혁혁한 전공을 기록한 김석원과 그 집안이 단연 돋보이는 사례로 널리 알려진 터였다. 아버지보다 일본 육사 30년 후배가 되는 차남 김영수(金泳秀)가 필리핀 전투에 출전하여 전사한 것으로 보면 황민화 가족의 모범임에는 틀림이 없었다. 이런 집안의 가장인 가네야마 중좌가 부민관 연단에 오르자마자 청중들의 뜨거운 박수 세례를 받은 것은 지극히 당연한 일이었다.

김석원은 외쳐 댔다.

"용약! 군문에 진입하라. 홍대무변(鴻大無邊)한 황은에 보답하는 길은 성스런 싸움터에 나가 죽을 각오로 영·미 귀축의 적을 때려 잡는 데 있다."

이런 취지의 강도 높은 열변은 히틀러식으로 한두 마디 웅장하게 발성될 때마다 박수연발이었다. 진짜 순도 높은 황군의 최선두였기에 조선인 출신 일본군 장교로서는 상상조차 못할 수준의 성과를 거두었다. 반 시간 남짓의 열변이 토해지는 동안 청중들의 박수가 10여 차례나 장내를 진동시킨 것으로 『매일신보』 1943년 11월 11일자에 반 페이지나 특보되었을 정도니, 가히 경탄할 만한 노릇이다.

용명 드날린 일본 군국주의의 화신

1978년 85세로 생애를 마치기까지 김석원은 그 한 몸이 일본 군국주의로 무장된 노장, 그 화신이었다. 그는 죽기 1년 전에 출간한 회고록 『노병의 한(恨)』에서 일본군으로서 충용무쌍한 전과를 올린 것을 구구절절 당당하기 이를 데 없게 늘어 놓고 있다.

1893년 9월 29일 서울에서 태어난 김석원은 1909년 일본으로 건너가 일본 육군사관학교 27기생으로 1913년 12월에 입교한다. 건국 후 참모총장을 지낸 채병덕(蔡秉德)의 장인 백홍석(白洪錫)은 그와 동기생이었다.

1915년 5월 일본 육사를 마친 그는 보병 4사단 예하 오사카 617연대 화가산(和歌山) 부대에 배속되어 교육 과정을 거치고 2년 뒤에 보병 소위로 임관한다.

1931년 일제가 만주를 침략하던 때에는 기관총 부대 중대장으로 참전하여

진두 지휘관으로서 엄청난 전승을 기록한다. 그 당시 빛나는 전과를 올린 포상금으로 일제 당국으로부터 700원이나 되는 거금을 받기도 했다. 그는 “중국군 수천 병력 가운데 단 몇 놈만 남기고 내 손으로 전부 몰살하였다. 이보다 더 큰 승전은 없다”고 자랑삼아 이야기하곤 했다.

이처럼 혁혁한 전과를 거두고 개선한 그는 이듬해 소좌(지금의 소령)로 진급하여 용산 주둔 일본군 20사단 78연대에 근무하였다. 그러던 중 1937년 7월 7일 일제가 중국침략을 감행하면서 11일에 동원령을 내리자 그는 서슴없이 대대장으로 출정하였다.

천하무적임을 뽐내던 가네야마 소좌는, 그러나 일본 군인으로서 죽기를 각오하고 출전하는 마당에 학교 설립의 뜻을 관철하고자 떼를 쓰기도 하였다. 일제로부터 받은 전승 포상금 700원과 그의 친구 원윤수의 기금으로 성남고등보통학교를 설립하고자 신청서를 내놓고 있었지만 총독부 당국에서는 받아들이지 않았다. 사학이 설립되면 민족의식이 고취된다고 하여 좀처럼 허가해 주지 않고 있던 때였다.

이에 김석원은 친일 거두 박영효*를 통해 알게 된 미나미(南次郎) 총독과 줄이 닿아 “싸움터에 죽으러 가는 군인의 마지막 소원 하나 안 들어 주겠소? 성남학교 설립을 허가해 준다면 여한이 없겠소”라고 강변하여 조선 총독으로부터 약속을 받아 낼 수 있었다.

가네야마 대대장은 7월 28일 산시(山西)성 동원(東苑) 공격전으로 다시 한번 세상을 놀라게 했다. 그는 일본군 2개 중대를 지휘하여 중국군 1개 사단과 7시간에 걸친 육박전을 벌인 끝에 승리하여, 일본 훈3등 공3급 욱3등에 금사(金賜) 훈장을 받아 영웅적 명성을 얻기에 이르렀다. 충용무쌍한 일본군의 충복이 따로 없었다.

총독부는 그의 친구 원씨의 작용과 출정 전의 약속을 지켜 1938년 원석학원 설립을 인가하여 오늘의 성남중고등학교의 개교를 허가해 주었다. 그런데 사실은 원씨의 자산이 김석원의 설립금보다 월등히 많았는데, 결국에는 친구의 관리를 벗어나 김석원 개인 사유의 학교로 탈바꿈한 것으로 알려져 있다.

김석원은 얼마 후 중좌로 진급하여 일본군 제20사단 보병 39여단 예하 78연대 소속으로 용산에 눌러 앉아서 황군의 모범으로 복무하였는데, 하다 못해 육사 1년 선배이면서 패전 후 전범으로 사형당한 홍사익(洪思翊)이 암암리에 베풀던 민족 지향의 일화 하나 남기지 않았다. 그만큼 철두철미하게 일본적인 군인으로 일관했을 뿐이었다. 그러기에 부민관 학병 권유 열변 따위로 세상을 주름 잡아 나갈 수 있었던 것이다.

부민관 강연에 못지 않는 그의 열변은 제2차 세계대전이 고비에 다다름에 따라 기독교 청년회관 및 기타 경향 각지에서 쉴 줄 모르는 정력으로 토해졌는데, 이는 일본군 사령부의 환심을 사기에 충분했다.

1944년 가네야마는 대좌로 진급되어 평양 병사구 사령부 제1과장의 자리에 오른다. 서울 병사부 과장은 그의 동기 백홍석이 맡게 되어 이들은 일본군 충복으로서 서로 자웅을 겨뤘다.

해방 후 국군의 요직 맡아

김석원 대좌가 8·15 민족해방을 맞이한 곳은 평양이었다. 이렇다 할 양심의 가책도 없이 그는 상경하여 일본 육사 출신 장교들의 모임인 계림회(鷄林會)의 조선임시군사위원회 대표로 추대되었다. 해방된 조국의 군심(軍心)이 어떠했던가를 헤아려 보게 한다. 정부 수립에 즈음하여 그는 육사 8기 특별반을 거쳐 국군 대령에 임관되어 군부 요직을 맡게 되었다.

김석원은 국군에 몸담은 원로 지휘관이었으나 일반 한국의 군인과는 거리가 먼 일본 군인의 잔재이기만 했다.

1949년 4월 별을 달고 다음달에 국군 제1사단장이 되었는데, 남북 교역 관계로 채병덕 참모총장과 격돌하다가 그 해 10월 예편한다. 이듬해 한국전쟁이 일어나자 현역에 복귀한 김석원은 곧 수도사단장과 3사단장으로 진천, 영덕 등지에서 인민군과 전투를 벌였는데 여기서도 일본군 구태의 비행 또한 없지 않았다.

포항전투 때의 급박한 정세를 국군의 유원식(柳原植) 지휘관은 이렇게 쓰고 있다.

김석원 장군은 부관이 건네 준 일본도를 받아서 한 손으로 짚고 위풍 당당하게 서 있었다. 김장군은 적들이 있는 곳을 한번 돌아보고 나서 그 자리에 모여 있는 우리들을 흘겨보더니 큰소리를 쳤다.

"우리는 일 대 일로 최후까지 싸운다. 총탄이 떨어지면 돌멩이로, 돌멩이가 떨어지면 이빨로 물어뜯어서라도 기어이 적을 죽여야 한다."

그러나 아니었다. 부하 장병들은 죽을 각오로 전선을 지키는 밤, 여기저기에서 비명이 뒤섞인 보고가 들어왔다.

"국군이 후퇴하고 있습니다."

"우리 진지 안에 적군이 들어왔습니다."

"국군은 전부 후퇴하고 아무도 없습니다. 우리 인접진지는 텅 비어 있습니다. 한 사람도 안 남았습니다."

이 위급한 순간 "별다른 명령이 없는 한 여기서 마지막까지 포항을 지켜야 한다"고 명령하자, 내 작전참모는 "적의 대부대와 맞설 수는 없습니다. 그건 의미 없는 죽음일 뿐입니다"라고 했다.

또 보고가 들어왔다. "지금 포항시내에는 한 사람도 남지 않고 형산강 남쪽으로 모두 우회하고 말았습니다."

사단 사령부도 다 버리고 비어 있단다. 실정을 파악하고자 나는 사단 사령부로 가보았다. 사람 그림자는 하나도 보이지 않았다. 시가지도 마찬가지로 한 사람의 사병도 찾아볼 수가 없어 적막감마저 들었다.

나는 이 때에야 비로소 배신당한 것 같은 느낌이 들어 몸을 부르르 떨었다.

'저희들만 도망 치다니, 이럴 수가?'

나는 그 길로 김장군을 찾아 나섰다. 명령을 받기 위해서였다. 형산강 다리를 건너 어두운 밤 들판을 헤메다 얼마 뒤 동쪽으로 불켜진 외딴 초가집 한 채가 있었다. 문 앞에는 보초가 한 사람 서 있었다. 사립문으로 다가간 나는 뜰 안을 살펴보고는 깜짝 놀랐다. 뜰 저쪽에서 김석원 사단장이 웃옷을 벗고 마루에 앉아 맥주를 마시고 있었으며, 부관이 앞뒤에서 부채질을 해주고 있었기 때문이다. 그 광경을 보는 순간 나는 무의식중에 허리에 찬 권총에 손이 갔다. 해치울 작정이었다. 그러나 다시 생각하니 그의 행동은 괘씸하지만 그것은 어디까지나 그 사람의 인격에 관한 문제라고, 장군이라면 저런 정도의 여유도 있어야 하지 않을까 하는 느낌이 들어 권총을 도로 거두고 되돌아섰다.

'저것을 죽이느니보단 포항으로 돌아가서 내 부하들과 함께 최선을 다해 싸우

는 길이 군인이 갈 길이다.'

이렇게 생각하였기 때문이다.(『5·16 비록——혁명은 어디로 갔나』)

이것이 만주에서 그렇게 용맹을 떨치던 군인의 모습이었을까. 일제를 위해서는 목숨을 내놓고 싸우던 그가 이제는 부하들에게는 싸우라고 해놓고 자신은 도망가는 추태를 보인 것이다. 일본군으로서와 국군으로서의 복무 자세는 하늘과 땅 차이가 아닌가? 다른 문제를 떠나 군인으로서도 그는 함량 미달의 장군에 지나지 않았던 것이다.

■**임중빈**(인물연구소 소장)

주요 참고문헌

『매일신보』 1943. 11. 1~12.

김석원, 『노병의 한』 육법사, 1977.

유원식, 『5·16 비록——혁명은 어디로 갔나』 인물연구소.

김홍일, 『대륙의 분노』 문조사, 1972.

정훈

동포들을 사지로 몰아넣은 보도통제의 첨병

• 鄭勳, 창씨명 圃勳, ?~?
• 1915년 제27기 일본육사 졸업. 1930년대 말 조선군사령부 보도부장

해방 후 일본으로 '귀향'한 조선인 장교

1945년 8월 15일 '해방'이 되자 일제의 군대에서 복무하던 많은 장교들이 해외에서 돌아오거나 군복을 갈아 입게 되었다. 만주군관학교, 일본육군사관학교 출신인 이응준, 김석원*, 원용덕, 정일권, 박정희, 채병덕, 이용문, 김정렬, 이형근, 정래혁 등이 그러한 사람들이었다. 식민지 시대에 일본군 장교로서 복무하던 그들이 어떠한 행적을 남겼던지, 생각이 어떠하였던지간에 그들은 '해방된 조국'에서 일단 처벌의 대상이었다. 만약 1947년 3월에 남조선 과도입법의원에 제출된 '부일협력자, 민족반역자, 전범, 간상배에 대한 특별법률 조례 초안'이나 그 '수정안'이 통과되었다면 그렇다는 말이다.

이 '초안'과 '수정안'에는 일본군에 '자원 종군한 자'와 '일본군에 종군하여 동포 또는 연합국민을 박해한 자'를 전범으로 규정하고 처벌조항을 마련하고 있었다. 일제 시대 조선인 일본군 장교들이 강제로 일본군에 끌려가 장교가 되었다고 볼 수는 없기 때문에 대부분은 이 '자원 종군자' 조항에 해당되지 않을 수 없었다. 그렇게 되면 전범으로 재산을 몰수당하고, 공민권을 박탈당하며, 3년 이상의 유기형 또는 무기형이나 사형을 당하게 될 처지였다. 그러

우리 나라에 대한 무력 지배와 대륙 침략의 거점이 된 조선군 사령부 건물. 정훈은 이 곳에서 보도부장으로 근무하면서 지원병·학병·징병 제도 홍보와 언론통제에 한몫을 했다.

나 이들에게는 다행스럽게도 특별법의 '재수정안'과 '최종안'에서는 '전범'조항이 빠져 버리게 되었다.

조선인 일본 장교들은 다시 일본 대신 '점령자'로 등장한 미군정의 동반자가 되어 군대의 핵심 장교로서 튼튼한 지위를 차지하게 되었다. 그런데 이 대열에 끼지 못한 조선인 일본 장교가 있었다. 일본육사 27기생 가바(圃) 중좌, 즉 정훈이 바로 그였다. 해방 직후 친일파 문제를 거론할 때 이상하게 조선인 일본군 출신 문제에 대한 언급이 거의 없었으며, '부일협력자, 민족반역자, 전범, 간상배에 대한 특별법률'에서도 전범 조항은 사라질 정도였다. 그런데도 정훈은 해방된 조국에 붙어 있지를 못하고 그가 양자로 입적했던 가바 가(家), 양부의 나라 일본으로 돌아간 것이다.

전시하의 언론을 감시·통제하는 데 탁월한 능력 발휘

정훈은 일본육사 1년 선배인 26기 홍사익이나 동기인 김석원과도 달랐다.

홍사익은 조선인 중에서는 영친왕과 함께 최고위 계급인 일본군 중장까지 올랐다. 그는 제2차 세계대전이 끝나고 연합군에 의해 1946년 9월 마닐라에서 전범으로 처단되어 고국으로 돌아오지 못했다.

동기인 김석원은 「김부대장 분전기」, 「김석원 부대 격전기」, 「전진여담」(戰塵餘談) 따위가 신문에 소개될 정도로 만주와 중국, 시베리아에서 일본 군대를 이끌고 혁혁한 전공을 세웠으며, 학병 격려에 앞장 서기도 했다. 그는 뒤에 국군에 참여하여 제1사단장을 거쳐 1956년 소장으로 예편하였다.

그런데 정훈이 일본으로 돌아갈 수밖에 없었다는 사실은 그가 행한 친일반민족행위가 노골적이고 직접적이었다는 사실과 그를 낳아 준 나라보다 길러 준 나라인 일본이 그에게는 더 친근했음을 말해 주고 있지 않은가.

정훈은 1913년 중앙유년학교 본과를 졸업하고 사관후보생으로서 6개월간 일본 내의 각 실무 부대에서 근무하였다. 다시 육사에 진학하여 1915년 5월에 제27기로 일본육사를 졸업했다. 조선인 중에는 중도에 탈락한 인물들이 많아 20명만이 졸업했는데, 정훈은 27기생 가운데 서울 출생으로 제10사단 20연대에 배속되었다.

일본육사 26·27기생들은 1920년대 중반에 대위로, 다시 1933~34년경에는 소좌로 진급했다. 1937년 7월 중일전쟁이 터질 무렵 정훈이 소속했던 부대는 제19사단 보병 38여단 제75연대(회령)였다.

중일전쟁은 40대 후반에 들어선 그의 동료들을 전쟁터로 내몰았지만, 정훈 중좌는 선전과 회유 능력을 인정받아 조선군사령부 보도부에서 근무하게 되었다. 그는 보도부장으로 근무하면서 제 동포를 사지로 몰아 넣는 지원병·징병·학병제도의 홍보와 언론통제에 단단히 한몫 한 것으로 알려지고 있다.

군인이라 정보가 차단되어 있는데다 그가 맡은 임무가 정보계통이었기에 행적이 겉으로 많이 드러나 있지는 않다. 그러나 1938년 2월 23일 육군특별지원병제가 공포되자 육군소좌 정훈은 『매일신보』에 전보를 보내 '충량한 신민'이 수행할 영예로운 국방의 임무를 질 수 있게 된 것을 경축하였다. 그 뒤 3월 10일에는 조선군 보도반 육군보병 소좌 정훈의 이름으로 지원병제를 찬양하고 제국신민의 자세를 바로 가질 것을 권유하는 글을 『매일신보』에 또 발표하였다. 지원병제가 실시됨으로써 병합 후 30여 년 만에 비로소 기다리고 기다리던 제국신민의 영광을 차지하게 되었으며, 국민 모두가 경하할 만한 지원병제가 실시된 만큼 일본인이나 조선인 모두 '조선인'이라는 의식을 버리는 일이 가장 필요한 자세라고 강조한 것이다. 4월 3일부터 지원병제가 시행되자 그는 지원병 모집에 앞장 섰다. 1939년 7월에는 『매일신보』에 주조선 일본군사령부 보도부장 정훈의 이름으로 '조선인 부인에게 고함'이라는 담화문을 싣고 있는데, 이를 통하여 그의 행적과 생각을 좀더 분명하게 엿볼 수 있다.

이 담화문은 '강한 군인은 강한 어머니가 만든다'는 견지에서 지원병, 징병 등과 관련하여 '황국 어머니의 자세'를 강조한 것이다. 여기서 그는 일본 부인들과 반도(조선) 부인들의 장점과 단점을 늘어 놓는다. 일본 부인들이 책임과 의무를 가지고 하등 불평도 말하지 않고 부지런하고 묵묵히 봉사의 생활을 영위해 나가는 데 비해, 반도 부인들은 자녀들에게 "괴롭지, 가엾다!" 하면서 일시적 애련의 정에 끌리는 경향이 많다고 지적하고 있다.

그러한 나약한 자세에서 벗어나 자녀들을 지원병으로 참여시키면, 자기가 "여러분의 자제를 속히 일본정신의 시련의 분위기에 넣어 황국신민으로서 훌륭한 사람"으로 만들겠다는 것이다. 끝에서 그는 "반도 동포가 황국신민이 되는 길은 자기의 신명을 천황폐하에게 바침에 있는데, 내 자식을 사랑하여 장래의 광명과 행복을 원한다면 일본정신의 실현장이고 실천장인 병영으로 보내는 것이 모친의 진정한 사랑이요, 반도 동포의 행복"이라고 하면서 일제의 지원병으로 참가하는 데 어머니들이 앞장 서기를 다시 한 번 강요하고 있다.

그는 지원병·징병 권유뿐만 아니라 일찍이 도쿄 헌병사령부에서도 근무한 경험을 살려 전시하의 조선인 신문·잡지를 통제하고 감시하는 데 탁월한 능력을 발휘하였다. 군인으로서 직접 민간인을 대상으로 이러한 역할을 했기 때문에 그는 해방 후 조국에 붙어 있지 못하고 일본으로 돌아갔던 것이다. 일본으로 간 뒤 그의 행적은 알려지지 않고 있다.

■ **박준성**(성균관대 강사·한국사, 구로역사연구소 연구원)

주요 참고문헌

정훈, 「조선부인에게 고함」, 『매일신보』, 1937. 7.

경제

한상룡
장직상
김갑순
박영철
문명기
박홍식
김연수
박승직
현준호
문재철

한상룡

식민지 예속경제화의 첨병

• 韓相龍, 1880~?

• 1903년 한성은행 총무. 1925년 경성상업회의소 부회두
 1937년 관동군사령부 사무촉탁

창씨개명 주창의 '선구자'

1919년 3·1 운동이 일어난 지 한 달 후인 4월에 한상룡은 우쓰 노미야(宇都宮) 조선군사령관을 용산 관저로 방문하여 '만세소동의 선후책'을 논하고 내선동화정책으로 12개 조 희망사항을 건의하였다. 이 중의 하나는 조선인에게도 일본인과 같은 성씨를 사용할 수 있도록 해 달라는 건의가 포함되어 있었다. 1920년대에 문명기*가 가미가제 특공대를 주창하였던 것과 같이 조선인에 의해 일찍이 창씨개명 제도의 시행이 주장되었던 것이다.

1940년 2월 일제에 의해 강제적으로 창씨개명이 시행된 것에 대하여 한상룡은 자신의 회고록에 '이제 그 실현을 보게 된 것은 매우 유쾌한 일'이라고 적었다.(韓翼教 編, 『韓相龍君を語る』, 185면)

그러나 이 해 8월에 창씨개명이 완료된 이후에도 그는 자신의 이러한 주장과는 달리 이름을 일본식으로 바꾸지 않았다. 이는 일제의 신임이 그만큼 두터웠다는 것을 입증하는 것이기도 했지만, 다른 한편으로 창씨개명은 일제에 의해 강요된 것이 아니라 조선인 스스로의 자발적 의사에 의해 실시된 것이라고 일제가 선전하는 데 좋은 표본이 되었다. 박홍식*과 마찬가지로 대외 선

한상룡

전의 유용한 수단으로서 한상룡은 자기 역할을 한 것이다.

그러나 이러한 역할은 정치에는 관여하지 않고 평생을 실업계에서 활동하겠다던 그의 신조와 모순되는 것이었다. 조선과 중국에 대한 일본의 침략 과정에서 '재계의 첨병' 역할을 수행하였던 시부자와(澁澤榮一)를 본받아 그는 자신이 식민지에서 제2의 시부자와가 되고자 하였다. 시부자와가 40여 년 동안을 일본 제일은행의 최고책임자로서 재계에서 영향력을 행사하였듯이, 한상룡은 한성은행을 기반으로 자신이 조선에서 그와 같이 되고자 원하였지만, 그것은 식민지에서 실현될 수 없는 모순을 지니고 있었다.

한성은행의 설립과 예속화

한상룡은 1880년 11월 14일 경성부 수표동에서 규장각 부제학 한관수(韓觀洙)의 3남으로 태어났다. 17세 되던 1896년에 관립 외국어학교를 다니다가 2년 후인 1898년에 일본으로 유학을 가서 3년 정도 생활하였다. 강제 '병합'을 주동하였던 매국노 이완용*, 이윤용이 그의 외숙이었으므로, 당시 이들이 군부대신, 외부대신 등의 고위 관직에 있었던 것을 배경으로 하여 일본에 체류할 수 있었던 것이다. 따라서 그는 일본의 명사들과 교제할 기회가 많았고, 귀국한 후에도 일본공사관을 드나들면서 많은 일본인들과 친분을 유지하였다.

그러다가 그는 1903년 12월에 설립된 한성은행의 총무로 부임하면서, 이 은행을 실질적으로 경영하게 된다. 원래 이 은행은 관료이자 재계의 실력자였던 김종한*이 경영하다가 유명무실한 상태에 있었던 것인데, 러시아의 차관제공 요구를 좌절시키기 위한 일본측의 음모에 의해 고종의 종형인 이재완(李載完)을 내세워 설립한 것이었다. 이와 같이 애초에 일제의 침략을 돕는다는 의도에 맞게 재편되었던 이 은행은 시부자와가 경영하는 일본 제일은행을 본따 정관을 만들었으며, 신식 부기와 아울러 출납·예금·장부기입 방식 등에서 '근대적' 방식을 채택하였다. 우리 나라 최초의 '근대적' 은행제도는 일본의 영향하에서 성립되었다고 말할 수 있는데, 이러한 점에서 그것은 일제에 대한 예속성의 단초를 처음부터 배태하고 있었던 것이다.

이후 한성은행의 성장과 발전도 이러한 예속성을 떠나서는 이해될 수 없다. 한성은행의 초기 운영자금은 전적으로 일본 제일은행에서 조달된 것이었으며, 재정고문이었던 메가다(目賀田種太郞)가 식민지 재정정리 작업의 일환으로 실시한 백동화 구입 업무에도 깊숙히 관여하였다. 1910년 9월에 한상룡은 한성은행의 전무취체역으로 취임하였다. 취임과 동시에 그는 일제에 로비를 하여 '합방유공자'에게 일제가 준 이른바 '은사공채'(恩賜公債)를 한성은행의 자본금으로 흡수하였다. 한성은행이 '조선귀족들의 은행'이라는 세간의 인식은 여기에서 비롯된 것이었다. 한상룡은 주권의 양도를 대가로 얻은 막대한 액수의 '정치 자금'을 일제의 도움을 받아 자신의 은행에 예치하는 데 성공하였고, 이를 바탕으로 한성은행은 비약적인 발전을 거듭하여 당시 국내 최대 규모의 은행으로 성장하였다.

1919년 3·1 운동이 일어나고 광범위한 항일운동이 전개되면서 한성은행은 주요한 배척의 대상이 되었다. 그럴 수밖에 없었던 것이, 은행장 이윤용은 이완용의 형이고 전무는 그 조카인 한상룡이었으며, 주식은 강제 '병합'의 '은사공채'로써 충당되었기 때문에 배척의 첫번째 대상으로서의 자리를 면할 수 없었던 것이다. 은행 인출이 급격히 줄어 들었으며 이 때문에 한성은행은 약 2주 간의 지불유예(모라토리엄)를 당하였다. 이러한 위기에서 일제에 대한 의존성이 더욱 심화되면서 한성은행의 친일 예속성 또한 더욱 강화되어 갔다.

이러한 예속화의 과정에서 한상룡은 일제의 신임에 힘입어 1923년 1월 사임한 이윤용의 뒤를 이어 한성은행 두취로 취임하였다. 그러나 1923년 관동대지진의 여파와 연이은 영업 부진, 경영 악화로 한성은행은 1924년 8월 이래 조선총독부에 의해 정리 대상 은행 중의 하나로 지목되었다. 식민지에서 자본의 흐름을 일제가 관장하고 있었던 만큼, 사실 한성은행의 영업 부진과 경영 악화는 일제가 의도적으로 방치하거나 조장한 측면도 있었다. 1928년 3월 조선총독부의 지휘하에 한성은행의 정리가 단행됨으로써, 한성은행은 조선식산은행의 지배하에 들어가게 되었다.

이와 같이 한성은행은 일제가 강제 '병합'의 대가로 친일파들에게 준 공채금으로 발전의 단초를 마련하였으며, 일제에 대한 예속성을 강화함으로써 치열한 자본 경쟁의 한가운데에서 일정 기간 생존할 수 있었지만 결국은 일제 자본에 의해 강탈당하고 말았다. 따라서 이 시기 한성은행의 역사는 곧 예속적 토착자본의 성장 및 그것의 한계와 좌절의 역사라고 할 수도 있다.

재계와 실업계의 식민지적 재편성

이러한 과정을 거치면서 한상룡은 식민지의 경제 제도와 기구들의 설립을 주도하였다. 한성은행에서 지낸 경력을 바탕으로 재계와 실업계를 식민지적으로 재편성하는 데 중심 역할을 수행한 것이다. 1905년 12월에는 조진태, 백완혁과 함께 한성수형(手形 : 어음)조합의 평의원으로, 1906년 5월에는 한호(漢湖)농공은행의 설립위원으로 선임되어 그 설립에 중심적 역할을 하였다. 이러한 경력을 바탕으로 1907년 6월에 경성상업회의소(조선인측) 정의원에 선임되었다가 그 직후에 회두(會頭)로까지 추대되었다. 1908년 9월에 동양척식주식회사 설립이 발표되면서 33인의 조선인 설립위원 중의 1인으로 선임되었다. 조선인 설립위원의 대부분은 '일본어를 모르는 완고한 노인들'이었기 때문에 사실상 한상룡이 실무를 전담하다시피 하였다. 그 해 12월에는 동양척식주식회사의 이사로 선임되면서 동시에 조사부장을 겸임하였다. 이러한 활동으로 그는 한일'합병' 직전에 실업계에서의 '공로'를 인정받아 한국 정부로부터 훈3등 팔괘장을 수여받았으며, 합방 후인 1913년 5월에는 일본 정부로부터 한국 '병합' 기념장을 받았다.

'합방' 이후에도 그는 경제와 산업에 관련된 식민지 정치기구들에 적극적으로 참가하였다. 예컨대 1915년에는 조선인과 일본인으로 이분화되어 있던 상업회의소의 통폐합을 주도하였다. 통합 과정에서 한상룡의 역할은 일제를 대신하여 조선인 상공인들의 반발을 무마하는 것이었는데, 통합된 경성상업회의소의 평의원 겸 상의원(常議員)으로 재직하다가 1924년 1월 운수부장, 1925년 12월 부회두를 역임하였다. 1915년 10월에는 조선중앙농회가 창립되면서 평의원으로 선임되었다. 1921년 9월 조선농회가 설립되자 이사가 되었으며 곧이어 부회장으로 추천되었다가 1928년 4월 특별회원이 되었다.

1930년대 이후 그는 조선소작령의 제정이나 농촌진흥운동에 적극적으로 참여하거나, 전시하 물가와 임금, 경제통제 등에서 주도적 역할을 하였다. 이 밖에도 금융조합연합회나 중앙무진회사의 운영 등에 참가하였다. 이러한 금융제도와 기관들의 설립과 운영의 주도권은 일본인들이 가지고 있었기 때문에, 이 경우 그의 역할은 조선인측을 대표하여 형식적으로 참여하여 의견을 개진함으로써 식민지에서 민족문제를 호도하기 위한 일제의 정책에 효율적으로 봉사하는 것이었다.

총독부 권력과 예속경제 사이에서 브로커로 활약

한상룡의 또 다른 활동 영역으로 들 수 있는 것은 많은 기업과 회사 등의 설립을 주도하고 그 경영에 참여했던 사실일 것이다. 한성은행에서의 지위를 바탕으로 1910년대에 그는 실업계에서 중심적 역할을 하였다. 회사나 공장을 설립하려고 계획하던 조선인은, 식민지와 일본의 관계(官界), 정계, 재계 등의 영향력 있는 많은 사람들과 폭넓은 교제관계를 유지하고 있었던 한상룡을 통할 필요가 있었다. 일본인의 경우에는 식민지에서 민족차별이 엄격하였던 현실을 호도하기 위한 정책적 필요에서, 혹은 조선으로 진출한 일본인의 경우 식민지 실정을 잘 몰랐으므로 그 안내를 위한 실제적 동기에서 한상룡을 추천하였다. 이러저러한 연고와 필요에 의해 1910년대의 수많은 기업과 공장들이 설립되는 데 그는 직간접적으로 관여하였다. 1910~20년대에 그는 철도, 해운, 무역 등과 아울러 제사, 방직, 직물이나 산림, 제당과 같은 농업원료의 가

공 부문 등을 망라하여 무려 30여 개의 회사 설립에 직간접으로 관여하였다.

1930년대에는 조선제련회사나 북선제지, 조선공작회사, 동화산업 등 만주 진출과 군수공업 부문에서 다수의 기업들의 설립에 관여하였다. 그러나 1930년대에 그는 형식적으로 많은 기업과 회사의 설립 및 운영에 관여하였지만 그것은 어디까지나 실권을 전혀 가지지 못한 명목상의 지위에 불과한 것이었다. 금융계에서 자신의 고유한 기반을 가지지 못했던 사정을 배경으로 이 시기 실업계에서 그의 활동은 전시기에 비해 훨씬 미미했으며, 감사역이나 상담역, 취체역 회장 등 실권이 없는 명예직을 차지하는 데 그칠 수밖에 없었던 것이다. "조선에 신설된 사업회사로서 그가 발기인으로 참여하지 않은 것이 거의 없다"는 평가는 외형적인 것이고, 식민지 예속자본가의 실상은 이와 같이 허울에 불과한 것이었다.(『朝鮮功勞者銘鑑』, 69면)

이러한 점에서 그는 이 시기 자본가계급을 대표하는 인물이 되었지만, 그것은 스스로의 자본을 가지고 경영하는 형태라기보다는 조선으로 진출한 일본인 자본에 의한 회사나 공장의 설립을 안내하는 경우가 압도적으로 많았으며, 이보다 비중은 적었지만 총독부 권력이나 일본 본토에 조선인의 기업 설립을 주선하는 역할을 하였다. "한상룡의 경력은 반도 재계사(財界史)의 축도(縮圖)"(『韓相龍君を語る』, 501면)라는 말에서 보듯이 그는 제국주의 권력과 식민지 예속경제 사이에서 일종의 브로커 역할을 했던 정상배였던 것이다. 자신이 직접 자본의 축적 기능을 수행했다기보다는 그것의 원할한 기능을 보조하고 보장하는 역할을 수행한 기능적 자본가로 분류할 수 있는 것이다.

일제 침략자들의 기념사업으로 분주했던 나날

1930년대로 들어오면서 그의 친일행각은 보다 노골화되었다. 전시체제로 이행한 이유도 있었지만, 금융계에서의 그의 기반 자체가 취약했기 때문에 이를 보상하기 위해서는 일제에 더욱 예속될 수밖에 없었을 것이다. 가장 먼저 꼽을 수 있는 것은 조선에 관련된 주요 일본인들의 동상이나 기념비를 건립하거나 기념사업 등을 한상룡이 주도하였다는 사실이다. 예컨대 메가다의 동상 건립을 적극 추진하여 1929년 10월 파고다공원에서 제막식을 가졌으며

1935년 6월에는 메가다의 전기편찬회 발기인이 되었다. 1929년 12월에는 이토(伊藤博文) 기념회의 조선측 발기인 총대를 맡았다. 1933년 2월에는 자신이 가장 존경한다는 시부자와의 기념비 건립을 추진하였다. '도쿄에도 동상이 건립되었는데 조선에도 영구기념으로 무언가 존치하고 싶다는 희망을 피력'하고 그의 송덕비 건립을 도쿄에 가서 협의한 다음, 서울로 돌아와서 경무국장과 내무국장 등을 만나 기념비 건립안을 상의하였던 것이다. 이리하여 그는 기념비 건립회를 조직하고 12월 장충단에서 기념비 제막식을 주도하였다.

1935년 5월에는 '조선 개화의 은인이자 일한 합병의 공로자'인 데라우치(寺內正毅)의 동상 건설회 발기인 및 실행위원으로 위촉되었으며, 그 활동을 통하여 총독부 청사의 홀 오른쪽에 그의 동상을 건립하였다. 1936년 2월 이른바 2·26 사건으로 사이토(齋藤實)가 사망하자 부민관에서 추도회를 개최하고 그 발기인이 되었으며, 1937년 5월에는 그를 위한 기념사업회 발기인으로 되었다. 1939년 3월에는 이 기념사업회의 이사로 선임되어 활동한 결과, 4월에 총독부 청사의 홀 왼쪽에 그의 동상을 건립하였다.

1936년 7월에는 도고(東鄕平八郎) 원수 기념회 회원으로 가입하여 활동하였다. 같은 해 12월에는 러일전쟁 당시의 한국주재 일본공사인 하야시(林權助) 동상 제막식이 왜성대(倭城臺) 옛 총독관저에서 있었다. 동상 건립은 일본에서 온 유력자의 성금에 의한 것이었는데, '조선인측에 대해 아무런 통지가 없었던 것을 유감'으로 생각한 그는 나중에 약간의 성금을 내서 명부에 자신의 이름을 올렸다. 1939년 6월에는 시모오카(下岡忠治) 전(前)정무총감 동상건립위원회 부위원장으로 선임되었다. 이와 같이 그는 강제 '병합'을 주도하였던 메가다, 하야시, 이토뿐만 아니라 데라우치, 사이토 등의 역대 총독이나 시모오카 정무총감 혹은 일본의 도고, 시부자와 등의 동상이나 기념비 등의 설립을 주도하거나 혹은 기념사업회 등에 적극적으로 참여하여 제국주의자와 식민주의자들의 '업적'을 영구히 보존하고 찬미하였다.

만주침략 이후의 친일 활약상

일본의 만주침략 이후 한상룡은 군부와 관련된 분야에서 두드러진 활동양상을 보였다. 예컨대 경성국방의회 발기인(1933. 4), 조선국방의회연합회 설립 준비위원 및 감사(1934. 4), 조선국방비행기헌납회 고문(1934. 12), 해군협회 조선본부 창립위원(1935. 4)을 맡았다. 만주침략이 있은 1937년 7월에 그는 관동군사령부 사무촉탁(칙임관 대우)으로 임명되어, 군사령부를 방문하고 조선실업구락부 및 한상룡 개인의 명의로 국방헌금을 하였다. 이 시기 그는 경기도 군사후원연맹 부회장이자 경성군사후원연맹 고문이었다. 1937년 8월에는 애국금차회 발기인회 좌장을 맡아 창립을 주도하였으며 이어서 8월부터 9월에 걸쳐 조선신궁참집소(參集所)에서 국위선양·무운장구 기원제를 개최하였다. 동시에 그는 이 시기 시국연구회의 발기인 및 간사의 책임을 맡았다.

1938년 1월 15일 '조선 2천만 민중의 열성에 응하여' 조선에 육군특별지원병 제도를 설정한다는 일본 육군성의 발표가 있었다. 이로써 일제는 침략전쟁에 조선인 청년을 강제 동원할 수 있는 첫발을 내디뎠다. 이듬해인 1939년 10월 조선육군지원병훈련소 출신의 전사자 2명에 대한 장례식이 있었는데, 이 자리에서 한상룡은 "전사자 유가족에게는 통석(痛惜)의 아픔이지만 반도인으로 출정하여 전사한 것은 최초이고 그 명예는 길이 찬양될 것"이라고 뇌까렸다. 1938년 6월에는 국민정신총동원조선연맹 준비회의 연맹이사, 7월에는 국민정신총동원 경기도연맹 참여로 위촉되었다. 1939년 4월에는 이 연맹의 규약 개정에 따라 이사 및 평의원이 되었다가, 1940년 10월 국민총력조선연맹으로 개칭되면서 이사로서 활동하였다. 이후에도 웬만한 친일단체에는 간부로 빠짐없이 참여하였다.

1931년 일제가 만주를 침략한 이후 한상룡은 각지를 순례하면서 일제의 침략 전쟁을 적극 옹호하고, 강연이나 담화, 방송 등을 통하여 '시국'에 관한 선전을 하였다. 예컨대 일제의 만주침략 1년 후인 1932년 9월 만주사변 1주년 기념강연회에서 한상룡은 '시국과 만주'라는 제목으로 강연하였다. 여기에서 그는 '일본과 지나의 충돌의 날은 결국은 동양 영구의 평화기념일'이 될 것이라고 하여 일제의 만주침략을 호도하였다.

1937년 7월 중일전쟁이 일어나자, 경성일보 주최로 부민관에서 열린 시국강연회에서 '시국하 반도인의 임무'라는 연제로 강연하였으며, 이어서 며칠 후에는 중추원 파견의 형식으로 경성공회당과 인천공회당에서 각각 시국강연을 하였다. 몇 달 후인 1937년 9월에는 이승우*, 이돈화(李敦化)와 함께 함경도를 순례하면서 공개시국강연을 하였다. 1938년 10월에는 인천, 안양, 김해, 통영, 안동, 상주, 진주 등지에서 국민정신총동원 강화에 관한 강연을 하였다. 1939년 6월에는 총독부 도서관에서 '시국잡감'(時局雜感)이라는 제목으로 강연을 하고, 중추원 참의들과 함께 육군지원병훈련소에 가서 지원병들에 대한 격려 강연을 하였다. 임전보국단 결단 이전인 1941년 10월에는 각 도를 순회하면서 강연하였고, 1942년 5월에는 징병제 실시를 앞두고 기념 강연을 하였다. 이와 같이 그는 조선에 징병제를 실시하려는 일제의 사전 여론 조성작업에 민간인 차원에서 적극 참여하였다. 이 해 10월에도 그는 '광영의 징병제를 앞두고'라는 제목으로 강연을 하였다.

1943년에 징병제가 실시되자, 그는「훌륭한 군인이 되자」는 글에서 "반도에 불타는 애국심과 적성(赤誠)으로 말미암아 드디어 약진(躍進)반도의 통치사상에 획기적인 징병제도가 실시되었다. 금일 반도청년이 모두 폐하의 고굉(股肱)이 되고 국가의 간성이 될 수 있는 날을 맞이하게 된 것은 무상의 영예로서 참으로 홍은(鴻恩)에 대하여 공구감격(恐懼感激)할 뿐"이라고 하여, 조선인 청년들을 침략전쟁에 강제적으로 동원하는 데 앞장 섰다. 종전의 막바지인 1945년 5월에 그는 '천년의 운명이 판정될 홍망의 결전은 금후'라는 제목으로 담화를 발표하였다.

경제침탈에 빌붙은 정상배로 독보적 입지 구축

이와 같이 한상룡은 금세기 초반 일본 제국주의 침략기에 시작하여 식민지 자본주의가 확립되기까지 40여 년 동안 재계와 실업계를 대표한 중심 인물이었다. 시부자와를 비롯한 일본 재계의 실력자들은 식민 침략의 필요에서 한상룡에 대하여 일종의 후견인 역할을 하였으며, 조선총독부의 총독이나 고위 관료, 조선군사령관 등의 '신임'을 바탕으로 그는 서울과 도쿄를 오가면서 권력과 밀착한 정상배로서의 독보적 입지를 40여 년에 걸쳐 구축할 수 있었던 것이다.

이와 같은 친일 예속성을 기반으로 그는 한성은행을 자신이 맡아 경영하였으며 조선에 수많은 기업과 회사, 공장들을 설립하였다. 만일에 친일이라는 '오명'을 그에게서 잠정적으로 거두어 들인다면, 그는 이 시기 가장 활발하게 근대화를 추진한 대표적인 인물로 우리에게 기억될 수도 있을 것이다. 그러나 문제는 그의 활동과 생애에 내재한 동기이다. 일생일업을 신조로 그가 한성은행을 경영하고 수많은 기업과 회사들의 설립에 관여한 근본 동기는 무엇인가? 식민지 자본가계급의 의사를 집약하고 안내하는 역할이 가지는 대의와 공공의 명분은 무엇인가?

여기에서 혹시라도 민족적 근거를 갖는 경제 발전의 전망이나 혹은 자립적 민족경제의 구상에 대한 최소한도의 단초를 발견할 수 있으리라고 기대한다면 그것은 크나큰 오산이다. 그의 모든 활동은 식민 지배체제를 강화함으로써 동족인 조선 민중을 수탈하고, 일제 자본의 지속적인 이익을 보장하며 제국주의 전쟁과 침략을 방조하는 것으로 귀결되었다. 1930년대 이후 일제의 대륙 침략에 편승하여 '만주에서 조선인의 권익 균점'을 주장하였던 것(「南北滿洲を視察して」, 『韓相龍君を語る』, 576~596면) 정도를 제외하고는 그의 모든 활동들에서 민족과 국가에 대한 인식은 전혀 찾아볼 수 없으며, 그에게 민족과 국가가 있다면 그것은 조선이 아니라 일본 민족이고 일본 제국이었다. 한상룡식대로 표현하자면 근대화의 달성은 일본에 대한 철저한 예속과 굴종을 통해서 가능한 것이었으며, 이는 민족성의 완전한 배제와 말살을 의미하는 것이었다. 이러한 점에서 그는 맹목적인 근대화 지상주의로 발전할 수 있는 소지를 다분히 가지고 있었다.

■**김경일**(덕성여대 교수·사회학, 반민족문제연구소 연구원)

주요 참고문헌

한상룡, 『內地及臺灣視察記』, 日韓印刷株式會社, 1916.
佐佐木太平, 『朝鮮の人物と事業』, 경성신문사, 1930.
韓翼教 編, 『韓相龍君を語る』, 韓相龍還曆記念會, 1941.
嶋元權, 『朝鮮財界の人人』, 경성일보사, 1941.

장직상

경북지방 최고의 친일 부호

- 張稷相, 창씨명 張元稷相, 1883~1947
- 1924년 대구상업회의소 회두. 1930년 중추원 참의
  1940년 조선임전보국단 이사

대한광복회에 의해 처단된 아버지 장승원

장직상은 한말 경북관찰사를 지낸 장승원(張承遠 : 1853~1917)의 둘째 아들로 1883년 3월 16일 경상북도 칠곡군 인동면에서 태어났다. 그의 아버지 장승원은 1885년 9월 증광문과에 급제하여 관계에 진출한 이후 홍문관, 사헌부 등을 두루 거쳤으며, 대한제국기에는 중추원 의관, 청송군수, 비서원승, 궁내부 특진관 등을 역임하였다. 또한 장승원은 경상도 제1의 부호로서 장길상(張吉相), 장직상, 장택상(張澤相) 등 우리나라 근현대사의 중요 인물들을 아들로 두었으나, 널리 알려진 것과 같이 1917년 박상진(朴尙鎭)의 대한광복회에 의해 처단된 사람이다.

대한광복회는 1910년 국권상실 이후 독립운동을 하던 풍기의 풍기광복단 간부들과 대구지방에서 구국투쟁을 준비하던 대한광복단 지사들이 1915년 7월 대구 달성공원에서 비밀집회를 가져 두 단체를 합쳐 조직한 단체이다. 대한광복회 총사령인 박상진은 김한종(金漢鍾), 채기중(蔡基中), 우리현(禹利見, 禹在龍)과 협의하여 대한광복회 명의의 「포고문」을 작성하여 전국적으로 군자금 모집활동을 하고자 하였다. 이에 채기중은 경상북도, 김한종은 충청남도에서

제반 임무를 담당하고, 우리현은 중국 방면으로 가서 활동할 것을 결정하였다.

이 때 경북지방에서 독립운동을 할 기회를 모색하던 정운일(鄭雲馹)과 김진만(金鎭萬), 김진우(金鎭瑀) 등도 국권회복운동 단체인 대한광복회에 가입하여 군자금 모집활동을 하기로 하였다. 이에 이들은 박상진과 상의하여 1916년 6월 이시영(李始榮)으로부터 권총 2정과 약간의 탄환을 받아, 칠곡 부호인 장승원을 제거하고자 하였으나 실패하고 말았다. 이후 총사령 박상진은 장승원이 광복회의 군자금 지원을 거절하였을 뿐만 아니라 그 내막을 일제의 관헌에게 밀고하려 하자, 1917년 8월 유창순에게 그를 처단하라고 지시하였다. 이에 유창순, 채기중, 강순필은 장승원의 집으로 가, 유창순은 망을 보고, 채기중과 강순필은 각자가 소지한 권총으로 장승원을 살해한 것이었다.

장승원 처단 이외에도 대한광복회에서는 충청도 책임자 김한종이 1917년 음력 12월 친일적 행동을 한 충남 도고면장 박용하(朴容夏)를 처단하기로 하였다. 박용하는 광복회의 통고문을 받고도 의연금을 내지 않았을 뿐만 아니라 이것을 헌병에게 보고했기 때문이었다. 이처럼 대한광복회는 그 후 계속적으로 전국 각지에서 군자금 모집활동을 하다가 1917년 말 장승원 처단 사건과 1918년 1월 박용하 처단 사건으로 그 조직이 일제에 의해 노출되어 다수의 회원이 체포되었다. 이 때 대한광복회 간부인 박상진, 채기중, 김한종, 김경태, 임세규, 유창순, 장두환 등이 일제에 검거되어 사형을 당하거나 무기 또는 장기형을 받았다.

지주에서 예속자본가로 전환한 칠곡 장씨가

장승원의 둘째 아들 장직상은 '합방' 이후 일제의 관료로서 신녕·하양·선산 군수를 역임하였는데, 1916년에 퇴관하여 고향에서 지낼 때 아버지가 대한광복회에 의해 살해당하였다. 이렇게 되자 장직상은 고향에서 안주하다가는 아버지와 같은 변을 당할 염려도 있고, 또한 그 곳에서는 자신의 자본을 성장시킬 수 없다는 판단을 하여, 거주지를 대구로 옮기고 대구에서 토지자본을 금융자본으로 전환하려 하였다. 즉, 그는 1917년 대구은행에 자신의 자본을 투자하여 취체역이 된 것이다. 이 대구은행은 1913년 7월에 자본금 200만 원으로 창립된 은행이었다. 또한 그는 선남은행(鮮南銀行)에 자본을 투자하고 있었다. 이 은행은 1912년에 설립되었는데, 오쿠라(小倉武之助)가 두취였으며, 취체역으로는 노구치(野口遵), 마쓰키(松木會一郎), 우치다(內田六郎), 스즈키(鈴木信吉) 등 일본인이 있었고, 조선인으로는 장직상과 이병학(李炳學)이 있었다.

3·1 운동 이후 일제는 조선의 상층 부르주아 계급을 회유하기 위해 기업의 설립을 자유화하는 정책과 지주자본을 기업으로 유도하는 정책을 추진하였다. 일제는 그 정책을 추진하기 위해 1920년 조선인 지주 자본가에게 4개의 은행을 설립할 수 있도록 허가했다. 이에 칠곡 장씨가의 장길상과 장직상은 1920년 1월 7일 대구에서 경일은행(慶一銀行)을 설립하였다. 이는 자신의 자본을 단순히 투자하기만 하던 1910년대의 소극적인 방식에서 자신들이 주체가 되어 금융기관을 설립하는 적극적인 방법으로 전환하게 됨을 의미한다. 경일은행은 자본금 200만 원, 주식수 4만, 주주수 167명으로, 두취에는 장길상, 취체역에는 장직상이 앉았다. 그러나 은행의 실질 경영은 동생인 장직상에 의해 주도되었다.

또한 장직상은 그의 형 장길상과 경일은행을 경영하는 한편, 독자적으로 자본금 30만 원의 동아인촌회사(東亞燐寸會社)를 설립하였으며, 그 후 왜관금융조합, 대구창고주식회사를 설립하는 등 경북·대구지방 최대의 실업가로 부상하였다. 이에 따라 그는 1923년 대구상업회의소의 특별의원이 되었으며, 1924년 2월에는 대구상업회의소 회두로 선출되었다. 일제하에서 지방 상업회의소의 회두에 한국인이 선출된 것은 개성과 평양을 제외하고는 이 대구상업회의소뿐이었다. 그 후 1927년에 다시 회두로 재선되어 1930년까지 대구·경북지역의 최고의 자본가로 부상하였으며, 1930년 이후에도 특별의원으로서 대구·경북지역의 실업계에 막강한 영향력을 행사하였다. 이처럼 그를 비롯한 칠곡 장씨가는 일제의 정책에 적절히 조응해 가며 토지자본을 금융자본으로 전환하여 경북 최대의 자본가로서 우뚝 서게 되었다.

그러나 당시 일제 식민지하의 조선인 대자본은 식민지 통치권력의 비호 아래서만 성장할 수 있었고, 그나마 상업·금융자본 등 비생산부분에 집중되어 있었다. 따라서 상업·금융자본에 투자된 대자본들은 대부분 친일파들의 것이었다.

이 당시 장직상을 비롯한 칠곡 장씨가의 자본도 대개 금융업에 투자되어, 식민지 통치기구의 비호를 받으면서 존재하고 있었다. 즉, "재능을 발휘하여 모두 양호한 성적을 보여, 기획·경영 모두가 시기에 적당하다는 것은, 장씨의 재정적 수완에 의한 것"이라는 장직상에 대한 일제의 평가는 그가 일제권력에 밀착하여 예속화하고 있던 자본가, 즉 '예속자본가'였다는 것을 말해 주는 것이다.

친일단체의 경비와 사업비 담당

장직상은 이처럼 금융과 기업을 통해 대자본가로서 활동하는 한편 정치적으로도 대구·경북지역에서 상당한 영향력을 행사하고 있었다. 일제는 1920년 가을부터 친일 관리나 지역 출신의 도평의회 의원을 동원하여 사이토(齋藤實) 총독의 이른바 '문화정치'를 선전케 하였다. 즉, 3·1 운동 이후 지방의 유지를 통한 지배정책을 대대적으로 선전하고 있었던 것이다. 이 때 경북에서는 1921년 4월 16일에서 23일까지 도내 22개 군에서 선전강연회가 개최되었다. 이 지방강연회는 주로 조선의 독립은 불가능하다면서, 한·일 두 민족의 융화를 선전하고 민중의 독립의지를 마비시키려는 데 그 목적이 있었다. 이 때 장직상은 경북도평의회 의원으로서 일제의 통치정책에 적극 참여하고 있었다.

1930년대에 들어서면서 일제는 '총후의 안정'을 부르짖으며 파쇼적 탄압을 강화하는 한편, 조선 농민의 혁명적 진출을 저지하려는 농촌진흥운동 등을 적극적으로 추진하였다. 이 때 장직상은 1930년 6월 총독부 중추원 참의가 되었는데, 이 때의 중추원은 명목상 한말의 중추원을 계승한 것이지만 실제로는 일본이 조선을 '병합'하는 데 공헌한 자들에 대한 무마책으로 마련한 기구였다. 중추원은 원래 총독에 대한 자문과 조선의 구습과 제도를 조사하는 역할을 담당하였으나, 1930년대 들어서는 민심 동향, 사상 동향, 내선인의 융화 상황, 진흥운동 전개 등 일제의 식민통치를 선전하는 기관이 되었다. 이에 중추원 참의들은 식민통치에 자문하는 일 이외에, 일제를 미화·선전하는 역할을 수행하였다. 따라서 이들은 일제로부터 작위를 받은 자들을 비롯하여 친일적 성향이 농후한 사람들이 대부분이었다.

한편, 일본을 맹주로 하는 대동방주의(大東方主義)를 제창하며 내선융합을 주장하던 천도교 신파 최린*이 1934년 8월 시중회(時中會)를 결성하였을 때 장직상은 이 회의 발기인으로 참가하였다. 이 시중회는 '신생활의 수립', '신인생관의 확립', '내선일가(內鮮一家)의 결성' 등을 주장하여 표면상으로는 주로 정신적 측면에서의 친일을 강조한 단체였다. 시중회에는 장직상 외에 김사연(金思演), 정대현(鄭大鉉), 박희도* 등의 친일 인사와 정광조(鄭廣朝) 등 천도교 신파의 인사들이 참여하고 있었다.

1937년 7월 중국을 침략한 일제는 '내선일체'를 내세우며 '국가총동원법'을 조선에 시행하는 등 이른바 '국가총동원체제'를 확립해 갔다. 이에 1938년 7월 국민정신총동원조선연맹을 조직하여, 전시 인력 동원과 물자 동원 그리고 민족운동자 탄압에 이를 이용하고자 하였다. 이어 1940년 10월에는 이를 국민총력조선연맹으로 확대·개편하였다. 이 때 장직상은 국민총력조선연맹의 평의원이 되었으며, 그 후 경북지역 발기인으로서 조선임전보국단 이사가 되어 일제의 전쟁수행을 물적으로 지원하였다.

일제 말기에 들어 장직상은 자신의 이름을 하리모토(張元稷相)로 개명하고, 1945년에는 대화동맹 심의원이 되어 일제의 전쟁수행에 필요한 자금을 조달하는 역할을 하였다. 대화동맹은 황회공민(皇會公民) 자질의 연성(錬成) 및 향상, 결전태세의 강화(특히 징병, 징용, 모략방지에 중점을 둠), 내선 동포의 정신적 단결의 촉진, 증산자 공출 책임의 완수 등을 목적으로 조직된 단체로서, 그 내용에서도 알 수 있듯이 일제 말기의 전쟁수행을 위해 조직된 단체였다. 따라서 이 단체는 친일적 성향의 인사들로 구성되었으며, 그들이 반민족 행위를 하였다는 것은 구성원을 살펴보면 더욱 분명해진다. 동맹의 이사장에는 윤치호*, 이사에는 진학문*, 박춘금*, 이성근(李聖根), 이광수*, 손영목(孫永穆) 등 일급 친일파들이 자리 잡았고, 심의원이 된 임동식(林東植), 이원보(李源甫), 박흥식*, 이충영(李忠榮), 정연한(鄭然翰), 김동진(金東進), 고원훈*, 홍승균(洪承均) 등 200명은 거의 대부분 직업적 친일분자와 예속자본가들이었다. 이 동맹의 심의원들은 강연회 등을 통해 동족을 전쟁으로 내모는 역할을 수행하였으며, 다른 한편으로는 일제의 전쟁수행을 물적으로 원조하는 역할을 하였다.

이 때 자산가 장직상은 심의원으로서 일본인 기업가 다나카(田中鐵三郎)와 오쿠라(小倉竹之助), 예속적 자본가의 대표자인 박흥식 등과 함께 대화동맹의 경비와 사업비를 담당하고 있었다.

한편, 그의 형 장길상도 대구·경북지방의 대표적인 자본가였을 뿐만 아니라, 1926년 6월에 경북도농회 부회장, 1927년 4월에 조선농회 통상의원을 역임하는 등 장직상과 같은 친일행각을 하였다. 또한 칠곡의 대지주인 장길상은 당시 악덕 지주로서 소작인들에게 원성의 대상이 되고 있었다. 『동아일보』 1922년 2월 22일자에서도 "방금 군내에 있는 지주라고는 그 중 몇몇을 제하여 놓은 외에는 전반이 그 가혹한 소작료를 받는데,……1천여 두락의 전답을 차지하고 있는 장길상 등을 비롯하여 읍내에 있는 조선개척주식회사와 이와사(岩佐梅吉), 후지와라(藤原求平) 등 대개는 일본인 지주가 많은데"라고 하여, 장씨가의 장자인 장길상이 토지를 경영하는 데 일본인 지주들 못지않게 당시의 소작인을 가혹하게 수탈하였음을 증명하고 있다.

해방 이후 장직상은 남선전기 사장으로서 대구·경북지역에서 활동하였다. 그의 동생 장택상은 미군정하에서 수도경찰청장으로 있으면서, 식민지시대 민족해방운동가들을 탄압하는 데 앞장 섰던 친일경찰들을 그대로 '해방'된 나라의 경찰로 만드는 데 결정적인 역할을 하였던 인물이다.

■**김도형**(국민대 강사·한국사, 반민족문제연구소 연구원)

주요 참고문헌

『高宗實錄』.

『동아일보』, 1922. 5. 20.

독립운동사편찬위원회, 『독립운동사자료집』 제11권.

韓一道, 「朝鮮金融機關에 對한 考察」, 『批判』 14, 1932. 6.

『商工會議所 九十年史』 上卷, 1976.

『韓國近現代史人名錄』.

김갑순

역대 조선총독 열전각을 건축한 공주 갑부

- 金甲淳, 창씨명 金井甲淳, 1872~1961
- 1910년 아산군수로 있으면서 국고 횡령. 1921~24년 중추원 참의
  1920년 충청남도 도평의원. 1941년 흥아보국단 충남 도위원, 임전보국단 이사

망국을 기회로 국고를 착복하고

김갑순은 한말·일제초기 관료 출신으로서 관권을 이용하여 수탈적으로 치부하기 시작하여, 일제하에서는 철저하게 부일배 노릇을 하면서 '거부'가 된다. '돈만 있으면 개도 멍첨지이다'라는 속담처럼 돈만 있으면 신분상승을 할 수 있었던 당시 상황에서 그는 수단과 방법을 가리지 않고 출세한 것이었다.

김갑순은 본래 공주감영의 심부름꾼이었다. 1872년에 출생하여 시장터에서 국밥장사를 하던 편모 슬하에서 외아들로 자라나 10대부터 돈벌이에 나섰다. 20세가 넘도록 노총각 신세를 면치 못하고 투전판에나 쫓아 다니다가 공주감영의 사령 군노로 들어가게 되었다. 그러던 중 노름꾼을 잡으러 어떤 곳에 갔다가 묘령의 미인을 만났다. 이것이 그의 출세에 행운을 가져왔다. 김갑순은 그 여자와 의남매를 맺고, 그 여자를 충청감사의 소첩으로 중매하였다. 그로부터 그에게는 출세의 길이 열렸고, 의남매를 맺은 여자의 도움으로 총순(總巡)으로부터 충남 각지의 군수를 역임하기에 이르렀다. 자필로 쓴 관문(官文) 이력서에 의하면 1900년 '충북 주사 판임 8등', 1901년 중추원 의관, 1902년 내장원 봉세관을 했던 것으로 기록되어 있다.

그가 본격적으로 치부하기 시작한 시기는 1902년 내장원 봉세관이 되면서부터였다. 특히 1903년 그가 충남의 노성(魯城)군수로 있으면서 봉세관을 겸임하고 있을 때, 연산군(連山郡)에 있는 선희궁(宣禧宮 : 조선 영조의 후궁 영빈 이씨의 거처) 소유의 궁장터 수천 마지기의 사음(舍音 : 마름)을 그의 매부인 하치관(河致寬)에게 맡겼는데, 그 하치관이 이 궁장터의 소작료를 한 마지기당 벼 한 섬씩 초과징수하여 그 차액을 착복하였다. 또 그 곳의 친위영 군대의 양식을 마련하기 위한 군영 농지의 사음도 역시 자기 매부에게 맡겨, 법정 세액 외에 터무니없는 소작료를 받아내 백성의 원성을 샀다.

1910년 경술늑약 당시 김갑순은 아산(牙山)군수로 있었는데, 당시 군수에게는 상납금(上納金) 징수 권한을 비롯하여 많은 세금을 거둬들일 수 있는 권한이 부여되어 있었으므로, 이 세금들을 착복할 수 있게 되었다. 게다가 1910년 한일'합병'의 조서(詔書) 중에도 군수가 한꺼번에 치부할 수 있는 법적 근거가 되는 조항이 들어 있었다. 즉, 3년 이상 묵은 모든 국세는 탕감해준다는 조항이었다. 그러나 그 당시 3년 이상이나 국세, 지방세를 백성으로부터 받지 않을 군수가 어디 있었겠는가. 이미 백성들로부터 각종 세금을 받아들이고도 그것을 즉시 한양에 보내지 않고 장사나 고리대에 그 돈을 사용하면서 국고를 유용해온 것이 당시의 상황이었다. 그러던 차에 공전범포탕감령(公錢犯逋蕩減令)이 공포되자 군수들은 막대한 국고금을 사유화하여 많은 재산을 축적할 수 있었다.

부동산 투기의 '선구자'

김갑순도 이렇게 하여 거부가 되어 고향 공주에 돌아왔다. 그리고는 지주가로서 토지경영에 주력한 이외에도 땅투기에도 눈을 돌리기 시작한다. 그는 대전의 발전 가능성을 미리 내다보고 대전 부근의 땅을 사들이기로 작심하고는 돈을 끌어들일 수 있는 기지를 발휘했다.

그는 먼저 공주에서 제일 가는 명문거족의 집을 산 후 머슴들에게 술값을 주어 장바닥에 나가 술을 마시면서 김갑순의 위세와 돈을 자랑하게 했다. 많은 사람들이 오가는 장바닥에서 '김갑순이 공주에서 가장 좋은 집을 샀으며,

충청도 제일의 부자'라고 소문을 퍼뜨린 것이다. 대전의 많은 땅을 사들이기 위해서는 다음해 추수 때까지 기다려야 했으므로, 그 동안 대전의 발전가능성에 대한 소문이 새나가는 것을 염려하여 이자돈을 얻어서라도 땅을 미리 사려고 이와 같은 일을 꾸민 것이었다.

그러자 사람들은 김갑순 같은 부자에게는 안심하고 돈을 맡겨도 된다는 생각에서 이자는 싸더라도 돈을 늘려 달라고 맡겨오는 사람들이 차차 늘어났다. 이제 김갑순은 남의 돈을 이용하여 헐값으로 대전 부근의 땅을 사들이고 그 밖에 충청도 일대의 많은 땅들도 남몰래 사들일 수 있게 되었다.

1904년 경부선이 개통될 당시 대전은 허허벌판이었지만, 1914년 호남선이 이곳을 기점으로 다시 이어지자 교통의 중심지로 크게 발전하게 되었고, 인구도 급격히 증가하였다.

김갑순은 일제 관료들과 결탁하여 충남도청을 대전으로 이전시키도록 했다. 결국 1932년 도청이 공주에서 대전으로 옮겨오자 평당 15전 내외에 불과했던 땅이 평당 수백 원으로 폭등하여 거액의 폭리를 획득할 수 있게 되었다. 이 때 대전 시가지의 약 40% 정도를 김갑순이 소유하고 있었으니 그가 얼마나 많은 부를 축적하였는지는 미루어 짐작해 볼 수 있을 것이다. 땅을 빌려준 대가로 받는 수입 이외에도 수십 배의 지가 상승으로 인한 불로소득이 재산을 더욱 증식케 한 것이다. 그는 운수사업도 했고, 온양과 유성 등지 온천을 개발하여 호텔을 지었으며, 흥행업에도 손을 대어 경심관이라는 극장을 짓기도 했다. 또한 언론사업에도 투자하여 대주주로 군림했다.

그의 재산규모는 실로 엄청났다. 1930년 말까지만 해도 공주, 대전 등지에 산재해 있는 논이 1267정보, 밭이 254정보, 기타 1850정보(대지 등 포함)로 모두 3371정보에 이르렀다. 이를 평수로 환산하면 1정보가 3000평이니까 1011만 3000평이 되는 엄청난 땅을 소유한 거대지주였던 것이다. 이 중 논에서의 소작료 수입만을 따져도, 당시 통상 100정보를 소유한 지주를 '천석꾼'이라고 일컬었으니 그는 '만석꾼'도 훨씬 넘는 충남 제일의 거부로 성장했던 것이다. (『충청남도 대지주 명부』, 1930년대 말)

이처럼 그가 당대의 '만석꾼'이 될 수 있었던 것은, 관권을 이용하거나 땅투기를 통하여 부를 축적한 방법 이외에도 농민수탈을 통해 부를 증식했다는 점이 간과되어서는 안 된다. 당시의 신문기사를 살펴보자.

충남 공주에 사는 부자 김갑순 씨는 대전역 부근에 있는 300여 두락의 토지에 대하여 작년에는 소작료를 매두락에 20원 내지 25원씩 현금으로 미리 받았는데, 그 소작인들은, 작년 가을에 곡식값이 폭락됨으로 인하여 가을에 수확한 것은 봄에 낸 소작료의 3할에 불과할 뿐 아니라 높은 변리로 빚을 얻어서 소작료를 낸 자는 원리의 이자도 부족하여 소작인 간에 원성이 높더니, 금년 봄에는 다시 공주군 반포면 공암리 이학제(51)란 사람이 마름이 되어가지고 와서 작년에 맛들인 선도지를 또 받기 위하여 매두락에 10원씩 받아감으로써 자연 소작인이 변경되는 일이 많아 일반 작인간의 여론이 분분한 바…….(『동아일보』, 1921. 5. 21)

이 기사는 지주와 마름이 농민을 수탈하는 방법을 극명하게 설명해 주는데, 농사를 짓기도 전인 봄에 소작료를 현금으로 미리 받아들여 그 돈을 여러 가지 축재의 수단으로 이용했던 것이다. 이처럼 김갑순은 소작인들을 철저히 수탈하여 만석꾼 거대 지주로 성장할 수 있었다.

소작료 수입 이외에도 중요한 수입원은 대전에서의 대지료 수입이었다.

김갑순 씨 대전 소유지 대지료 5배 인상. 매평 5리(厘)가 2전 5리로 200여 주민의 중대 문제.

대전읍 일대에는 공주 부호 김갑순 씨의 소유 토지가 상당히 있는바, 근일 200여 호에 달하는 다수한 가대(家垈)에 그 요금을 일시에 5배나 올리어서 징수한다고 한다. 이제 그 진상을 알아보면, 서정(西町), 대흥정(大興町), 춘일정(春日町) 등에는 김갑순의 토지 위에 집을 짓고 사는 사람이 절대다수인바, 작년 매월 매평 5리 표준이던 것으로 60평이면 매월 30전씩 받아가던 것을 이제부터는 매월 2원 50전씩 5배나 인상하여 받아간다고 한다.(『동아일보』, 1932. 7)

이 때가 바로 충청남도 도청이 공주에서 대전으로 옮겨가던 때였다. 그 바람에 땅값이 몇십 배로 뛰어 도깨비방망이 요술처럼 재산이 불어났다. 그는 대지료를 5배 올린 것 이외에도 자기 돈으로 자기 사람을 시켜 제 땅을 비싸게 사들이는 등, 땅값을 올리기 위해 고등술책을 부린 것이다. 요즈음 부동산 투기꾼들이 땅값 올리는 수법을 김갑순은 이미 60년 전에 활용했던 것이다.

역대 조선총독 열전각을 지어 충성심 과시

김갑순은 일제 침략 초기에는 중추원 참의, 충청남도 평의회 의원 등 식민지 지배기구에 참여하여 일제침략의 첨병 역할을 수행하면서 그들로부터 각종 이권에 관련된 정보를 제공받아 치부의 수단으로 삼았다. 가령 총독부 고관이 공주에 오면 으레 집으로 데려와 대접했고, 꼭 만나야 할 고관이 안 만나 주면 순금(純金) 명함갑이나 순금 화병 한 쌍씩을 뇌물로 건네는 방법까지 서슴지 않았다.

뿐만 아니라 김갑순은 일제에 대한 충성을 과시하기 위하여 당시 조국 광복을 위하여 투쟁하던 금강도교(金剛道教)의 비밀을 염탐하여 왜경에 밀고하였다. 이에 교두 이하 각 간부들이 투옥되었으며, 왜경의 후원하에 금강도교 소유인 단군 성전을 압수하여 제멋대로 역대 총독 열전각(列傳閣)이라는 해괴한 건물을 건축하여 역대 조선총독의 사진을 안치하고 강제로 이에 참배케 하였던 것이다. 그 때 피검된 교도 63명 중 7명은 악독한 고문에 못이겨 무참하게 옥사하기도 하였다.

중일전쟁과 태평양전쟁이 일어나자 그의 부일협력은 극에 달하였다. 무수한 동포의 희생을 대가로, 임전보국단의 이사로서 혹은 국민총력조선연맹의 평의원으로서 혹은 흥아보국단 준비위원회 충남대표로서, 그리고 그외 각 부일단체의 간부로서 내선일체와 황도실천에 초인적인 활약을 하여 혁혁한 공적을 세웠던 것이다.

■ **박천우**(장안전문대 교수·한국사, 반민족문제연구소 연구원)

주요 참고문헌

『충청남도 대지주 명부』 1930년대 말.
『동아일보』 1921. 5. 21.

박영철

다채로운 이력의 전천후 친일파

• 朴榮喆, 1879~1939
• 1926년 함경북도 도지사, 1930년 조선 상업은행 부두취
1930년 중추원 참의

3·1 운동 당시 함북 참여관으로서 '만세망동론'에 동참

3·1 만세운동이 한창이던 1919년 3월 이완용*과 민원식*이 총독부 기관지 『매일신보』에 '만세망동론'(萬歲妄動論)을 실어 세인으로부터 비난의 표적이 되고 있을 때 그 대열에 동참하기를 주저하지 않았던 한 출세주의자는 『매일신보』에 실린 「이번 소요에 대하여」에서 다음과 같이 썼다.

> 조선인이 맨손으로써 독립만세를 부른들 무슨 효과가 있으리오. 이와 같이 성산(成算)이 없는 운동은 무모요, 생명·재산은 손상하고 장래 악영향을 입을 뿐이라. 또한 한걸음 나아가서 설사 일본이 독립을 승인한다 할지라도 금일의 재정, 병력, 기술, 기타에 한 나라를 지탱해 갈 능력이 있는가. 구한국 악정의 상태로 돌아갈 뿐 아니라 러시아의 현상과 같은 비참한 지경에 빠질 뿐이니, 그 이해(利害)를 분별치 못하는 이번의 소요는 그 의미를 해석하기에 곤란·고심하는 바이라.

독립만세는 무용(無用)하고 무모하다면서 이를 탓하고, 더 나아가서는 "독

립은 구한국의 악정으로 되돌아가자는 것"이라고 주장한 이 글의 필자는 당시 함경북도 참여관으로 있던 박영철이었다. 그는 계속해서 "만약 신정(新政)에 불평이 있다 하면 지방청이든지 도·부·군 참사든지 중추원이든지 상당한 기관이 있으므로 순서를 거쳐서 진정할 것이요, 반항적으로 소요를 일으키면 법률이 허(許)하지 아니할 뿐만 아니라 정부에서 인민의 위협이라고 굽히고 굴복하여 그 희망을 허용할 이유가 없다"고 하여, 불평이 있으면 진정의 방법을 택할 일이지 소요를 일으키는 것은 잘못이라고 꾸짖고 있었다. 여기서 한 걸음 더 나아가 그는 "금후에 만약 소요를 다시 일으켜서 양민을 협박하거나 영업을 방해하거나 관헌을 습격하는 자에게는 용서 없이 병력을 쓰기로 병대(兵隊)가 각처에 수비하여 있은즉, 생명이 위기일발의 사이에 있음을 각오하여 신중히 하지 않으면 안 될지라"고 하여, 같은 민족에게 협박을 가하고 있었다.

친일무관으로서의 출세가도와 배정자와의 스캔들

위와 같은 만세망동론을 쓴 박영철은 어떤 인물인가. 그는 1879년 전주에서 미곡상을 하는 한 평민의 아들로 태어났다. 그의 아버지가 경영하는 미곡상은 개항 이후 일본으로의 미곡수출에 따른 호경기에 힘입어 계속 번창하여 한말에 이르러서는 상당한 토지를 사모아 지주계급으로 일어설 수 있었으며, 1920년대에 가서는 만석꾼으로 불릴 정도에 이르렀다. 이런 집안에서 태어난 그는 어려서 한학을 배웠으나 1899년 그의 나이 22세 때 전주에 일본인들이 세운 삼남학당(三南學堂)에 들어가 일본어를 배우기 시작하면서 일생의 방향 전환의 계기를 맞이하였다. 1899년부터 그것도 지방에서, 일본어를 배우기 시작한 것은 대단히 빠른 것이었다. 그는 여기서 만난 일본인들의 권유를 받고 1900년에 가족 몰래 일본으로 유학을 떠났다.

당시 일본에는 갑오개혁 이후 망명한 상당수의 개화파 인사들과 갑오개혁 당시 일본으로 파견된 상당수의 국비유학생들이 있었다. 박영철은 1902년 12월 재주 좋게 일본 육사 15기로 입교하여 국비유학생이 되었다. 당시 일본 육사 15기에는 김기원, 김용선, 남기창, 이갑, 유동열, 박두영, 전영헌 그리고 박영철 등 8명이 있었다. 그들은 이듬해 12월 졸업하여 도쿄근위사단에 배속되어 견습사관 생활을 하던 도중 러일전쟁이 일어나자 일본군 부대를 따라 종군하게 되었다. 근위사단이 조선을 통과하게 되었을 때 그들은 정부로부터 원수부 관전장교(元帥府 觀戰將校)라는 칭호를 얻었으며, 전선이 만주로 확대·이동하자 각 전선을 자유로이 시찰할 수 있었다.

이들이 전선시찰을 마치고 서울로 돌아오자 그들에게는 출세의 길이 대로처럼 열려 있었는데, 이는 물론 엄청난 힘으로 밀어닥치고 있던 일본세력의 비호로 제공된 것이었다. 더욱이 당시 근위사단장이던 하세가와(長谷川好道)가 대장으로 진급하여 조선주둔군 사령관으로 부임해옴으로써 그들의 지위는 더욱 확고해졌다. 사관양성소인 무관학교 교관이 된 이후 육군기병 정위, 육군 기병 참령, 경성위수참모관 등을 지냈다. 그런데 군대 해산 당시 그는 시위혼성여단장 참모관 참령의 자리에 있었는데, 시위대 1연대 1대대장 박성환이 자결하고 많은 장병들이 일제와의 항전에 나서고 있었지만 그는 군대 해산 조치를 순응하며 받아들였다. 그리고 그 대가로 그 해 10월 시종무관(侍從武官)에 임명되었다. 그러나 뒤에 설명할 배정자 스캔들로 12월에는 그 자리에서 밀려났다가 이듬해 6월 통감부로부터 헌병대 근무를 명령받고 여기에서 1912년까지 근무하게 된다. 그리고 1912년 8월에는 일제로부터 '한국병합기념장'을 수여받았다. 이러한 그의 행적은 그의 동기생 이갑과 유동열이 신민회와 관계하면서 국권회복운동을 펴고, 1910년 이후에는 국외로 망명하여 독립운동전선에 뛰어들었던 것과 잘 대비되는 것이다.

이 시기 그의 행적과 관련하여 또 하나 기록해 둘 것은 배정자*와의 동거이다. 그는 러일전쟁에서 귀환한 직후 현영운(玄映運)과 그의 첩 배정자를 알게 되었다. 다 알듯이 배정자는 어려서 일본에 건너가 일본말을 배우고 조선에 돌아와 이토(伊藤博文)의 양녀로 자처하면서 조선 왕실의 신임을 얻어 궁궐을 출입하게 되었고, 이를 이용하여 남편 현영운을 군부협판, 군수부 참모국장의 자리까지 일약 출세를 시켰던 한말의 요녀(妖女)였다. 그러나 그들의 관계는 현영운이 실각되면서 파탄이 나고 말았다. 이에 평소 배정자에 관심을 갖고 있던 박영철은 그에게 접근하여 마침내 배정자를 자기 손에 넣을 수 있었다. 물론 이 때 그의 고향에는 본처가 있었다. 그런데 이 일은 곧 당시 정계에 파문을 일으켜 박영철은 시종무관 자리를 두 달 만에 그만두지 않을 수 없었다. 배정자와의 동거는 5년간 지속되었는데, 훗날 그는 『50년의 회고』에서 이 일로 인해 세간에 조소거리가 되었던 일은 일생 잊을 수 없는 일대 통한사(痛恨事)라고 썼다.

한편, 이 자서전 『50년의 회고』에 쓴 이토에 대한 그의 평가는 이 시기 그의 현실인식을 잘 드러내 보여 준다. 그는 이토를 "근대에 드물게 보는 대정치가로서……어디까지나 성심성의껏 한국을 보호·지도하고, 한국의 개발과 한인의 복지를 증진시키려고 노력하였으며, 밖으로 열국의 신용을 안고 안으로 일선(日鮮)의 공영을 기도하였다"라고 썼다.

군인에서 관계·실업계로 이어진 친일 이력

박영철은 1912년 군인으로서는 더 이상 출세할 수 없다고 판단하였는지 헌병대 사령관에게 군수 자리를 하나 달라고 부탁하였다. 그의 소원은 성취되어 마침내 1912년 9월 익산군수로 부임하였다. 이후 그는 1918년 함경북도 참여관, 1920년 전라북도 참여관, 1924년 강원도지사, 1926년 함경북도지사 등 당시 조선인으로서 도지사라는 최고의 관직에까지 승승장구 할 수 있었다.

이러한 그의 출세비결은 무엇이었을까. 그것은 두말 할 것도 없이 일제에 대한 충직한 충성, 그것이었다. 앞서 3·1 운동 당시 그가 쓴 '만세망동론'에 나타나 있는 조선독립불능론, 그리고 당시 친일파들이 일반적으로 주장하고 있던 실력양성론 등은 그의 출세지향주의를 잘 뒷받침해 주고 있다.

박영철 등 친일파들이 당시 주장하고 있던 실력양성론은 무엇인가. 박영철은 앞의 「이번 소요에 대하여」라는 글에서 "신정(新政) 이래 생명·재정의 안전 또는 교육·민업(民業)의 발달은 구한국 정치와 비교가 되지 않는다는 것에는 누구든지 이의가 없을 줄로 생각하며, 내선인의 차별이 신정의 결점이라는 사람도 있으나 이는 정도 문제로 선인(鮮人)의 정도가 향상될수록 대우도 향상하여 결국 내선인이 같은 정도가 되면 권리·의무에 자연 차별이 없을 것은 내지조야(內地朝野) 유식자의 희망하는 바이요, 신문·잡지의 기사가 증명하는 바이다"라고 하여 조선인이 실력을 향상시키게 되면 일본과 똑같은 대우를 받을 수 있을 것이라고 주장하였다. 즉, 아직은 한국이 독립할 수 있는 힘이 없으니, 일본인들로부터 차별대우를 받지 않도록 하는 것이 우리의 목표이며, 이를 위해서는 먼저 우리가 실력을 길러야 한다는 것이다. 따라서 그는 "우리 동포는 속히 학문을 닦고 돈을 저축하고 인격을 높게 하여, 이로써 내선동체(內鮮同體)가 되어 세계에 설 것을 간절히 희망하노라"고 썼다.

1929년 조선인으로서는 최고의 관직에 올랐다고 판단한 그는 명예롭게(?) 관직을 은퇴하고 실업계로 자리를 옮겼다. 그는 먼저 그의 친구 백인기(白寅基)가 가지고 있다가 사퇴한 동양척식주식회사 감사 자리를 탐내어 그 자리를 얻는 데 성공하였다. 그리고 당시 그의 부친이 전주에서 경영하고 있던 삼남은행의 경영을 넘겨받아 두취(頭取)로 취임하였으며, 1930년에는 삼남은행을 조선상업은행과 합병하여 부두취(副頭取)에 취임하였다. 이러한 그의 경제활동에는 당연히 그의 관직경력이 큰 힘이 되었다.

중일전쟁 발발 직후 1만 원의 국방헌금 내다

그는 1929년 관직에서 물러나자마자 이른바 동민회(同民會)라는 친일단체의 부회장으로 취임하였는데, 이 동민회란 1924년 재류일본인과 신석민 등 친일파 조선인들이 일본과 조선의 정·재계 거물들을 고문으로 추대하고 "아세아민족 결합을 기조로 하고 일선융화의 철저를 기한다"라는 강령 아래 만든 친일단체였다. 박영철은 이러한 동민회의 부회장이 되어 그 해 5월 같은 친일단체인 국민협회, 대정친목회, 교육협성회, 갑자구락부, 척식성조선제외동맹 등과 함께 "조선을 척식성에 속하게 하여 식민지와 동일한 취급을 하는 것은 병합의 정신에 반하는 것이므로 이를 절대 반대한다"는 결의를 하고, 이러한 자신들의 뜻을 관철하기 위해 도쿄로 건너가 일본 정부 요인들에게 이를 호소하는 운동을 하고 다녔다.

그들의 주장은 조선은 식민지가 아니므로 남양군도와 같은 식민지처럼 척식성에서 속하게 하는 것은 부당하다는 것이었다(박영철, 「日鮮融化策 私見」). 여기에 나타나 있는 것처럼 이들이 실제로 당시의 조선을 일본의 식민지가 아닌 '일본내지가 연장된 곳'으로 생각하고 있었는지는 알 수 없지만, 박영철

등의 행적을 보면 그들이 그런 착각을 충분히 가질 수도 있었으리라는 짐작이 간다. 어쩌면 그들은 그러한 착각을 통해서만 자신들의 행위를 합리화할 수 있었을 것이다. 박영철은 이 때 동경에서 쓴 「내선융화책 사견」에서 다음과 같이 쓰고 있다.

> 양민족의 현상을 보면 유감이지만 완전히 융화되고 있지 못하고 있는 것은 숨길 수 없는 사실이다.……병합 후 20년이 되는 오늘 아직도 융화의 실을 거두지 못하고 있다고 하지 않으면 안 된다. 현금 '조선은 잘 되고 있지만, 조선인은 잘 안 된다'는 유행어가 있음을 보는데, 이는 무엇을 의미할까. 개중에 혹은 조선인의 무능무식을 책하여 융화할 수 없었던 책임을 돌리는 자도 있을 것이다. 물론 조선인의 나쁜 점도 한둘에 그치지 않는다. 그러나 본래 조선인은 이렇게 무능하기 때문에 자립할 수 없었고, 선진 이웃 일본인의 지도를 바라서 반만년의 전통적 문화를 가진 2천만의 민중을 들어 일본제국의 신민으로 되기에 이르렀던 것이다. 일본인은 조선인의 만족스럽지 못한 점을 책하기 전에 그 지도·개발의 책임을 느끼지 않으면 안 된다.

조선인의 형편이 좋지 않은 것은 조선인의 무능과 일본인이 그 지도·개발에 무책임했음에 원인이 있다는 것이다. 여기서 우리는 박영철을 비롯한 친일파의 의식 속에 자기 민족에 대한 철저한 비하, 일본 민족에 대한 열등감과 선망, 일본 민족의 조선 민족 지도에 대한 기대, 그리고 일본 민족이 조선 민족에 대해 겉으로는 '일선융화'를 외치면서 철저한 차별을 하는 데 대한 원망 등이 얽혀 있음을 볼 수 있다.

박영철은 그 이후 미곡창고주식회사, 조선철도주식회사, 조선신탁주식회사, 조선맥주주식회사의 취체역으로 활동했고, 상공회의소 특별의원, 산림회, 사회사업협회, 방송협회의 이사로도 활동했다. 1930년대에 들어서는 중추원 참의가 되었으며, 일제가 중국을 침략한 이후에는 임시교육심의위원, 부(府)저축장려위원, 물가위원회 위원, 시국대책조사위원 등으로 활동하였다.

중국침략 직후인 1937년 8월 7일 박영철은 1만 원의 국방헌금을 냈다. 또 그는 문명기*가 선창한 비행기헌납운동에도 참여하여 1937년 9월 한상룡*, 김연수*, 김사연, 박홍식*, 원덕상, 이승우*, 조병상 등과 함께 '경기도 애국기 헌납기성회'를 발기하고 모금운동을 폈다. 그러나 그는 태평양전쟁에서 본격적으로 활동할 수 있는 기회를 갖지 못하고 1939년 3월 10일 사망하였다. 그의 죽음을 애석해 한 총독부는 그에게 욱일중수장(旭日中綬章)을 수여하였다.

■ **박찬승**(목포대 교수·한국사, 반민족문제연구소 연구원)

주요 참고문헌

朴榮喆,『五十年の回顧』, 大阪屋號書店, 1929.

문명기

'애국옹'(愛國翁) 칭호 받은 친일 광신도

- 文明琦, 창씨명 文明琦一郎, 1878~?
- 1935년 '문명기호' 헌납. 1943년 헌함운동을 제창하고 동광 3개 기부
  1943년 황도선양회 회장

도부꾼에서 예속적 매판자본가로의 성장 과정

문명기는 1878년 평안남도 안주에서 문승환(文承渙)의 장남으로 태어났다. 아버지인 문승환이 한학자였다고 하지만 실제로는 한문에 대한 기본 교육만을 받은 매우 빈한한 집안의 가장이었던 것으로 짐작된다. 자신의 고향을 떠나는 일이 매우 드물었던 당시에 그가 어린 문명기를 데리고 전국을 유랑하다가 경상북도 영덕군 영덕읍에 정착하였다는 것을 보더라도 이를 알 수 있다. 영덕에 정착한 문명기는 20대에 도부꾼을 지내고 그 뒤로 소규모의 생선 장사를 하였다고 한다. 이처럼 행상에서 시작하여 영세 상업을 전전하였던 그가 1920년대와 1930년대 전반기를 거치는 동안에 경북 굴지의 사업가와 자본가로 성장하는 과정은 식민지에서 일제 권력의 비호가 없으면 불가능했던 예속자본의 속성을 전형적으로 보여 준다.

'허영심이 강하고 인색하고 잔인'하였던 개인적 성격에, '기회포착이 대단히 빠르고 아유(阿諛)와 사교력이 뛰어나고 추진력이 강하였다'는 평을 들었던 그로서는 일제와의 타협과 결탁 없이는 자신의 출세를 보장받을 수 없다는 사실을 누구보다도 잘 알았을 것이다. 당시 막 진출하기 시작한 일제 경찰과

친해질 수 있는 방도를 찾다가 영덕 경찰서장의 집 앞에 자신이 팔던 커다란 방어를 매달아 두고 이를 인연으로 경찰서장을 사귀었다는 일화는 이러한 맥락에서 이해되는 것이다. 이러한 그였기에 동학농민전쟁과 의병전쟁 등 민중의 피로써 지켜 왔던 나라를 송두리째 일본에 넘겨 주는 한일'합방'을 '양국의 경사'이고 '옛날의 회복'으로서 인식했던 것은 당연한 일인지도 모른다.

> 1910년 8월 조선은 일본과 합병하였다. 천운순환(天運循環). 일본과 조선은 태고조선(太古祖先)을 같이 할 수 있는 민족이고 역사가 전하는 바에 의하면 고대 양국의 언어는 큰 차이 없이 거의 같은 언어의 나라였다.……세월이 흘러 일본과 조선은 양국으로 분립하였지만 그는 본가와 분가와 같은 것이어서 일한의 합병이야말로 이 본가와 분가가 합병하여 옛날을 회복한 것이다. 조선인에 대하여는 비로소 그 설 바를 얻은 것으로 이는 본가의 경사이고 또 분가의 경사이기도 하였다. 따라서 내선민족은 서로 악수·제휴하여 한몸이 되어 더욱 공고하게 됨으로써 현재 및 장래에 우리 국위를 빛냄과 함께 건국 3천 년의 사명의 대의를 향하여 매진하여야 할 것이다.(『所志一檄』, 3~4면)

1907년 문명기는 제지공장을 시작하였다. 원래 영덕군 지품면 일대는 종이원료가 풍부하여 제지공장이 많았는데, 문명기도 그 중의 한 공장을 경영하게 된 것이다. 이와 같이 상업과 유통과정에서 시작하여 영세하나마 공업과 생산과정으로 투자를 확대해 나가는 과정은 초기 토착자본가가 성장하는 일반적 양상을 그대로 보여 주는 것이었다. 그러나 일제와 밀접히 결탁해 있었던 그는 식민권력의 비호 아래 급속하게 사업을 확장해서는, 자기 공장뿐만 아니라 다른 공장의 물건까지 떼다가 만주로 수출할 정도로 성장하였다. 이처럼 사업이 번창하자 그는 제지업의 개선·발달을 도모한다는 목적을 표방하여 광제회라는 재단법인을 만들었다. 종이의 생산과 판매에서 주도권을 장악하고 아울러 일제 관헌과 체계적으로 관계를 맺기 위해서였다. 그리고 수산업에도 진출하였는데 그 규모나 내용은 자세하게 알 수 없다.

이와 같이 제지업과 수산업을 경영하여 많은 자본을 축적한 문명기는 이 자본을 금광에 투자하였다. 주요 산업 부문은 일본인 자본이 장악하고 고무신이나 광목 등 조선인을 상대로 한 공업에 소수 진출해 있었던 조선인 자본이 상대적으로 용이하게 진입할 수 있었던 부문이 바로 이 금광이었다. 무엇보다도 당시 금광은 미두와 함께 조선인 토착자본의 집중적 투기 대상이었다. 일제 관헌과 결탁하여 광산 브로커 노릇을 하였던 문명기는 1932년에 영덕군 지품면 도계에 있었던 금은광산을 인수하였다. 자신의 이름을 따서 문명광산이라고 하였던 이 금광은 광부가 100여 명 정도 되는 비교적 큰 규모였다. 만일 그가 이 금광에서 실패했다면 금광에 투자한 다른 숱한 조선인들처럼 그 역시 몰락했을지도 모른다. 그러나 이 금광에서 그는 노다지를 캤으며 이에 따라 경북에서 손꼽히는 부호가 되었다.

이 밖에 문명기는 사업이 번창함에 따라 다른 부문의 경영에 진출하거나 혹은 이에 관여하였다. 예를 들면 1924년 8월에는 동해사업주식회사 감사역에, 1929년에는 영덕전기회사 취체역에 취임하였으며, 1935년 9월에는 포항소주회사를 설립하여 그 대표가 되었다. 또한 경북도내에 동광을 비롯한 몇 개의 광산을 비롯하여 다수의 부동산을 소유하고 있었다. 이와 같이 문명기는 경북 일대를 중심으로 한 여러 회사와 공장, 광산 들에 투자하였지만 자신의 전체 사업에서 이것이 차지하는 비중은 미미하였다. 자신이 직접 소유권을 가지고 있었던 것은 포항소주회사 정도이고, 나머지 대부분은 부동산의 형태로 운영하고 있었다. 그러나 이 부(富)는 경북 일대를 기반으로 한 지역에 한정된 것으로, 예를 들면 서울을 중심으로 전국 차원에서 활동하였던 박흥식* 이나 김연수*, 혹은 한상룡* 등과는 이 점에서 구별되었다.

가미가제(神風)의 '선구적' 주창자

지방의 친일 예속자본가로서 성장하고 있던 그가 전국적으로 유명해진 것은 1935년에 육군기와 해군기 각각 1대씩을 헌납하는 비용으로 10만 원(지금의 10억)의 국방헌금을 기부하면서부터이다. 당시 문명기는 자신이 경영하고 있었던 금광을 일제의 주선으로 미쓰코시(三越) 재벌에게 12만 원에 인계하고 그 대가로 비행기를 헌납하기로 한 것이다. 예속자본가로서 자신이 일제의 비호하에 성장해 온 만큼 일제에 대한 파격적인 충성 행위 없이는 중앙의 식

일제에 비행기를 헌납하고 있는 광경. 문명기는 일제에 충성하기 위해 자신의 이름을 딴 '문명기호'를 기증하였다.

민지 정치무대에 진출할 수 없다는 것을 누구보다도 잘 알고 있었던 그가 당시로서는 거금인 10만 원을 선뜻 국방헌금으로 내놓은 것이다. 그러자 일제는 쌍수를 들고 이를 환영하였으며 신문지상과 방송 등을 통하여 이를 대대적으로 보도함으로써 최대의 선전 효과를 노렸다. 그가 기증한 비행기를 '문명기호'로 명명하는 성대한 명명식이 거행되었으며(『매일신보』, 1935. 4. 7), 그의 고향인 영덕 오십천변에 전시되었다.

지금까지는 흔히 문명기가 비행기를 헌납한 사실에만 주목해 왔는데, 이보다 중요한 것은 그가 비행기를 헌납한 동기와 아울러 이를 계기로 일제의 침략전쟁을 아시아와 세계의 평화를 위한 '성전'으로 옹호하였다는 사실이다.

일제가 만주를 침략한 이듬해인 1932년 2월 상하이(上海)의 묘행진(廟行鎭) 전투에서 일본군 세 사람이 육탄으로 돌격하여 전사한 사실을 인용하면서 문명기는 "금후의 전쟁은 비행기 시대로서, 육탄 3용사에 대신하여 육탄비행사를 필요로 한다"고 주장하였다. 따라서 유사시에는 헌납한 비행기에 탑승하여 육탄 3용사와 마찬가지로 육탄비행기가 되어 적의 진지에 뛰어듦으로써 '황군에 순사(殉死)할 만큼의 각오'를 가지고 있다고 호언한 것이다.

실제로 이러한 육탄비행기가 태평양전쟁 말기에 가미가제의 형태로 구체화되는 것을 본다면 그는 일본인보다도 앞서서 그것의 실행을 제창한 셈이다. 전쟁과 침략, 그로 인한 수많은 인명의 손실과 엄청난 파괴 등을 전혀 고려하지 않은 채, 그는 이를 세계평화라는 대의로 호도하였다.

나의 이상이 황당무계한 설이라는 비난을 감수하고 세계의 병비(兵備)를 일본 정부에 위임하자고 제창한다. 일본제국이 육탄 비행기 1만 대를 준비하고 전단(戰端)을 여는 경우 어떠한 대적도 두려워하지 않고 수백 대의 결사의 비행기를 희생하는 것에 의하여 대세가 결정되겠지만, 그러나 그 때문에 입는 적군의 손실이 막대하다는 것을 생각할 때 무용한 유혈의 참사를 절대 회피하기 위하여 아무쪼록 동양의 맹주로서 안정세력자인 일본의 지위를 인정하고 동양에 한하여 동양인의 손에 의하여 동양 먼로주의의 기치하에 대아시아민족의 행복을 기도하고 싶다. 세계평화와 국제신의를 유일의 신조로 하는 황국 일본은 정의의 나라이고 인도의 낙토이다. 적어도 황국 일본을 이해하기에 이르면 모든 의혹은 홀연히 해소될 것이고 참다운 평화를 지상에 초래하려고 하는 신국(神國) 일본의 위대함을 확인할 때 이러한 오해는 해소되고, 예컨대 일본에 세계의 군비를 일임하여도 횡포를 부릴 만한 국가는 아니다라고 하는 진정한 일본의 자세가 확실하게 양해되는 바로서, 일본만큼 평화를 애호하는 국민은 없다는 것을 거듭 천명하려고 하는 것이다.(『所志一機』, 107~108면)

애국옹(愛國翁)의 칭호와 야만기(野蠻錡)라는 칭호

이러한 신념에 따라 그는 나아가서 국방기 100대 기부를 결의하고 우선 일본으로 건너가서 이세대묘(伊勢大廟)에 참배하여 이를 서약한 다음 조선으로 돌아와 강연 행각에 나섰다.(『朝鮮功勞者銘鑑』, 399면)

나아가서 그는 전조선에서 1군(郡) 1대 헌납운동을 전개하고 조선국방비행헌납회를 제창하여 1만 원을 기부함으로써(『매일신보』, 1936. 11. 29) 대대적인 헌납운동을 벌였다. 일제의 육해군 장성들에게서 '국방의 중책을 유감없이 수행하기 위하여 전폭적인 노력을 다해 달라'는 치사를 받고 '자신도 모르게 소리 높여 울고 뜨거운 눈물이 쉴새없이 뺨을 적시는 가운데 국방의 완비를 위하여 이 한몸 바치겠다'고 결의한 것을 실행에 옮긴 것이다. 이후에도 그는 일제의 침략 전쟁을 수행하기 위한 비용으로 수차례에 걸쳐 수만금의 거액을 기부하였다. 1936년에 1만 원을 기부한 데 이어 육군에 2만 원, 해군에 4만 원의 국방비를 헌납하였으며, 1939년 8월에는 다시 육군에 4만 원을 헌납하였다. 그리고 1943년에는 헌함(獻艦)운동을 제창하고 솔선하여 자신이 소유하고 있던 동광(銅鑛) 3개를 기부하였다.(『매일신보』, 1943. 1. 24)

이와 아울러 그는 전시하에서 황도(皇道)를 선양하는 것을 목적으로 이른바 가미다나 가가비치운동(神棚家家備置運動)을 전개하였다. 가미다나란 일본의 개국신인 아마데라스 오미카미(天照大神)의 영부(靈符)를 안치한 것으로, '천조황대신궁'이라고 쓴 지방(紙榜) 비슷한 것을 신사(神社)처럼 생긴 나무함 속에 넣어 높은 곳에 달아 두고, 아침저녁으로 절을 하는 것이었다. 1938년 9월 문명기는 조선신궁에서 이를 보급하기 위해 이전에 자신이 조직하였던 것과 같은 명칭의 광제회(廣濟會)의 발회식을 거행하였다. 명예회장에는 경성부윤을 추대하고 자신이 이사장으로 취임하여 가미다나 분포식을 거행하고 1차로 서울의 각 정회 총대(町會總代 : 동장) 130여 명에게 가미다나를 나누어 준 것이다. 이를 계기로 조선 내의 각 가정에 가미다나가 배포되었는데, 이후로 전국의 가가호호 민중들은 아무런 연고도 없는 일제의 왕실 조상에 대해 숭배례를 해야 하는 고초를 겪게 되었다.

또한 그는 철저한 신도(神道)의 맹신자였다. 집에는 가미다나를 받들어 모셔 놓고서 아침저녁으로 무릎을 꿇고 공손히 배례하여 필승의 신념을 날로 굳혔으며, 1943년 7월에는 황도선양회를 조직하여 자신이 회장으로 취임하였다.

이처럼 '황도선양과 국방운동'에 광신적으로 활동함으로써 일제는 그에게 '애국옹'(愛國翁)이라는 칭호를 주었지만 당시의 민중은 그의 이름자에 빗대어 그를 '야만기'(野蠻琦)로 일컬어 조소하고 저주하였다.

일본 신도(神道)의 철저한 맹신자

해뜨는 나라 황도 일본은 개벽의 당초부터 조선(祖先)을 함께 하는 국민이다. 충효의 본(本)을 하나로 하고 제정(祭政)의 범(範)을 하나로 하고 정교의 의(義)를 하나로 하며, 군신(君臣)은 친자(親子)의 의를 가지는 나라이다. 어떠한 곳에서

나 사회적 파괴와 혁명의 필요가 있을 것이다. 하물며 현재 및 장래에 세계 사조의 악변천에 대하여 나아가서 이것의 교정·개선의 대임을 담당할 자격을 가지는 것은 오직 일본 국민뿐이다. 일본은 사상에 있어서도 사해(四海)를 통일할 중대 책임을 갖는다.(『所志一檄』, 101~102면)

이처럼 그는 일본 신도의 철저한 맹신자였으며 다른 누구보다도 일본을 찬미하고 또 숭배하였다. 그의 몸은 조선에서 받은 것이었지만 그는 자신이 조선인이라는 사실을 증오하였으며, 내선인의 차별이 엄연히 존재하는 만큼이나 철저한 일본인이 되고자 하였다. 이는 그의 일상생활에도 그대로 반영되었다. 그의 가정생활은 완전한 일본식이었는데, 집안을 일본식으로 꾸미고 처자에까지 일본옷을 입혔으며 예의와 동작, 언어까지 일본식으로 개량시켰다. 만일 자식들이 조선말을 하면 "이 못된 비국민아!"라고 고함을 지르면서 기절할 정도로 난타했으며 언제나 하오리 하카마에 게다짝을 끌고 도쿄를 왕래하기를 이웃집 드나들듯 하였다고 한다.

이와 같이 그는 완전한 일본인이 되고자 했으며, 이를 위해 자신의 모든 삶을 바쳤다. 자신의 나이 60이지만 결코 노인이 아니고 '합병' 당시에 다시 태어난 것으로 치면 '시정 27년의 금일 27세의 청년'이므로 '적심(赤心)으로써 국은의 1만분의 1에 보답할 결의'를 말하는 대목은 이러한 생각의 극치를 보여준다. 문명기의 친일적 삶은 조국과 민족에 대한 철저한 배신일 뿐만 아니라 인간의 근본적 가치에 대한 모독이고 희화였다. 그의 삶은 서구, 특히 미국과 관련하여 오늘날 우리 사회에서 찾아볼 수 있는 온갖 감정과 행태들의 지배적 총체——단순한 선망과 모방에서 시작하여 자기 비하 및 맹목적 굴종과 예속으로 귀결되는——에 대한 새로운 자각이자 끊임없는 경계이다.

■**김경일**(덕성여대 교수·사회학, 반민족문제연구소 연구원)

주요 참고문헌

『매일신보』

『朝鮮功勞者銘鑑』, 民衆時論社, 1935.

文明琦, 『眞の世界平和へ 所志一檄』, 雲岩書齋, 1937.

박흥식

반민특위에 제1호로 구속된 매판자본가

• 朴興植, 1903~
• 1938년 국민정신총동원조선연맹 이사 및 배영동지회 상담역
1941년 조선임전보국단 이사. 1945년 대화동맹 심의원

박흥식은 1903년에 평안남도 용강군의 소농 집안에서 태어났다. 그의 아버지 박제현이 죽은 뒤 대성학교에 다니던 그의 형마저 일제의 고문으로 죽자, 어머니와 다른 가족의 부양은 그의 책임이 되었다. 소학교를 졸업한 그는 사업에 나서 진남포에서 쌀 거래업을 시작했다. 그리고 바로 그것을 기반으로 그는 1924년에 고향인 용강에서 불입자본 10만 원의 성원인쇄소를 시작했다. 이렇게 시작된 기업활동은 그 뒤 상업분야로 옮아 가면서 비약적으로 확장되기에 이른다.

박흥식의 기업활동이 성장해 가는 과정과 자본축적의 성격을 살펴보고 그의 친일행각을 추적해 보기로 하자.

토착상업자본의 선두주자 화신 설립

그의 치부(致富) 과정은 다른 자본가의 축적양식과는 내용을 달리하는 것이었다. 식민지 초기인 19세기 후반에 몇몇 유명한 조선 귀족은 금융업에 진출하였다. 또한 김연수* 집안과 같은 지주 가문은 1920년을 전후하여 공업에 투자를 하기도 하였다. 그러나 이들에게는 안전하고 수익성 높은 토지투자가

박홍식

공통적인 관심사였을 뿐, 상업투자는 거의 눈 밖에 있었다.

그러나 박홍식은 당시의 일반적인 기업 양태와는 달리 일찍부터 매판적 상업자본가로서의 자기 성격을 분명히 하고 있었다.

당시의 경제 상황은 면직물, 모직물, 비단, 종이제품, 도기류, 석유에 대한 국내수요가 빠른 속도로 성장하고 있었으며, 이에 따라 면직물 수입이 급증하고 종이나 고무신 등의 소비재가 대량 생산되기 시작하였다. 조선방직, 경성방직, 종연방직, 동양방직 등이 여기에 참여한 대표적인 기업들이다. 그러나 공급과 수요는 여전히 전통적 유통망인 장시나 지방상점에 의존하고 있었다. 그런 상황에서 박홍식은 1934년 화신연쇄점 계획을 추진함으로써 전국적 유통체계의 구축을 도모하였다. 이 기간 동안의 상업발전은 일본의 자본과 조직이 주도적인 역할을 담당하였으나, 여기에 예외적으로 개입하였던 것이 바로 박홍식의 화신인 것이다. 화신을 중심으로 한 박홍식 소유 상업기업의 발전은 1923년 불입자본액 690만 엔, 1938년 2230만 엔으로 비약적인 성장을 거듭했으며, 화신과 대창무역, 대창사 등이 이러한 토착기업의 선두주자로서 등장하게 된다.

화신은 서울의 본점과 전국의 지점망을 통해 일본상점과 경쟁하였다. 선일지물과 화신은 민씨 일가의 금융업과는 대조적으로 평민이 국내외 상업에서 남긴 경험과 제도적 연속성이라는 식민지 유산을 보여 주는 것이기도 하다.

자본축적 활동의 구체상

화신으로 대표되는 박흥식의 자본축적 과정은 투자자로서의 박흥식의 위치에서 보았을 때, 다음과 같이 크게 네 가지로 나누어 살펴볼 수 있다.

첫째로, 주력 기업에의 투자이다.

자신이 대부분의 지분을 소유하고 경영하는 핵심 관련기업, 즉 선일직물, 화신백화점, 대동흥업 등에 박흥식은 에너지와 자본을 집중 투자하고 있었다. 여기서 우리는 박흥식의 야심에 찬 계획과 '투철한' 기업가 정신, 그리고 개인적 신뢰와 유대관계(김옥현 등) 등에 힘입은 조선총독부의 지원을 발견하게 된다.

소유의 집중과 김옥현, 이장제, 조고(長鄕衛二: 도쿄제국대학 공대 졸업, 1926년 치수 및 철도사업의 감독으로 조선에 들어옴, 만선 무역협회 고문) 등 소수 경영자에 의한 경영의 지속성은 주력기업에 대한 투자의 특징이기도 하다. 화신과 선일은 긴밀하게 연결되어 있었고 방계 기업들에 대한 다양한 투자의 기지 역할을 하고 있었다.

둘째로, 경영 책임을 맡는 합작투자(주식회사)다.

박흥식은 민규식이나 김연수와는 달리 자신이 경영책임을 맡는 합작회사를 많이 세우지 않았다. 그것은 아마도 그가 비천한 출신성분이었고, 서울에 인맥이 적었으며, 핵심 기업에 대한 투자로 여력이 없었던 데 연유한 것 같다. 이 시기 이런 방식의 투자로 유일한 것은 화신무역을 들 수 있는데, 화신무역은 조고와 이규제를 중심으로 중국과 만주시장까지 진출한다. 이 기업은 박흥식에게 있어서 주요한 무역회사였을 뿐만 아니라, 그의 계열회사 중 김연수, 현준호* 등이 다양하게 참여한 유일한 기업이라는 점에서 주목된다. 박흥식이 당시 상당히 폐쇄적이던 조선의 주요 산업가들로부터 인정을 받았다는 것은 그로서는 대단한 성과였으며, 이후 조선의 주요 산업가 그룹과의 상호의존이 증대될 것임을 예고하는 것이기도 하였다.

셋째로, 경영 책임을 맡지 않는 중규모 기업에 대한 합작투자다. 이는 민씨 일가나 김연수의 투자전략과 유사한 것이다.

박흥식은 지방은행(호남은행), 금융회사(조선생명보험) 등에 많이 투자했으며 하준석의 조선공작, 한규복의 조선공영 등에도 적극 참여했다. 이들 기업의 이사회는 박홍식을 포함하여 대표적인 조선인 기업가들로 구성되어 있었다. 특히 김연수가 경영하는 경성방직, 남만방직에 박홍식이 투자하고 있었다는 점은 주요 토착자본가로서의 박홍식이 갖는 위치를 보여 주는 것이다. 이 밖에도 일본인이 경영하는 경인기업, 조선섬유화원어주, 대흥무역 등에 참여한 것이나, 일본인 기업이 도매단계를 지배하고 있는 상황에서 그가 도매상연합 이사로 활동한 것은 중요한 의미를 지니는 것이었다.

당시 총독부와 조선무역협회는 무역회사를 차리는 데 큰 관심을 가지고 있었는데, 조선인은 조선무역진흥, 조선동아무역, 대흥무역 가운데 하나만 참여할 수 있도록 되어 있었다. 이런 상황에서 쇼타니(涉谷禮治 : 와세다대학 졸업, 한양사·조선은행 근무, 무역협회 소속)가 전무이사로 있었고, 김연수도 참여하고 있던 조선동아무역(조선질소, 미쓰이 등 일본 대기업도 투자하고 있었다)과 대흥무역(화신, 경성방직, 조선은행, 식산은행, 日本帝國HOUSEHOLD의 공동투자)에 박홍식도 투자하고 있었다는 것은 중요한 의미를 갖는다. 즉, 총독부의 시책사업과 박홍식의 이해가 맞아 떨어진 것이다. 또한 쇼타니나 나카토미(中富計太)와의 접촉은 북중국에 관심을 가지고 있는 무역회사라면 대단히 중요한 의미를 지니는 것으로 박홍식이 이러한 사람들과 합작투자를 통해 다진 인적 유대는 그에게 중요한 기반이 되었다.

끝으로, 일본인이 경영하는 대주식회사에 대한 투자다.

박홍식은 일본인의 전략 기업인 조선석유, 북선제지화학공업, 동양척식 등의 이사로 있었으며, 조선비행공업의 사장으로 참여하는 등 일본 전략산업에의 참여를 더욱 확대하였다. 북선제지화학공업 같은 일본인 대기업에 박홍식이 자리를 잡을 수 있었던 것은 총독 우가키(宇垣)가 그를 왕자제지에 고문으로 추천했기 때문이라고 한다. 왕자제지의 경영진과 박홍식이 인연을 맺게 됨으로써 그의 지물사업은 큰 도움을 받았다. 그리고 그런 영향은 북선제지의 아키타(秋田秀穗)가 화신의 주요 투자가가 됨으로써(1943) 구체화되었다.

총독부와 주요 재벌동맹이 지지하는 합작투자회사였던 조선석유는 광물의 수출과 파라핀, 아스팔트, 코르크스, 석유 등의 수입에서 중요한 역할을 하였으며 따라서 엄청난 이윤을 내고 있는 기업이었다. 이러한 회사의 이사가 되었다는 것은 박홍식의 자본이 총독부 및 일본 독점자본과 더욱 강고하게 결합되고 또한 그에 종속되었다는 것을 의미한다.

예속자본가로서 박홍식의 축재 비결

박홍식의 자본축적 과정은 매판적 상업자본의 전형이라 할 수 있다. 즉, 총독부 지배권력과의 결합에 의한 매판성이 축적의 본질적 요인이라 할 수 있을 것이다. 그러나 여기에서 민족적 관점을 사상하고 자본 자체로서만 본다면 시의에 부합하는 자본운동의 적응성으로 표현할 수도 있을 것이다. 그것을 구체적으로 보면 다음과 같다.

우선 그의 축재 비결은 소유의 집중과 경영의 지속성에서 찾을 수 있다.

박홍식, 이기연, 이규제, 윤우식, 조고 등이 화신백화점, 대동흥업, 화신무역 등의 중역을 겸직한 것이 그것이다. 또한 박홍식은 몇 안 되는 주식소유자 가운데서도 소유를 독점하고 있었다(총주식 20만 주의 대부분 소유). 식민지 말기에 이르러 경영팀은 어느 정도 와해되었지만 소유의 독점은 지속되었다. 1941년 화신이 대동흥업을 통합하여 총자본이 800만 엔에 이르게 되었지만 이 때에도 여전히 45명의 주주가 65만 주를 소유하고 있었다.

박홍식의 투자 초점은 화신사였다. 그런데 화신이 초기에 급성장할 수 있었던 것은, 경쟁관계에 있던 동아백화점보다 화신의 조직과 훈련 정도가 나았다는 점 이외에, 금수출 금지 이전 시기에 금은투자에 주력하여 금은 판매를 통해 확보한 막대한 자본력이 밑받침되었다는 점도 지적될 수 있겠다.

다음으로 총독부 정책 및 경제여건에 재빠르게 적응한 점을 들 수 있다.

빠른 성장을 기록한 화신연쇄점은, 지방 상인에게 그들의 재산을 담보로 하여 무이자로 상품을 공급하고 4개월 내에 자금을 회수하는 한편, 제조업자에게는 2개월 내에 물건값을 지불하는 신용방식을 채택하였다. 이러한 체계가 가능할 수 있었던 것은 수송, 우편 등 식민지 경제의 하부구조를 최대한 이용하였기 때문이었다. 민씨 일가가 귀족적 금융가라면 박홍식은 추진력 있는 평민사업가라고 평가될 수 있다.

박홍식이 지속적으로 경영을 할 수 있었던 것은 '겸직 중역회의'를 활용했기 때문이기도 하지만, 총독부정책이나 전시경제와 같은 우발적 상황에 잘 대처했기 때문이었다. 겸직 중역회의는 외국의 지배를 받고 있다는 불안정한 상황에 대처하는 중요한 전략이며, 동시에 '우호적 투자가'로 이루어진 소유연관을 고려해야 하는 상황에서는 필요한 것이었다. 김연수 가(家)에서도 이와 같은 연관이 발견되지만 민씨 일가에서는 이와 같은 것이 발견되지 않는다.

화신상사의 이사진으로는 박홍식, 이규제와 함께 히라타(平田新平), 동일은행의 미타니(三谷俊博 : 전무이사), 선일지물의 요내다(米田彌三郎), 호남은행의 덴구치(展口弼一), 현준호(이상 이사), 한성은행의 한상룡*, 경성상의의 다카와(田川常治郎)(이상 감사), 김연수, 종연방직의 쓰다(津田新五)(이상 고문) 등이 자리잡고 있었다. 이는 조선의 1급 경영자들과 기업가들 그리고 일본의 유명 기업가들을 망라한 것이라고도 할 수 있는 구성이었다. 이들은 총독부, 일본 기업, 조선 기업가에 대하여 박홍식이 소유하고 있는 기업의 신뢰도를 유지시켜 주는 역할을 하였다(물론 주식의 대부분은 박홍식이 소유하였다).

이처럼 주력기업 이외에 다양한 방면에 대한 투자는 자기 기업을 유지하는 데 필요한 조선인 혹은 총독부 및 일인 기업들과의 인적 유대를 맺는 중요한 수단이었다. 즉, 예외적인 경우도 있지만 경영 책임을 지는 합작투자는 예외적인 경우에 한했고, 경영 책임을 지지 않는 중규모 기업에 대한 경우는 돈과 시간을 들이지 않고 사람을 사귀면서 위험부담이 많은 고수익사업(부동산, 무역)에 참여하는 방식이었다. 그리고 일본인이 경영하는 대주식회사에 대한 투자는 일본 재벌들과의 접촉을 위해 이용되었던 것이다.

박홍식 소유의 기업들이 1945년까지의 기간 동안에 각 국면들에 대응하는 방식은, 그가 기업의 하부구조의 발전 및 경제적 여건의 변화에 따라 그리고 무엇보다도 총독부의 전략에 부응하여 얼마나 잘 적응해 왔는가를 여실히 보여 주는 것이라 하겠다.

예속의 양상과 매판의 본질

예속자본가로서의 박홍식의 성공은 총독부와 일본 자본 양자에 대한 예속의 성격과 정도가 어떠했는가 하는 문제를 낳는다. 그러나 결론은 일반론적인 범주를 크게 벗어나는 것은 아니다. 그의 자본이 부분적으로는 독자성을 유지하고 있었고 토착 소유와 경영을 고수했다는 약간의 특수성이 있기는 하나, 그렇다고 해서 매판적 상업자본이라는 본질을 벗어나는 것은 아니었다. 즉, 박흥식의 자본이 식민지 지배권력인 총독부와의 관계에서 경제외적인 결합을 강고하게 유지하고 있었음은 그 성격을 적나라하게 증명해 주는 단적인 예이다.

상인으로서의 박흥식에게는 무엇보다도 자본과 신용이 중요했지, 자본의 성격은 문제가 되지 않았다. 그래서 박흥식은 일본과 조선은행으로부터 대폭적인 금융지원을 받았다. 또한 그는 기업가로서 수송, 공급 등의 문제를 해결하고 소비자를 위한 연쇄점을 계획하고 실행하는 데 있어서도 탁월한 능력을 발휘했는데, 이 때에도 식산은행에서 3000만 원을 대부받았다. 민씨 일가의 금융업이 총독부의 면밀한 조사를 받은 데 비해 화신 등은 태평양전쟁 이후까지 총독부의 제한을 거의 받지 않았다고 한다. 이 때 박흥식은 경영진에 유명 일본 기업가들을 임명해 놓고는 이들을 이용하여 총독부의 전략 내에서 여지를 발견해 내고, 다시 이를 자신의 사업을 발전시키는 기회로 민첩하게 활용하였다. 박흥식이 다른 사업가들과 달리 총독부의 지원을 용이하게 얻어 낼 수 있었던 이유는 다른 어떤 것보다도 우선하여 화신이 기본적으로 매판으로서의 기능에 충실했기 때문이다.

일부에서는 자본의 생산적 활용(토착자본의 성공이라고 총독부가 선전하기 좋다), 국가정책에 대한 조심스러운 적응(엔블럭에의 대응과 화신무역의 창설 등), 일본 기업과의 강한 유대(1932년 오사카에 구매국 설치, 상품공급자들과의 긴밀한 친분), 총독과의 친교 등을 그 이유로 내세우기도 한다. 그리고 또한 총독부가 화신을 믿을 만했고 총독부는 화신을 일본의 정책에 순응하는 기업으로 인식했기 때문이라고도 한다. 그러나 이 모든 요인이 박흥식이 총독부 지배하에서 대기업으로 성장하는 데 도움이 되었다는 것은 결국 박흥식이 매판자본가로서 유능했음을 말하는 것 이상은 아니다.

박흥식의 매판성은 지금껏 논의한 매판적 성향의 관철이라는 자본운동의 구체화인 것이다. 이처럼 일제 식민지하에서 매판적 성향을 관철하면서 발전해 온 박흥식의 자본은 8·15 해방 이후의 상황 변화 속에서는 정상적인 자본운동으로 스스로를 변형시키지 못함으로써 파산을 맞이하게 된다.

매판의 정치적 측면——전쟁협력 행위

1949년 박홍식은 반민특위에 제1호로 구속되었다. 일제 말기 박홍식의 전쟁협력행위가 일반인들의 지탄의 대상이 되기에 족한 면이 있었다 하더라도, 그는 제1호로 구속될 만한 '정치적 거물'은 아니었다. 여기에는 역시 일제하 매판의 연장선상에 있는 자본행위와 정치적 음모가 놓여 있었다.

반민특위가 설치되자 노덕술 등을 중심으로 한 친일경찰 출신들의 반민특위 해체 음모가 그 하수인 백민태의 폭로로 세상에 드러나게 된다. 그리고 그 배후자금책은 다름 아닌 박홍식이라는 소문이 퍼지게 된다. 이러한 사실은 반민특위 활동의 가장 중요한 위해 요소로 받아들여지기에 충분한 것이었다. 이것은 또한 박홍식의 해방 후 자본운동의 한계를 보여 주는 것이기도 하였다.

그러면 박홍식은 어떠한 혐의로 반민특위에 기소되었던가. 먼저, 그는 총독부에서 주최한 산업경제조사회와 1938년 시국대책조사회에 조선인 대표로 참여한 사실이 있었다. 이들 조사회는 총독부가 주최한 것으로 시국대응책에 대한 자문기관 역할을 수행했다. 이 또한 위에서 말한 매판적 성격을 보여 주는 것에 다름 아닐 것이다.

다음으로 1938년 이후 각종의 전쟁협력행위에 가담하게 되는데 이를 간단히 살펴보자. 먼저, 그는 1938년 국민정신총동원조선연맹 이사 및 배영동지회의 상담역으로 참여한다. 1940년에는 국민총력조선연맹 이사 및 연성부의 연성위원으로 전쟁에 협력하며, 이 때부터 각종의 전시동원 강연에 참여하게 된다. 1941년 발족된 임전보국단의 이사로 참여한 그는 평양에서 강연행각을 벌인다. 이 때 『매일신보』의 감사역과 조선총독부 보호관찰소 촉탁이라는 감투도 쓰게 되어 그의 친일활동의 폭은 더욱 넓어진다.

1942년 총독 미나미(南次郎)가 퇴임하자, 「영원히 못 잊을 자부(慈父)」라는 제목의 담화를 『매일신보』에 발표한다. 총독이 자부가 되는 관계는 매판자본가로서의 박홍식의 위치를 가장 적나라하게 보여 주는 것이리라. 또한 그는 같은 해에 전일본 산업경제대표자들의 전쟁증강단합회에 조선인 대표로 참석하여 일왕을 면접하고 담화를 발표하였는데, 산업경제인으로서 대동아전쟁 완수에 전력을 바칠 것을 맹세하는 내용이었다. 1943년 학병제가 실시되자 학병 권유 강연 또는 독촉 등에 광분하고 나섰다. 일왕 면담 1주년이 되자 '배알 1주년 성려 봉체——지성으로 봉공'이라는 담화를 발표하여 그 '성은'에 보답하리라고 거듭 맹세하였다. 1945년 대화동맹의 심의원이 되는데 이 단체는 일제의 본토결전을 준비하기 위한 단체였다. 이것이 그의 전쟁협력행위의 대강이다. 그의 매판활동의 정점이 1944년 조선비행기주식회사의 설립으로 드러나는 것과 시기적으로 일치한다는 점을 잘 확인할 수 있다.

해방 후에도 화신은 매판으로서의 자기 성격을 여전히 관철시키려 들었다. 상업에 편중된 박흥식의 자본은, 분단이라는 조건 속에서 남북교역에 적극성을 보였으나 앵도환 사건으로 결정적 타격을 받았다. 그뒤 외국자본이 도입되는 과정에서 화신은 홍한비스코스공장을 운영하여 재기를 노렸다. 그러나 경제건설이라는 새로운 기치에도 불구하고 조잡한 기계만을 가지고 있던 홍한비스코스공장은 결국 몰락을 맞게 된다. 일제 식민지하에서나 통했던 낡은 매판자본가적 자본운동이 오늘에 와서는 부적합함을 실증적으로 보여 주는 것이라 하겠다. 그런 의미에서 한국자본주의에 있어서 박흥식의 자본운동 양상은 비록 약간의 구체적인 특수성이 없는 것은 아니지만 우리에게 주는 교훈은 크다 하겠다.

■ **박현채**(조선대 교수·경제학, 반민족문제연구소 지도위원)

주요 참고문헌

朝鮮總督府, 『統計年報』, 1920, 1926, 1929, 1939.
阿部薰 編, 『朝鮮功勞者銘鑑』, 1935.
本田秀夫 編, 『朝鮮殖産銀行 20年志』, 1937.
민족정경문화연구소, 『친일파군상』, 1948.

김연수

'민족자본가'의 허상과 친일 예속자본가의 실상

• 金秊秀, 1896~1979
• 1939년 만주국 명예총영사.
1940년 중추원 참의, 국민정신총동원조선연맹 이사

1949년 8월 6일, 반민족행위자로 기소된 피고 김연수에 대한 반민족행위 특별재판부의 공판에서, 김연수는 범의(犯意)를 긍정할 만한 자료가 없다는 증거 불충분을 이유로 무죄 판결을 받았다. 그는 경기도 관선 도회의원, 만주국 명예총영사, 중추원 칙임참의, 국민총력조선연맹 후생부장, 임전보국단 간부, 학병 권유 등의 반민족행위를 한 혐의로 1949년 1월 반민특위에 의해 구속되었다가, 3월에 구속 취소로 석방되었다.

그렇다면 진실로 김연수의 친일 민족반역 행위는 무죄였던가, 아니면 죄는 있지만 공이 크기 때문에 장공속죄(將功贖罪) 정도에 머무르는 것이었던가, 이것도 저것도 아니라면 위의 판결은 다만 면죄부를 발급해 준 것에 지나지 않는 것이었던가. 그러나 김연수에 대한 무죄 판결은 그의 죄에 대한 면죄부 발급에 지나지 않았다는 것이 역사적 진실이다.

김씨가 형제의 '역할분담'——정치와 경제

김연수는 1896년 울산 김씨 김경중(金暻中)의 둘째 아들로 전라도 고부군 부안면 인촌리(현재 고창군)에서 태어났다. 그에게는 형 김성수가 있었으나 이

김연수

미 후사가 없던 백부 김기중(金祺中)의 양자로 들어가 있었기 때문에 김연수가 장자 노릇을 하였다고 한다.

고부지방의 김씨가(金氏家)가 대지주로 성장하는 것은 개항부터 '합병'까지의 기간이었다. 김씨가는 이 시기에 100정보가 넘는 토지를 집적하게 된다. 그리고 이를 이어받은 2세대, 즉 김기중과 김경중은 합병 이후 1924년까지 약 15년에 걸쳐 2000정보가 넘는 토지를 사들여 초대형 지주로 성장하게 된다. 제1차 세계대전을 계기로 이루어진 쌀값 상승이 토지집적의 직접적인 계기가 되었음은 물론이다. 그러나 1920년을 전후하여 불황이 닥치고 쌀값이 하락하자 지주경영의 수입은 하락하게 된다. 이를 계기로 김씨가는 1910년대 후반부터 지주경영을 강화하는 한편, 자본의 일부를 산업자본으로 전환하게 되는데, 이러한 작업을 주도한 것이 김씨가의 3세대, 즉 김성수와 김연수이다.

김연수는 1921년 교토제국대학을 졸업하고 귀국하였다. 귀국하였을 때 형 김성수는 이미 교육과 언론 그리고 산업자본에 투자를 시작하여 훗날 경방재벌 또는 호남재벌로 불리는 거대한 기업군과 일군의 보수적 정치집단의 형성을 위한 토대를 닦고 있었다. 김성수는 1915년에 중앙학교를 인수했고, 1917년에는 경영난에 빠져 있던 경성직뉴회사를 인수하여 경영에 착수했다. 또한 1919년에는 경성방직 설립 허가를 받아 1923년부터 조업에 착수하였고, 1920년에는 일제의 '문화정치'에 힘입어 『동아일보』를 창간했다.

이러한 김성수의 투자를 바탕으로 김연수는 1922년에 경성직뉴의 전무와 경성방직의 상무 겸 지배인으로 취임하는데, 이것이 그가 기업활동을 하는 시발점이 된다. 그러나 형제 간의 업무분담을 바탕으로 그가 본격적으로 기업경영활동에 뛰어든 것은 1924년 이후의 일로 보인다. 즉, 1924년 자신이 소유하고 있던 토지를 농장형 경영으로 변화시키기 위하여 삼수사(三水社)를 설립하고, 1925년부터는 자신이 경성직뉴와 경성방직의 경영을 주도하기 시작하였다. 이로부터 경성방직의 '신화'가 만들어져 나갔다. 그리고 그 '신화'는 한편으로 『동아일보』와 고려대학, 다른 한편으로 삼양사라는 형태로 현재까지 이어지고 있는 것이다.

민족자본인가 예속자본인가

'경방신화'의 주역은 물론 경성방직이다. 1923년에 조업을 시작한 경성방직은 초기에는 영업면에서 부진을 면치 못하고 있었다. '태극성표'라는 상표를 달고 생산되는 질 나쁜 광목이 일제 대기업의 제품과 경쟁이 되지 않는다는 것은 불을 보듯 뻔한 사실이었다. 이에 따라 경성방직은 타개책을 적극적으로 모색하지 않을 수 없었으며, 그것은 일제에 대한 보조금의 지급 요청과 적극적인 시장개척 그리고 일제 권력과 자본에의 '예속화' 추진이라는 세 갈래로 진행되었다.

먼저 경성방직은 조업을 시작하기도 전인 1922년, 조선방직에 지급하는 수준의 보조금을 지급할 것을 총독부에 요청하여, 1923년부터 1934년까지 한 번도 빠지지 않고 보조금을 받았다. 보조금은 불입자본의 4분의 1에 육박하는 것으로 경성방직에게는 매우 중요한 경영난 타개책이 되어 주었다.

다음으로 시장개척을 위해서는 두 가지의 방안을 모색하였다. 그 가운데 하나가 1923년부터 『동아일보』를 중심으로 전개한 '물산장려운동'인데, 이 운동은 국산품 애용 장려를 가장 중요한 슬로건으로 내세우고는 있었지만, 경성방직을 중심으로 한 대자본의 이해가 가장 크게 개입되어 있었다. 그러나 운동의 출발 당시부터 대자본의 이해가 개입되어 있다는 혐의를 받아 시장확장책으로서는 크게 재미를 보지 못하자, 일제의 대자본과 경쟁하지 않아도 되는 조선 북부지역과 만주지역의 시장개척에 주력하면서 일정 정도의 재미를 보게 된다. 이러한 시장개척의 욕망이 1930년대에 적극적으로 표출된 것이 바로 경성방직의 만주진출책이었다.

마지막으로 경성방직은 일제 권력 및 자본과 협력·예속관계를 맺기 위하여 적극적인 방책을 도모하였다. 일제의 정책금융회사인 조선식산은행과 밀접한 관계를 맺기 시작한 것이었다. 경성방직은 식산은행과 관계를 맺기 이전부터 자체 금융의 조달을 위하여 조선인 은행에 관여하고 있었다. 즉, 김연수가 1925년에는 한일은행의 감사를 맡고, 1927년에는 해동은행을 인수하여 전무로 취임하였던 것이다. 그러나 규모가 작은 이들 조선인 은행은 당시의 금융공황이라는 상황 속에서는 별 도움이 되지 않았다. 이에 따라 경성방직은, 1918년 이후 식산은행의 이사 또는 고문으로 있으면서 1935년까지 경성방직의 사장을 맡게 되는 박영효*의 도움을 받아 1928년에 식산은행 계열회사와 관계를 맺게 되고 1929년 이후부터는 많은 대부를 받기 시작했다. 그리고 이 대부는 1930년대 경성방직의 기업확장에서 가장 중요한 역할을 수행하였다. 이제 경성방직은 식산은행의 '특별한 고객'이 되었으며, 이러한 활동을 통해 1930년대 중반 이후 이른바 '식은왕국'의 일원으로 참여할 수 있게 되었다. 그리고 김연수는 1930년대가 되면서 조선공업협회 부회장, 조선직물협회 부회장, 조선방적동업회연합회 회장 등의 일본인 중심 단체에 가입하여 중요 간부를 맡게 되는데, 이 또한 그의 사업에 있어 하나의 위광이 되어 주고 있었다.

이처럼 1920년대만 보더라도 일제로부터의 보조금 지급, 일제 자본과의 시장 분할, 일제 정책금융기관으로부터의 대부 등이 경성방직이 성장하는 데 가장 중요한 기반이 되고 있었다. 그렇다면 이를 단지 '민족자본'의 성장으로만 보아도 되는 것일까. 경성방직은 1926년과 1931년 두 차례에 걸쳐 일어난 대규모 파업을 일제의 힘을 빌어 철저하게 짓밟았다. '민족자본'이라는 허울 속에는 당시의 노동자들이 '생지옥 같은 생활'이었다고 표현하는 수탈만 담겨져 있었다는 사실 또한 기억해야 할 것이다.

'식은왕국'의 조선인 왕자——전쟁의 아들

1930년대에 들어서면서 경성방직은 1920년대 말에 구축한 궤도를 따라 쉼 없이 달려나가게 된다. 1931년 일제의 만주침략은 경성방직에게는 일종의 광명으로 비쳐졌던 셈인데, 광활한 만주시장이 이제 경성방직의 눈 앞에 거침 없이 펼쳐지게 되었던 것이다.

경성방직은 1932년 만주지역 진출을 위해 '불로초표'라는 상표를 단 광목을 개발하여 한만 국경도시와 만주지역의 중국인들로부터 대단한 인기를 끌게 된다. 이에 따라 1930년대 중반 이후부터 대단한 수익률을 기록하게 되고 연 12% 정도의 배당금을 지불할 수 있게 된다. 이는 당시 8% 안팎을 기록하고 있던 토지수익률에 비하면 대단한 것이었다.

전쟁은 경성방직에게 '하늘이 내려 주신 행운'이었다. 1937년 일제의 중국 침략 이후에는 당시 대부분의 예속자본이 그러하듯이 자본의 규모와 수익률의 측면에서 엄청난 증대를 보게 되었다. 경성방직의 자본 규모는 1935년의 300만 원(지금의 300억 원)으로부터 기하급수적으로 늘어나 1942년에는 500만 원, 1945년에는 1500만 원을 기록하게 된다. 그리고 조선 각지에 조면·방적·방직·표백·염색·봉제공장을 만들어 원면으로부터 완제품을 생산할 수 있는 일관체제를 구축하게 되고, 이에 더하여 견직, 마직 등의 생산체계도 갖추게 되었다. 더욱이 당기 순이익도 1937년부터 급증하여 1941년에는 80만 원의 순이익을 내게 된다.

그러면 이러한 성장을 가져온 원인은 무엇일까. 가장 중요한 것으로는 1937년 이후에 경성방직이 엄청난 군수생산에 참여할 수 있게 되었다는 사실을 들 수 있다. 그런데 경성방직이 전쟁산업에 적극적으로 참여할 수 있게 된 데는 이른바 '식은왕국'(殖銀王國)에 참여한 것이 크게 작용하였다. 식은왕국은 식산은행 계열회사와의 상호 주식 보유와 '겸직이사'제도로 대표되는데, 특히 1937년 이후가 되면 화신무역이 그러했듯이 경성방직의 상호 주식 보유도 엄청나게 늘어난다. 그 내용을 보자.

식산은행 계열회사의 경성방직 주식 소유가 늘어남에 따라 경성방직의 다른 기업에 대한 출자도 늘어나게 되었다. 먼저 식은 계열을 보면, 1937년 조선제련 감사, 경춘철도 이사, 한강수력전기 감사 등으로 대규모 전쟁기업에 참여하고 있었다. 이 밖에 그 범위를 확장하여 조선석유 이사, 조선중공업 이사, 종연공업 이사, 가와자키(川崎)중공업 이사, 조선구레아(吳羽)방직 이사 등으로도 참여하고 있었다. 특히 1944년에는 자본금 5000만 원의 조선항공공업회사를 설립하는 것으로 전쟁산업에의 공헌에서 대미를 장식하는데, 이에 대해서는 해방 후에 전쟁협력산업의 대표로 문제가 제기된 적이 있다. 그러나 단지 이 기업만이 아니라 경성방직의 모든 체계가 전쟁산업에 대한 공헌으로 규모를 확대하고 있었다는 점을 간과해서는 안 될 것이다.

이 밖에도 중소규모의 자본에 대한 출자는 훨씬 많이 들 수 있다. 김연수는 1933년 소화기린맥주 이사, 1937년 봉(鳳)광업 이사, 대창산업 이사, 조선경동철도 이사, 조선권농 이사, 조선공작 이사, 국산자동차 이사, 동광생사 이사, 대동직물 이사, 동아무역 이사, 화신상사 이사 등이었으며 1944년에는 동광제사를 인수하게 된다.

그런데 1939년 이후에는 시장개척의 차원이 아니라, 자본 자체의 만주 진출을 활발하게 도모하게 된다. 이미 1937년부터 삼양사는 만주에 지점을 설치하여 각지에서 속속 대규모 농장을 개설하고 있으면서, 1939년에는 펑톈(奉天 : 지금의 선양瀋陽) 근처에 자본금 1000만 원의 거대한 규모로 남만방적(南滿紡績)을 설립하였다. 경성방직의 자본규모가 1942년에 500만 원이었음을 감안한다면 그 규모를 짐작할 수 있을 것이다. 여기에는 역시 식산은행, 만주흥업은행 등의 대부가 '필수적으로' 뒷받침되고 있었다.

경성방직은 이에 더하여 만주에서의 주요 기업에 대한 주식매입과 기업인수를 활발하게 진행한다. 그 상황을 보면 펑톈의 펑톈상공은행, 만주토지건물개발회사, 만주제지, 만몽모직, 잉커우(營口)에 있던 조선방직, 다롄(大連)의 다롄기계제작소, 남만가스, 신징(新京 : 지금의 창춘長春)의 만몽베어링 등 대규모 기업의 주식을 매입하고 있었다. 그리고 간도의 목재회사인 삼척기업과 하얼빈의 맥주회사인 오리엔탈 비어도 인수하게 된다. 이제 경성방직은 조선과 만주에 걸친 대규모의 기업연합을 형성하게 되었던 것이다. 진정 경성방직은 '전쟁의 아들'이었다.

토지소유 확대에의 무한한 욕망

경성방직이 1930년대 이후 전쟁 말기까지 그 규모를 급속하게 확대하면서 일제 자본에 예속되는 과정을 걷고 있었지만, 김연수는 그의 자본의 원천이었던 토지에 대한 집착도 버리지 않고 지주경영의 규모를 더욱 확대하고 있었다. 이제 그 상황을 간략하게 살펴보자.

김연수가 자기 소유의 농지를 '효율적인' 농장형 경영으로 전환하기 위하여 삼수사를 설립한 것이 1924년이었다. 그 후 1931년까지 그는 자기 소유의 농지를 모두 농장으로 전환시켰다. 1924년 장성농장, 1925년 줄포(茁浦)농장, 1926년 고창농장, 명고농장, 신태인농장, 1927년 법성농장, 1931년 영광농장이 그것이다. 이와 같이 하여 그의 소유 농지를 모두 농장으로 전환시킨 후에는 간척사업과 금광의 인수에 착수하였다.

1931년 삼수사를 삼양사로 이름을 바꾼 후에 김연수는 함평에서 대규모 간척사업에 착수하였다. 이것이 완성되어 1933년에는 손불농장을, 1936년에는 일인의 간척사업을 인수하여 해리농장을 조성하게 되었다. 이 해리농장이 농지개혁 때 농토의 용도변경으로 분배대상에서 제외되는 바람에 아직까지도 분쟁의 와중에 있는 바로 그 농장이다. 또한 강원도의 옥계금광과 공주의 계룡금광을 인수하기도 하였다.

이와 같은 대규모의 농지를 보유하고 있었음에도 토지소유에의 욕망은 줄어들지 않아 1936년 만주에 삼양사 지점을 설치하고 이후 만주에도 대규모의 농장을 조성하게 된다. 1937년 잉커우의 천일농장, 지린(吉林)성의 반석농장, 유하강변의 유하농장, 1938년 지린성의 교하농장, 1939년 펑톈성의 구대농장, 1942년 남만방적의 자급농장인 다붕농장 등이 그것으로, 만주의 이 농장들은 대개 무장개척 이민의 성격도 띠는 것이었다. 이 또한 일제의 대륙침략에 대한 철저한 협력이 아니고 무엇이랴.

기업활동의 영역을 넘어서서 친일정치활동 참여

그러면 과연 반민특위 재판과정에서 김연수가 주장한 것처럼 일제 말기 그의 전쟁협력행위는 일제의 강요에 의한 불가피한 선택이었을까. 그러나 그의 주장은 지금까지 그의 기업활동을 통해서도 살펴본 바와 같이 별 설득력을 가지지 못한다.

먼저 그는 조선에 '자치'라는 외관을 심어 주기 위해 시행했던 지방제도인 도회에 1933년 경기도 관선의원으로 진출한다. 이것이 그가 통치기구에 참여하여 활동하기 시작한 첫번째 일이었다. 다음으로 그는 조선의 역할은 일제가 대륙으로 진출하는 '병참기지'라는 점에 있다고 규정하면서, 기업인들의 참여를 유도하기 위하여 1936년 10월에 개최한 조선산업경제조사회에 6명의 조선인 위원 중 1명으로 참여하여 활동하였다. 그는 제2분과회에 참여하여 활동하면서 만주에 대한 관세와 일제의 통제정책을 비판하는 발언을 하였는데, 이는 만주 진출을 위한 그의 강한 의욕을 여실히 보여 주는 것이다. 경성방직의 영업활동 개시 이후 지속되었던 이러한 만주 진출에 대한 의욕은 1936년 이후 경성방직의 활발한 만주시장 진출활동으로 관철되는데, 그는 이제 그러한 의도를 총독부 관료기구 속에서 공개적으로 주장할 수 있게 된 것이다.

1937년 7월 7일 일제가 중국을 침략한 직후인 7월 29일 김연수는 2만 원(지금의 2억)을 일제에 헌금하는데, 그 가운데 1만 5000원은 국방헌금, 5000원은 황군위문금이라는 명목이었다. 이는 중국침략이 있은 지 채 한 달도 되지 않은 때에 이루어진 일로서 이후의 전시동원 수탈체제에 대한 자발적인 '투항'의 신호탄과도 같은 것이었다. 그의 이러한 헌금 행위는 일제의 통치가 종식될 때까지 지속된다. 또한 김연수는 곧 이어 1937년 9월에도 한상룡*, 박흥식*, 원덕상, 이승우* 등의 1급 친일파들과 함께 '경기도 애국기헌납기성회'를 발기하여, 1935년부터 문명기*가 앞장 서고 있던 '애국기헌납운동'에도 일찍부터 적극적으로 호응하고자 하였다.

이어 1938년 9월에 열린 시국대책조사회에서 김연수는 경성방직 사장과 조선방적동업연합회 회장의 자격으로 총 11명의 조선인 위원 중 1명으로 선정되었다. 그러나 이 위원회에 그는 불참하였다. 그 이유를 명확히 알 수는 없으나, 이 위원회에 불참한 것이 그가 총독부 시책에 저항하였다는 의미가 아니라는 것만은 확실하다. 이 위원회의 결정사항을 모든 면에서 그는 철저하게 따르고 있었기 때문이다.

시국대책조사회의 불참 이후 오히려 그의 친일적인 정치활동 참여는 눈부시게 가속화되면서 그는 1939년 6월에 조선상업은행장이었던 박영철*의 뒤를 이어 서울 주재 '만주국 명예총영사'로 임명된다. 이는 일제의 이른바 '동아공영권'의 구축을 위한 '만주국'에서의 활발한 기업활동에 대한 보상이었으며, 더욱 큰 전쟁산업에의 공헌을 위한 일제의 확실한 보호책이기도 하였다. 그는 명예총영사 자격으로 1942년 서울에서 있었던 '만주국 수립 10주년 기념식'에 참여하여 일본 '천황'에 대한 경배를 주도하기도 했다.

김연수가 친일 유지 및 귀족들의 선망의 대상이 되어 왔던 중추원의 참의로 임명되는 것은 1940년이다. 이어 1941년 1월에는 일본 '천황'으로부터 견수포장(絹綬褒章)을 수여받았다. 이 역시 그의 매족행위에 대한 보답이었음이 분명하고, 그는 이를 기꺼이 받아들이고 있었다.

1940년 전후부터 본격화된 전쟁협력행위의 구체상

1940년 전후부터 본격화되어 1945년 해방 직전까지 계속된 김연수의 친일 전쟁단체 참여 및 전쟁협력활동은 크게 네 가지로 나누어 살펴볼 수 있다.

국민총력조선연맹(1940)과 이의 연장인 조선국민의용대(1945)와 조선임전보국단(1941)에의 참여, 1944년의 학병 권유 활동, 그리고 이에 더하여 1937년부터 시작한 이른바 '국방헌금' 활동, 또는 전시채권 매입활동 등이 그것이다. 이는 시기별로 계속되는 친일 전쟁협력단체에 그가 한 번도 거르지 않고 참여하였고, 특히 자본가로서의 특성(?)을 살려 국방헌금 또는 전시채권 매입활동을 왕성하게 수행하였음을 말해 준다. 그러면 하나하나의 활동에 관하여 간략히 살펴보자.

국민총력조선연맹이 창립될 때 김연수는 이사로 참여하였으며 1942년이 되면 총무부의 기획위원과 후생부장으로도 활동하게 된다. 그리고 총력연맹 활동의 일환으로 신사 건립의 시범노역에 참여하기도 하고, 1942년 1월 14일에는 「일억 일심」이라는 연두소감을 『매일신보』에 기고하여 일반민중들에게 전시체제에 협력하라고 강요하기도 한다.

그러나 일제가 1945년 들어 패색이 짙어지자 이른바 '본토 결전' 태세에 맞추어, 총력연맹을 1945년 7월에 해산하고 조선국민의용대를 결성하게 된다. 이는 국민 개전(皆戰)의 국민병적 조직으로, 일제가 조선에서 자행한 최후의 반동이자 발악이라고 할 수 있을 것이다. 김연수는 여기에도 경성부 연합 국민의용대의 고문으로 가담하였다. 그는 일제의 패망을 눈앞에 두고도 그 승리를 대망(待望)하고 있었던 것일까.

다음으로는 조선임전보국단에의 참여활동이다. 조선임전보국단은 일제가 주도하던 총력전체제에 호응하여 조선인이 자발적으로 황민화운동을 실천하게 하는 방책의 하나로 1941년 10월에 창립되어, "4천만 반도의 민중이 일치결속하여 성전(聖戰)을 완수함으로써 황국의 융성을 기하고 성은에 1만분의 1이라도 보답"할 것을 선언하고 전시동원체제에 적극 협력할 것을 목표로 활동을 개시하였다.

김연수는 먼저 흥아보국단 준비위원회의 상무위원으로 참여하였으며, 두 단체의 합동을 위한 상임위원단의 상임위원과 임전보국단의 상무이사로도 활동하였다. 결성식을 앞두고 임전보국단은 유세대를 각도에 파견하여 임전보국단의 사명을 강조하였는데, 김연수는 진주에 신태악*과 함께 파견되어 강연했다.

세번째는 학병 권유활동이다. 1943년 10월이 되자 일제는 조선의 지원병만으로는 절대적으로 병력이 부족하다고 판단하여 '학도병'제의 실시를 공포하게 된다. 그러나 학생들의 학병 지원이 매우 저조하자, 익히 아는 바처럼 지식인들을 중심으로 하여 학병 권유행각을 벌이기 시작하는데, 김연수 역시 여기에 예외없이 참여하였다. 1944년 1월 이광수*, 최남선*, 김연수 등이 일본권세대(日本勸說隊)의 파견절차를 협의한 뒤에 일본에 파견되어, '선배'의 입장에서 일본유학생들의 학병 입대를 권유하는 유세를 행하였던 것이다. 김연수는 이광수와 함께 메이지(明治)대학에서 강연을 하였다. 그의 학병권유 논리는 1월 19일자 『경성일보』에 실린 「조선의 학도들, 빛나는 내일에 입대하라」는 글에서 여실히 본색을 드러내고 있다. 즉, 학병에 입대하여 죽을 때에야 조선이 '제국'의 일원이 될 수 있고, 그리하여 조선인이 '황국신민'이 될 때에야 '신운명'을 개척할 수 있을 것이라는 논리였다.

이러한 그의 광신적인 친일논리는 이미 1943년 8월에도 드러나고 있었다.

그는 징용제의 실시를 '2500만의 무상의 광영'이라고 추켜 세우고 있었던 것이다. 그리고 그의 논리는 형 김성수가 1943년 11월 6일자 『매일신보』에 기고한 「대의에 죽을 때, 학도여 성전에 나서라」라는 글과도 거의 유사한 것이었다. 그렇다면 김연수는 이러한 길이 진정 가능한 길이며 민족을 위한 길이라고 믿고 있었던 것일까. 아니면 자본을 축적하기 위한 길일 뿐이라고만 생각하고 있었을까. 이 시기를 전후하여 그의 자본축적은 절정에 오르게 되고, 앞서 본 바와 같이 1944년 9월이 되면 자본금 5000만 원의 조선항공공업회사 대표가 되어 전쟁수행의 최전선에서 그 직무를 '충실히' 수행한 것은 무슨 의미일까.

마지막으로 그가 '충량한 황국신민'으로 간주되는 또 하나의 근거인 국방헌금의 납부와 전시공채의 매입활동에 대하여 살펴보자. 1937년 중국침략 직후부터 시작된 이른바 '성심 국방헌금'의 납부행위를 김연수가 주도하였음은 이미 살펴본 바 있다. 해방 이후의 한 조사에 의하면 그 자신과 경성방직 또는 방계회사의 이름으로 납부한 헌금 총액은 80만 원을 상회한다. 즉, 1937년 7월 2만 원, 1938년 10월 육해군에 10만 원, 재지(在支)교육기관에 10만 원, 기술자 양성 명목으로 30만 원, 합계 50만 원, 11월 군사후원 명목으로 3000원, 1939년 4월 청년훈련소 건립기금 4만 원, 1941년 1월 총력운동에 3만 원, 8월 임전보국단에 10만 원, 1942년 1월 비행기 헌납 명목으로 10만 원, 6월 일장기를 새긴 접부채 2만 개, 1943년 7월 소년연성비로 5만 원 등이 그것이다. 80만 원이라는 금액은 1941년 경성방직의 한 해 순이익이 80만 원이었음을 상기하면 그리 과중한 금액은 아니었지만, 그의 헌납액이 그 다음 액수를 차지하고 있는 박흥식을 월등하게 상회하고 있어 그의 경제력의 규모와 일제권력과의 유착의 정도를 짐작할 수 있게 해 준다.

일제가 특히 중국 침략 이후 불어나는 전쟁경비를 채권의 남발로 충당하고 있었던 것은 잘 알려진 일이지만, 이 전쟁채권의 발행은 일반민중들을 이중으로 괴롭혔다. 즉, 채권 매입의 강요와 더불어 채권 남발로 인한 인플레이션의 악화로 민중의 생활고가 가중되었는데, 김연수 역시 이 고통의 강요에 참가하고 있었다.

채권 매입의 강요가 희화화된 형태로 나타났던 것이 1941년 9월 임전대책협의회가 주도하였던 '채권가두유격대'라는 것인데, 이는 직접 가두에 나서서 채권매입을 일반인들에게 강요하는 것이었다. 김연수가 직접 이 활동에 참여하지는 않았지만, 그가 전쟁에 협력하라고 권유하는 강연을 하고 돌아다녔던 것은 이와 궤를 같이하는 것이었음이 확실하다.

다음으로 금액을 명확하게 밝혀 내기는 어렵지만 김연수가 직접 매입한 전쟁채권도 상당한 양에 이르렀다. 그가 매입한 전쟁채권의 명목은 '만주사변 재무성채권, 대동아전쟁채권, 대동아전쟁 재무성 각종 채권, 국가방위 특별채권, 전쟁저축채권, 전시국가방위채권' 등이었다. 그는 이러한 행위를 통하여 전쟁에 협력하였을 뿐만 아니라 민중들의 고통을 강요하고 있었던 것이다.

김연수의 위와 같은 일제에의 협력행위, 특히 전쟁협력행위를 다만 자본축적을 위한 보조행위로만 간주할 수 있는 것일까. 그렇다면 이러한 협력 위에 구축된 거대한 자본의 성격은 어떻게 설명해야 하는 것일까. 그의 자본은 단지 일제권력과 자본에 예속되어 있었던 것이 아니라 그야말로 '융합'되어 있어 분리하기 어려운 성질의 것이었다.

그렇다면 1949년의 반민특위는 다만 김연수의 친일행위 또는 전쟁협력 행위만을 문제삼을 것이 아니라 그의 자본축적행위 자체를 문제 삼았어야 했고, 친일부역행위도 그러한 차원에서 이해했어야 했던 것이다. 따라서 일제 말기의 전쟁산업에의 참여와 친일부역행위에 의해 구축했던 자본을 기반으로 대규모 자본을 유지하는 일은 없어야 했던 것이다. 이와 아울러 이제 일제 말기의 자본축적이 해방 이후 남한 경제가 성장하는 기반의 하나가 되었다는 사실에 대한 이해의 방식도 달라져야 할 것이다.

■ **윤해동**(서울대 강사·한국사, 반민족문제연구소 연구원)

주요 참고문헌

경성방직, 『경성방직 오십년』, 1969.
삼양사, 『삼양 오십년』, 1975.
인촌기념회, 『인촌 김성수』, 1976.
삼양사, 『수당 김연수』, 1985.

박승직

매판 상인자본가의 전형

• 朴承稷, 창씨명 三木承稷, 1864~1950
• 1919년 조선경제회 이사
1938년 국민정신총동원조선연맹 발기인 겸 상담역

'일조협동기업(日朝協同企業)의 개척자'——매판(買辦)의 길로

1905년 11월 경성상업회의소에서는 정부를 상대로 한국폐제 개혁(韓國幣制改革)에 관한 청원서를 제출하였다. 이 문서에서 조선 상인들은 격화되어 가는 화폐금융공황의 와중에서 파산하는 조선 상인들의 참상을 구체적으로 제시하면서 그 해결책을 호소하고 있다. 1904년 조선 정부의 재정고문으로 한국에 건너온 메가다 쇼타로(目賀田種太郎)에 의해서 1905년부터 시행되고 있던 화폐정리사업에 의해서 조선인들의 화폐자산은 결정적으로 축소되고, 그것은 결국 화폐금융공황으로 발전하고 있었다. 그것은 조선 상인들의 파산을 목적으로 한 일종의 제도적인 폭력이었다. 이에 경성의 조선인 상인들은 1905년 7월에 경성상업회의소를 결성하여 대처하고자 하였던 것이다.

조선 상인들 가운데 포목상들이 받은 타격은 심각했다. 1905년이면 벌써 일본의 근대화된 대규모 생산시설에서 생산되던 값싼 일제 면포에 의해 조선의 재래식 면포시장은 거의 잠식되어 있었다. 특히 일본의 대규모 방직회사들은 폭리를 목적으로 1905년 미에이(三榮組合)이라는 판매동맹을 결성하고 그들의 제품을 미쓰이(三井)물산에 위탁하여 면포수출을 독점하고 상품가격을 폭등

박승직

시키고 있었다. 이에 1906년 10월 조선인 포목상 88명이 미에이에 맞서기 위하여 창신사(彰信社)라는 합명회사를 설립하고 소림(小林)합명회사와 계약하여 일본 후지(富士)가스방적회사 제품을 수입하였다. 그러나 소림합명회사 역시 조악한 물품만을 공급하여 폭리를 취하자 1907년 창신사는 거래를 청산하였다.

이런 상황에서 박승직은 창신사를 탈퇴하고 1907년 8월 면제품을 일본과 직접 거래하기 위하여 합명회사를 설립하게 되는데 이것이 바로 공익사(共益社)이다. 공익사는 창립 당시부터 경성상업회의소의 상담역이었던 일본인 니시하라(西原龜三)가 적극적인 알선 역할을 수행하고 있었고, 1910년이 되면 일본의 대기업인 이토츠 상사(伊藤忠商社)가 자본에 참여하게 된다. 공익사를 설립하여 활동할 즈음에 통감 이토 히로부미(伊藤博文)가 제일은행의 일본인 지점장으로 하여금 박승직을 도와 주라고 말했다는 사실은 박승직이 일본인들 사이에서는 믿을 만한 상대로 인정되고 있었음을 보여 주고 있다. 이로써 매우 선구적으로 매판자본의 모습을 보여 주게 되는데 이것이 박승직으로 하여금 '일조협력기업의 개척자'라는 영예(?)를 쓰게 하였던 것이다.

배오개의 객주로부터 매판상인으로의 변신

현재 한국의 재벌로 군림하고 있는 두산그룹의 연원은 1898년경에 설립된 박승직상점으로 거슬러 올라간다. 따라서 매출액의 규모로 볼 때 50위 이내에 드는 재벌그룹 가운데서 가장 긴 역사를 가진 것이 바로 이 두산그룹이다. 그러나 일제하에 박승직은 일정 규모 이상의 자산가로서 매족행위를 한 사람이면 누구나 한번씩은 거치던 그 흔한 중추원 참의 한 번 못한 사람으로, 정치적 의미에서의 친일의 족적이 그리 크지 않은 사람인 것만은 분명하다. 반면에 경제적인 의미에서의 친일을 자본의 매판화라고 한다면 이런 측면에서는 어쩌면 가장 큰 족적을 남긴 사람임이 분명하다. 박승직은 일제시대를 통털어 자신의 자본활동의 영역을 상업활동에만 정확하게 국한시키고 있었고, 상업자본으로서의 자본축적을 위하여 일제자본과의 협력관계를 교묘하게 유지시키고 있었던 사람이다.

박승직은 1864년 경기도 광주에서 당시의 세도가인 여흥민 씨의 위토를 부쳐서 입에 풀칠을 하고 있던 가난한 농군 박문회(朴文會)의 아들로 태어났다. 따라서 일찍부터 상업의 길에 나섰던 것인데 처음에는 전남지방을 중심으로 전국 각지를 돌아다니면서 상행위를 하였다고 한다. 이른바 난전(亂廛)의 형태로 상업활동을 영위하다가 지금의 종로4가인 배오개로 진출한 것은 1890년경이다. 이 때 박승직상점이라는 간판을 내건 것으로 보아 이미 상당한 자본을 축적하였으며 1905년까지는 그 자본을 더욱 확대하였을 것이다. 1900년에 성진 감리서 주사, 1905년 6품에 승서, 1906년에 중추원 의관, 정3품에 승서 등 돈으로 산 관직의 목록을 보더라도 당시 그의 부의 규모를 짐작할 수 있다.

그리고 이미 일본제 포목제품을 취급하여 폭리를 취하고 있었을 가능성도 배제할 수 없다. 취급품목에서도 종로의 시전상인들보다는 배오개의 객주들이 훨씬 자유로운 상태에 있었음이 사실이다. 나아가 이미 1907년에 일본인과 합동으로 회사를 설립할 수 있었다는 사실이나 앞의 이토가 한 발언 등에 비추어 볼 때도 이전에 일본인들과 친밀한 거래관계를 맺어 놓았을 가능성이 높은 것이다.

공익사는 창립 당시 최인성, 김원식, 최경서 등 42명의 객주 출신 포목상인이 1만 원을 출자하여 일종의 익명조합으로 출발하였다. 그러나 니시하라의 알선에 의하여 일본인 중간상인들을 배제함으로써 경영을 급속히 확대할 수 있었다. 1908년에는 인천, 수원, 개성, 안성, 부산 등에 대리점을 개설하였으며,

이토츠 상사와 거래를 시작하였다. 그리고 1909년에는 면사, 면포뿐만 아니라 우피의 수출도 시작하였고, 자본금을 2만 원으로 증자하였으며, 1910년에는 이토츠 상사와 합자하여 자본금을 4만 6000원으로 증자하였다. 단 3년 사이에 자본금을 5배 가까이 늘릴 수 있었던 것이다. 다른 포목상들이 모두 파산하고 있을 때 공익사의 이런 빠른 성장은 매우 인상적인 것이었는데 여기에 매판자본의 본질이 있다 할 것이다. 이 때부터 맺은 박승직과 이토츠 상사와의 관계는 일제하의 전기간에 걸쳐 유지되는데, 이 관계는 1920년대에 박승직으로 하여금 조선인 자본과 일본인 자본과의 매우 중요한 매개역할을 수행하게끔 한다.

한편, 1905년에서 1910년 사이에 박승직상점 역시 매우 인상적인 성장을 이루고 있었다. 면포의 판매망을 강원도를 중심으로 전국 각지로 확대하고 있었으며, 취급품목도 늘려 나가고 있었던 것이다. 이로써 박승직상점과 공익사로 이어지는 판매체계가 형성되는 것인데 이것이 일제의 전기간에 걸쳐 유지되는 매판체계인 것이다. 이에 더하여 박승직은 1905년 김한규(金漢奎)가 중심이 되어 토지·건물임대, 창고업 등을 목적으로 설립한 광장주식회사에 이사로 참여하고 있으면서 1905년 경성상업회의소의 의원으로 참여하여 1911년까지 그 자리를 유지한다. 그러나 경성조선인상업회의소가 일본인상업회의소로 해소되는 것이 1915년인데 박승직이 1911년에 벌써 의원직을 그만두었다는 사실도 그의 매판적인 상행위와 관계가 있을 수도 있는 일이다.

매판상인으로서의 절대적 지위 확립과정

1910년대부터 1920년대 초반까지 공익사의 성장은 매우 눈부신 것이었다. 1914년에는 일약 자본금을 50만 원으로 증자하고 동시에 주식회사로 개편하였는데 이 때부터 이토츠 계열의 주식소유가 반을 상회하게 되었다. 그리고 당시까지 전무로 근무하였던 니시하라는 사임하고 말았다. 1차대전의 활황을 타고 1916년부터는 조선의 북부지역과 봉천, 하얼빈까지 지점망을 넓히고 취급품목도 더욱 확대하였다. 1916년만의 순이익이 5만 원을 상회할 정도였다.

그러나 1919년에는 만주공익사를 창립하고 만주 내의 모든 사업을 거기에 양도하고 말았다. 이로써 조선에서의 공익사의 활동은 이토츠 상사의 만주진출을 위한 징검다리 역할을 한 데 지나지 않았음을 여실히 알 수 있다. 여기에 또한 매판자본의 비애가 서려 있는지도 모른다. 그러나 그런 과정에서도 공익사의 성장은 계속되어 1920년에는 2백만 원으로 증자하였다가 때마침 닥친 전후불황으로 1921년에 1백만 원으로 다시 감자(減資)하였다. 그렇다고는 하나 공익사의 성장은 대단한 것이었다.

여기에서 1921년의 공익사의 상황을 자세히 살펴보자. 사장에 박승직, 상무이사에 다카이(高井兵三郎), 다나카(田中清吉), 감사에 최인성, 최경서, 김원식, 다케나카(竹中多計吉) 등으로 구성되어 있었는데 일본인들은 모두 이토츠 상사로부터 파견되어 활동하는 사람들이었다. 또한 총주식의 3분의 1을 이토츠 상사가 소유하고, 박승직은 겨우 20분의 1을 소유하고 있었을 뿐이었다. 이로써 공익사의 성격을 명확히 파악할 수 있을 것이다.

한편, 박승직상점 역시 1925년에 자본금 6만 원의 주식회사로 개편하게 되는데 공익사의 차입금으로 박승직이 자본금을 불입하는 대신 공익사에서는 업무감독을 위한 사원을 박승직상점에 파견하는 것으로 하였다. 이로 볼 때 1920년대 초의 불황 속에서 박승직상점의 성장도 여의치 않은 것이었다고 할 수 있겠다. 그는 불황을 타개하기 위하여 1928년경부터는 경성방직, 조선방직 등 조선 내에서 생산되는 면포류에 대하여 위탁판매를 시작하였다. 이 시기를 전후하여 박승직과 경성방직의 연결이 이루어지고, 박승직은 이전부터 맺고 있던 이토츠와의 관계를 이용하여 경성방직이 이토츠로부터 원료, 기술, 판매 등의 측면에서 도움을 받을 수 있는 계기를 마련하여 주었다. 또한 1932년부터는 박승직이 감사를 맡고 있던 조선직물의 인조견을 판매하기 시작하였다. 박승직상점은 이 시기를 전후하여 서서히 활기를 띠게 되었다.

1917년에 박승직은 곡물무역과 정미업을 위하여 공신상회를 설립하였는데 1921년에는 경성곡물신탁의 감사로 취임함으로써 공신상회와 경성곡물신탁으로 이어지는 신매판체계의 또 다른 한 측면을 형성하게 된다. 1916년에는 박승직상점을 통한 면포 판매에 도움이 되게 하고자 '박가분제조본포'라는 분공장을 차리기도 하였다.

이런 상업활동과는 별도로 포목상계에서의 그의 압도적인 지위로 인하여 몇몇 상인들의 친목단체 또는 경제단체에서 중요한 지위를 차지하기도 하였다. 1918년 경성포목상조합을 만들어 조합장이 되었다. 그러나 이 단체는 1920년에 일본상인들과 연합하여 경성면사포상연합회로 명칭을 변경하게 되는데 그는 여기에서 부회장이 되었다. '일조협동기업의 개척자'라는 박승직에 대한 평가는 바로 1929년에 있었던 이 단체의 기념식장에서 미쓰이물산 서울지점장이 한 것이었다. 그만큼 그는 일본인들 사이에서 높이 평가되고 있었던 것이다. 1919년 준친일단체인 조선경제회의 이사로 참여한다. 1921년에는 '일선기업의 융합'을 목적으로 열린 산업조사위원회에 대한 대응책을 강구하기 위하여, 조선인들이 개최하였던 조선인산업대회의 지방위원으로 참여한다. 조선인산업대회는 일제에 대하여 조선인 기업가들에 대한 지원과 보호를 요청하는 것이 주요한 임무로 되어 있었다. 1925년에는 상인들의 친목단체인 중앙번영회의 회장을 맡았다. 이 단체는 1931년 경성상공협회로 개명하게 된다. 그가 1919년 고종의 인산일과 1926년 순종의 인산일에 모두 상민봉도단의 단장으로 참가하게 된 것은 이러한 그의 지위로 인한 것이었다. 여하튼 박승직은 매판상인으로서의 그의 지위를 이용하여 경성의 상업계에서 절대적인 지위를 누리고 있었다고 하겠다.

박승직상점에서 미키상사로

박승직은 1933년 소화기린맥주(昭和麒麟麥酒)의 이사로 참여하게 된다. 이 때 박승직이 소화기린맥주와 맺은 인연으로 해방 후에 그의 아들 박두병(朴斗秉)이 소화기린맥주의 관리지배인을 맡게 되고 이것이 오늘날 두산그룹의 모태가 되었다. 그런 측면에서 보면 박승직의 입장에서는 대단히 중요한 첫걸음을 내디딘 것이 되는데, 그가 이 기업의 이사로 참여하게 된 경위는 명확하지가 않다. 다만 다음과 같이 추측해 볼 수 있을 따름이다. 소화기린의 대주주는 일본의 2대 맥주회사였던 기린맥주였다. 기린맥주는 애초에 조선에 분공장을 세우려고 하였으나 총독부의 반대에 부딪쳐 뜻대로 되지 않자 따로 법인체를 설립하고 영등포에 공장을 세웠던 것이다. 그런데 소화기린의 이사로 단지 2명의 조선인이 참여하였는데, 그들이 바로 김연수*와 박승직이었고 그들이 가진 주식은 단지 2백주씩에 지나지 않았다. 이런 사실로 미루어 볼 때 소화기린은 유수의 기업가로 성장해 있던 김연수를 통하여 조선 내의 맥주 판매를 도모하고자 하였고 김연수는 그를 위하여 박승직을 소개하였던 것은 아닐까. 어쨌든 박승직이 그 때까지 구축해 놓았던 매판상인으로서의 지위가 그것을 가능하게 하였던 것은 분명한 사실이라 하겠다.

박승직상점은 일제의 중국 침략 이후에 만주로의 면포 수출이 늘어남에 따라 1938년에는 자본금을 일약 24만 원으로 증자하게 되며, 1943년에는 52만 원으로 증자하게 된다. 이에 따라 순이익도 폭발적으로 늘어나 1939년에는 23만 원을 기록하게 된다. 1940년부터 면제품에 대한 통제가 강화되자 박승직상점은 도매부와 소매부를 분리하여 업무의 원활을 꾀하고자 하였다. 1941년에는 박승직상점 도매부의 이름을 미키상사로 바꾸고, 소화기린맥주의 대리점을 개설하여 맥주의 위탁판매를 미키상사가 겸업하게 된다. 미키 쇼우쇼크(三木承稷)는 박승직의 창씨명이다.

한편, 박승직은 전시체제의 와중에 1938년 국민정신총동원조선연맹의 발기인 겸 상담역으로, 1940년 국민총력조선연맹의 평의원으로 참여하여 일제의 총력전체제에 협력하였다. 그리고 조선은행에 근무하다가 1936년부터 박승직상점의 상무로 경영에 참여하고 있던 박두병은 1944년 경성방호단의 동대문지구 부단장을 맡게 되었다. 그러나 이런 정도의 친일 전쟁협력활동은 오히려 한말부터 보여준 박승직의 매판적인 상업활동에 비추어 보면 가벼운 일에 지나지 않는다고 할 수 있을 것이다.

■**윤해동**(서울대 강사·한국사, 반민족문제연구소 연구원)

주요 참고문헌

연강박두병전기간행위원회, 『연강 박두병』, 1975.

두산그룹, 『두산그룹사』, 1989.

『은행회사조합요록』 각년판.

현준호

실력양성론자에서 친일파로 변신한 금융자본가

• 玄俊鎬, 1889~1950
• 1925년 호남은행 대표취체역. 1930년 중추원 주임 참의
1938년 조선총독부 시국대책조사위원

실력양성론자와 친일파의 거리

1923년경 물산장려운동과 민립대학기성운동 등 이른바 실력양성운동을 전개했던 많은 이들이 내세웠던 것은 "조선민족은 아직 독립할 만한 실력이 부족하다. 따라서 아직은 독립운동에 앞서서 실력을 길러야 한다"는 것이었다. 그리고 그들은 그러한 실력양성의 가장 중요한 부문으로 교육과 산업의 진흥, 특히 그 가운데서도 민족자본의 육성을 강조했다. 그러나 이들 운동은 불과 1년도 못 가 그 열기가 시들어버렸다. 그것은 조선민족의 성의가 부족했기 때문이 아니라 일제의 식민지 지배하에서 조선민족이 독자적으로 실력을 길러나간다는 것이 근본적으로 불가능했기 때문이다. 이처럼 물산장려운동 등이 실패로 돌아간 이후 이들 실력양성론자들은 일제와 타협하면서 정치적으로 자치운동을 추진한다든가 하는 식으로 점차 자주독립의 지향과는 거리가 멀어져갔다. 그리고 1930년대에 들어서는 일제지배하에서 자본주의적인 근대화를 우선 추진한다는 방향으로 전환하였으며, 1930년대말 이후에는 마침내 소극적이든 적극적이든 친일적인 길을 걸어가게 되었던 것이다. 이같이 실력양성론에서 친일로의 전락의 길을 걸어간 이들은 훗날 자신들이 일제 지배기

현준호

구 혹은 전시동원기구 등에 참여하게 된 것은 일제의 강요와 위협 아래에서 '학교'나 '회사'를 지키기 위해 부득이한 일이었다고 변명하거나, 또는 주어진 조건하에서 '민족'을 위하여 조금이나마 봉사하기 위한 충정에서 나온 일이었다고 주장하기도 하였다. 호남의 부호로서 '호남은행'을 경영하고 일제의 각종 지배기구에 참여한 현준호는 그러한 대표적인 인물이었다.

부친 현기봉의 때이른 친일

현준호는 1889년 전남 영암군 학산면 학계리에서 현기봉(玄基奉)의 아들로 태어났다. 현씨 집안은 현준호의 증조부 때 천안에서 영암으로 옮겨왔는데 어떤 경위로 가세가 늘었는지는 자세히 알 수 없으나 현준호의 조부대에 이미 3천 석의 대지주가 될 수 있었다고 한다. 현기봉(號 鶴坡)은 영암군의 향교장의(鄕校掌議), 영암군 향약소 도약장(鄕約所 都約長)을 지내는 등 재부와 사회적 지위를 겸하여 영암지역에서 유지로 꼽히게 되었다. 그러나 그는 1905년 일본의 한국보호국화 이후 각지에서 의병이 봉기하고 의병들의 부호에 대한 자금지원 요구가 잇따르자 이를 피해 일본경찰력의 보호를 받을 수 있는 목포로 이사를 했다. 이후 그는 무안부 민단장(務安府 民團長)을 시작으로 영암군 사립구림학교장, 무안군 잠업전습소장(蠶業傳習所長), 목포신흥철공주식회사 사장, 광주 농공은행 취체역, 목포부 참사(木浦府 參事), 명치신궁봉독회(明治神宮奉讀會) 조선지부 위원, 목포부 무안군연합 물산품평회 협찬회 부회장, 조선식산은행 상담역, 제국군인후원회 특별회원, 목포사립유치학교장, 경성해동물산주식회사 사장, 목포창고주식회사 사장, 전라남도 참사(參事, 1919), 전남 도평의회원(1920), 전라남도 산업조사위원(1921), 중추원 주임 참의(奏任 參議 1924) 등을 차례로 지내는 등 경제계와 관변에서 폭넓은 활동을 보였다.

1910~20년대의 시점은 일제가 조선인 유지계급들에게 특별히 친일을 강요한 시점도 아니었음에도 불구하고 이처럼 관변에서 상당한 활약을 한 것은 당시의 시점에서 그의 친일적 성향이 두드러지는 것이었음을 말해주는 것이다. 또 그가 참여한 부 참사, 도 참사, 도 평의원, 중추원 참의 등이 특별한 권력을 부여하는 자리가 아니었음에도 이에 적극 참여하고 있었던 것은 아마도 이러한 자리가 경제적인 부를 축적해 나가는 데 배경으로 작용할 수 있으리라고 보았기 때문일 것이다.

현기봉의 친일적 성향을 잘 보여주는 것은 1919년 각지에서 3·1만세운동이 일어나자 나주, 무안, 제주 등 전남 6개군을 순회하면서 주민들에게 만세를 부르지 말도록 종용했다는 사실이다. 그의 종용이 있었다고 해서 이 지역의 주민들이 만세를 안 부를 리 만무했지만 어쨌든 그와 같이 만세를 부르지 말라고 종용하고 다닐 정도였다면 당시로서는 드물게 보는 친일적 행각이었다고 할 것이다. 현기봉은 1924년 사망했다.

현준호의 은행경영과 친일

1906년 담양 창평의 고정주(김성수의 장인)가 세운 창평 영학숙(昌平 英學塾)에서 송진우·김성수·김병로 등과 함께 공부하였다. 그 뒤 그는 서울로 가 휘문의숙에서 신학문을 배웠다. 1912년에는 도쿄로 가 메이지대 법과에서 공부하였다. 이 때 그는 같은 시기 도쿄에서 공부하고 있던 김성수·송진우·장덕수·현상윤·최두선·김병로·백관수·신익희·김준연 등과 교유를 나눈 바 있었다. 이들 가운데 현준호는 특히 호남다화회(湖南茶話會) 등을 통해 김성수·송진우 등과 깊은 관계를 가졌고, 이후 이들은 대체로 같은 인생행로를 걸어가게 된다.

1917년 귀국한 그는 1918년부터는 '조선인은행' 설립을 꿈꾸고 이를 준비하던 중 3·1운동을 만나게 된다. 그는 2월경 그의 옛 동료들인 송진우, 현상윤 등이 3·1운동을 준비하고 있는 줄 알았으나 이에 가담하지 않았다. 그는 3·1운동의 여파가 지나간 4월 부친 현기봉의 해동물산주식회사 창립에 적극 참여하였으며, 7월에는 마침내 호남은행의 설립을 발기했다. 호남은행이 창립된 것은 1920년 8월이었으며, 현준호는 여기서 전무취체역을 맡았다. 이후 호남은행은 불경기에도 불구하고 목포, 순천 등지에 지점을 내는 등 운영이 어느 정도 궤도에 올라섰다. 1925년에 현준호는 호남은행 대표취체역을 맡았다.

한편 현준호는 1923년 서울에서 시작된 민립대학기성운동에도 적극 참여하였다. 민립대학기성회는 경성에 중앙부, 각 지방에 지방부를 두어 모금운동을 폈는데, 지방부의 경우 대부분 그 지방의 유지, 부호들로써 위원회를 구성하여, 그의 부친 현기봉도 광주군 지방부의 집행위원장을 맡았으며, 현준호는 5백명분의 입회금을 냈던 것이다.

이같이 이른바 민족자본의 육성과 민립대학의 육성 등을 통해 실력을 양성하자는 운동에 적극 참여하고 있었던 것이 1920년대초의 현준호의 모습이라 할 수 있다. 그런데 이같은 개량주의적인 운동에 참여하고 있던 그는 이러한 운동들이 모두 실패로 돌아가고, 또 부친이 사망한 뒤인 1920년대 중반 이후 급속도로 일제에 밀착되어 간다. 그는 부친의 뒤를 이어 전남 도평의회원이 되었으며, 1930년에는 중추원 주임 참의가 되었다. 이같은 그의 행적에 대해 그는 훗날 '은행'을 지키기 위한 부득이한 조처였다고 주장하였다. 그러나 그의 총독부권력에의 접근은 호남은행의 경영에 오히려 큰 도움이 되었던 듯하다. 1930년대 들어 각 지방의 조선인 은행들이 합병되어 갈 때, 대표취체역 현준호가 이끄는 호남은행은 1933년 오히려 동래은행을 합병하여 그 기반을 더 튼튼히 할 수 있었던 것이다. 현준호는 1933년 중추원 참의에 재임명되었으며, 36년에도 재임명되었다. 그는 1933년 춘동간척사업을 완공하고, 이어서 서호면 성재리와 군서면 양장리간의 1.2㎞의 갯펄을 막는 서호간척사업을 계획했다. 이곳을 막으면 총 9백정보의 농토를 얻을 수 있었기 때문이다. 그는 1939년 마침내 간척사업의 허가를 총독부로부터 받아냈는데, 이 간척사업의 허가에도 그의 중추원 참의직은 훌륭한 배경구실을 하지 않았을까.

'내선일체'와 '민족차별철폐'

현준호의 친일활동도 다른 이들과 마찬가지로 중일전쟁 이후 본격화되었다. 1937년 7월 7일 중일전쟁이 발발한 직후인 7월 15일 미나미 조선총독은 시국의 중요성과 동아시아에서의 일본의 지도적 지위를 대중들에게 선전할 것을 지시하였고, 이에 따라 학무국은 1, 2차의 전선(全鮮)순회 시국강연반을 결성하였다. 1937년 8월 6일부터 약 1주일 동안 행해진 시국강연에서 현준호는 전남지역 연사의 한 사람으로 참여했다. 또 1938년 1월경부터 총독부는 장기전에 대처할 대내·대외 중요 정책의 입안 심의를 위해 전시 최고심의기관의 설치를 검토하기 시작하였고, 이에 따라 1938년 8월 조선총독부 시국대책조사위가 설치되었다. 이 대책위는 "조선총독의 감독에 속하고 그 자문에 응하여 조선에 있어서의 시국대책에 관한 중요 사항을 조사·심의함"을 목적으로 하였으며, 회장은 정무총감이 맡고 위원 및 임시위원은 학식경험이 있는 자 및 각 기관의 고등관 중에서 총독의 주청으로 내각이 임명한다고 되어 있었다. 당시 임명된 위원은 총 97명이었는데, 이 가운데 조선인은 11명이었으며, 현준호도 그 안에 들어 있었다. 당시 현준호와 함께 임명된 조선인 시국대책조사위원은 김연수(경성방직 사장), 박영철(중추원 참의), 박중양(중추원 참의), 박흥식(화신 사장), 윤덕영(남작, 중추원고문), 이기찬(참의), 이승우(참의), 최린(참의), 한규복(참의), 한상룡(참의, 조선생명보험 사장) 등이었다. 현준호가 이들 친일파 거물들과 시국대책조사위원에 임명되었다는 것은 그에 대한 총독부측의 신임이 어느 정도였는가를 짐작케 한다. 이 위원회는 1938년 9월 6일부터 첫 회의를 열고 총독의 자문사항에 대하여 심의하였는데, 이 때 현준호는 산업 경제관계를 담당한 제2분과회의 전임위원으로, 문화 사회관계를 담당한 제1분과회의 겸임위원으로 참석하였다.

이 회의에서 현준호는 어떤 발언을 하였을까. 현재 남아있는 『조선총독부 시국대책위원회 회의록』을 보면 그는 제1분과회에서 다루고 있던 '내선일체(內鮮一體)'의 문제에 대하여 "제1분과회에서 내선일체의 강화 철저에 관한 건은 본 중대시국에 가장 중요하다……이미 병합 이래 28년이 지났음에도 불구하고 아직도 내선일체의 철저를 기하지 못하여 금일까지도 문제가 되고 있는 것이다"라면서, 내선일체를 이룰 수 있는 방법에 대하여 나름대로의 소신을 피력하고 있다. 그는 먼저 내선일체를 이루는 데는 무엇보다도 '정신의 통일'과 그 내용을 속히 강화하는 것이 유일한 길이라고 주장하였다. 그는 이와 관련하여 교육·실업방면에서 일본인과 조선인간의 차별을 철폐할 것을 요구하였다. 즉, 조선의 교육기관을 정비할 것과, 실업에서도 조선인에게 일본인과 대등한 기회를 줄 것을 주장하였던 것이다. 그는 또 조선에 와서 부를 축적한 일본인들은 그 돈을 일본으로 가져갈 것이 아니라 조선에 재투자하여 조선인들로부터 반감을 사지 말아야 한다고 주장하였다. 그는 또 부산과 시모노세키 간을 오가는 선편에서 조선인들에게 도항증명서를 발급받을 것을 요구하는 것은 역시 조선인에 대한 차별대우이므로 철폐해야 한다고 주장하였다. 그리고 그는 결론적으로 일본인은 형(兄)의 위치에서 조선인에 대하여 관대하고 포용력있는 자세로 임해주어야 할 것이라고 당부했다. 여기서 조선민족에 대한 차별대우를 철폐해달라고 요구한 일에 대해 훗날 현준호는 자신은 민족적 이익을 옹호하기 위해 고투를 벌였다고 말하였다. 그러나 당시 친일파들이 일반적으로 명실상부한 내선일체의 실시, 즉 조선인을 식민지백성으로 대우하지 말고 명실상부한 대일본제국의 신민으로 대우해달라고 주장하고 있었던 것과 앞의 현준호의 발언은 과연 얼마만큼 다른 것이었을까.

현준호는 시국대책위원회 제2분과 회의에서는 "국가의 백년대계를 세우는 데는 무엇보다도 국민의 식량문제를 중시하지 않으면 안된다"면서, 1920년대 하강(下岡) 정무총감은 국가 백년대계를 세우고 산미증식계획을 추진했던 것이라고 칭송하고, 중단된 산미증식계획을 다시 부활시켜야만 한다고 주장하였다. 그는 일본제국의 1년 인구증가가 100만 내지 120만에 달하므로 그에 대한 대책을 세워야만 한다고 주장하고, 이와 관련하여 적어도 1년에 1만 정보 이상의 간척지 또는 황무지를 개간하여 1반보당 3석의 수확을 친다면 1만 정보에서 1년에 약 30만 석을 얻을 수 있다면서, 10년 혹은 20년의 원대한 계획을 세워 10년에 300만 석, 20년에 600만 석을 증산해야 한다고 주장하였던 것이다. 그의 이러한 발언과 1930년대에 착수한 그의 간척지 개간사업은 어떠한 관련이 있었을까 생각케 하는 대목이다.

한편 현준호는 1941년에는 시국대책사상보국연맹 전남지부장, 1942년에는 임전보국단 이사가 되었고, 국민총력조선연맹 전남지부장도 맡았다.

'친일'과 '민족을 위한 고투'

1945년 8월 15일은 현준호에게도 찾아왔다. 그는 해방 이후 특별한 정치활동을 보이지 않은 가운데 광주의 호남동 집에서 바둑으로 소일했다. 마침내 1948년 대한민국 정부가 들어서고 친일파들을 다루기 위한 반민특위가 구성되어 전남에도 반민특위 사무실이 설치되었다. 1949년 5월 7일 현준호는 출두지시를 받고 반민특위에 출두했다. 그는 그 자리에서 일제말기 시국대책사상보국연맹 전남지부장직 등은 자의가 아닌 타의에 의해 맡게 된 것이며, 호남은행을 유지하기 위해 부득이 맡게 되었다고 진술했다. 그리고 임전보국단 이사 등은 이름만 빌려주었을 뿐 실제로는 전혀 간여치 않았다고 진술했다. 그런데 그는 도평의회원과 중추원 참의직을 맡게 된 데 대해 "이 기회를 이용하여 조선사람들의 의사와 실생활상태를 전달하여 다소라도 우리 민족에 유리한 일이 있게 하기 위해 참여하였다"고 주장하였다. 그리고 그는 이 회의들에 참석하여 항상 민족의 이익을 위하여 민족혼을 부르짖었다고 주장하였다. 그는 "일인들과 합법적으로 투쟁하면서 고유한 민족혼을 순간도 망각한 일이 없으며 현재까지 고투한 것은 본인의 일생애를 통하여 일대 혁혁한 역사였다"고 주장하였다. 그러면서도 그는 "일인이 만들고 일제 식민지 정책상 설치된 도평의회의 일원이 되었다는 것이 민족 앞에 부끄럽다"고 진술하였다. 그는 해방 이후에도 한편으로는 일제 식민지 지배기구에 참여한 것이 부끄럽고, 다른 한편으로는 그 안에서 '합법적으로 투쟁'(?)하였다는 것이 자랑스럽게 생각되는 이중적 사고를 갖고 있었던 것이다. 반민특위 특별검찰부(특별조사위원장 이인)는 현준호를 불구속 처리했다. 1950년 6·25가 발발하였을 때 광주에 있던 현준호는 미처 피난을 가지 못하고 인민군들에게 붙들렸고 9월 28일 후퇴하는 인민군들에게 피살되고 말았다.

■ **박찬승**(목포대 교수·한국사, 반민족문제연구소 연구원)

주요 참고문헌

阿部 薰, 『朝鮮功勞者銘鑑』, 民衆時論社, 1935.
朝鮮總督府, 『朝鮮總督府 時國對策調査委員會 會議錄』, 1938.

문재철

암태도 소작쟁의 야기한 친일 거대지주

• 文在喆, 1883~1955
• 1910년대 초기 지도군(무안군) 참사. 1930~35년 전라남도 도회의원
1941년 흥아보국단 전라남도 도위원, 조선임전보국단 평의원

화염업과 선상무역활동을 통해 지주가로 성장

문재철은 그의 선조가 18세기 초기에 전라남도 암태도 수곡리(水谷里)에 정착한 이래 누대에 걸쳐 이곳에서 살았다. 암태도는 현재의 행정구역상으로 전라남도 신안군 암태면에 속한다. 암태면은 서남해안의 다도해 지방에 위치한 암태도, 추포도, 당사도, 초란도, 마전도의 유인도와 수십 개의 무인도 등으로 구성된 하나의 면이다. 이곳의 지형은 대륙붕이 잘 발달된 리아스식 해안지대로 농경지의 대부분이 넓게 펼쳐진 간석지를 개간하여 이루어진 것이다. 문재철의 선대는 간석지가 넓게 발달한 이곳의 지형을 이용하여 바닷물을 증수하고 소금을 제조하는 화염업(火鹽業)을 경영하여 재산을 증식하였으며 이를 바탕으로 지주가(家)로 성장하였다.

화염으로 소금을 제조하여 영산포, 하동포, 강경포구 등지로 선상무역을 했고, 지역 간의 격차를 충분히 이용하여 수익을 극대화시켜 이를 바탕으로 점차 지주가로서의 기반을 구축하였다. 이들의 소금장사에 대한 이야기는 지금도 섬지방에 구전되어 오고 있다.

이들이 소금을 배에 가득 싣고 영산포로 소금장사를 갔다가 소금 위에 커다란 구렁이가 앉아 있어서 그 소금을 팔지 못하고 전전긍긍하고 며칠을 보냈는데, 그 사이에 소금값이 몇 배로 껑충 뛰었다. 다시 배 안을 자세히 살펴보니 구렁이는 진짜 구렁이가 아니고 배닻줄이었다는 것이다.

이들이 부자가 되도록 하늘이 도왔다는 이야기이다. 이처럼 화염업과 선상 무역활동을 통하여 지주가로 성장할 수 있는 경제적 기틀을 마련했던 것이다.

그리고 한말에 그의 선대는 암태도에서 선희궁 암태도 감관(監官)과 나주목의 호방(戶房) 그리고 암태도 면장 등을 지내는 등 향촌사회의 권력에 참여하여, 농민을 직접 지배할 수 있는 위치에 있었다.

문씨 집안이 지주가로 급성장한 것은 1897년 목포 개항과 더불어 문재철이 암태도에서 목포로 이주하면서부터였다. 개항이라는 상황은 그가 부를 확대시킬 수 있는 더 없이 좋은 기회였다. 미곡이 대일수출(이출)의 주종상품이었으므로 지주경영은 높은 수익을 보장받았고, 목포항의 상인으로서 내륙의 미곡유통로를 장악, 선대제(先貸制)나 고리대자본을 이용하여 수익을 배가시켰다.

1910년 경술늑약과 더불어 그의 토지집적은 비약적으로 확대되었다. 그것은 식민지 권력기구에의 참여와 무관하지 않을 것이다. 식민지 지배에 있어서 제국주의 침략자는 피지배민족 중에서 자신들의 동조자를 만든다는 것은 일반적인 관행이었다. 또 그래야만 식민지통치가 가능한 것이다. 그것은 일제가 조선을 지배하는 데 있어서도 마찬가지였다.

경술늑약 이후 조선총독부에서는 중추원의 구성을, 각도에서 참여관 1인(참사관 3인), 각군에서 참사 2인을 중심으로 학식있는 명망가를 임명하여 자문에 응하도록 하였다. 이것은 식민지를 통치함에 있어서 치안유지 및 민심수습에 이들을 활용하기 위하였음은 두말 할 필요도 없는 것이다.

이러한 가운데 1910년대 초기에 문재철은 지도군(나중에 무안군으로 변경) 참사(參事)가 되기도 하였고, 1930년대에는 전라남도 도회의원 및 도평의원 등으로 식민지 권력기구에 참여하여 향촌사회에서 그 영향력을 계속하여 유지하였다. 이 시기에 이른바 '토지조사사업'과 일본 자본주의의 성장, 제1차 세계대전으로 인한 쌀가격 등귀현상이 문재철이 대지주로 성장하는 여건으로 작용하였음은 물론이었다. 1915년의 토지규모가 160여만 평으로 부친(문태현)대에 비하여 무려 20배나 확대되었다. 이처럼 개항장의 지주층을 비롯하여 재지지주(在地地主)층들이 식민지 무역의 급작스런 변동으로 소작인에게서 거두는 수확의 5할 이상 높은 수확료를 상품화하여 막대한 이익을 볼 수 있어서 대지주층으로서의 성장이 가능하였다. 이러한 상황이 이들에게 식민지 지배통치권력과의 야합경향을 더욱 촉진하는 계기가 되었다. 일본제국주의하에서 조선의 수출(이출)의 현실적 여건이 이러한 것이었으며, 일본자본주의와 조선의 지주층이 구조적으로 연계될 수 있는 경제적 터전도 이러한 것이었다. 반봉건적 식민지사회에서 지주층을 매판자본자 내지는 친일세력의 핵심이라고 일컫는 이유가 여기에 있는 것이다.

지주경영의 확대 강화와 소작쟁의 빈발

1920년대의 그의 지주경영은, 일제가 1차대전 후 대공황에 직면하면서 곡가가 폭락하여 그 수익이 이전과 같을 수는 없었다. 따라서 새로운 활로를 개척하지 않으면 안 되었다. 이에 강구한 대책이 지주경영의 강화에 그와 연관된 분야에로의 확대투자였다.

지주경영의 강화는 먼저 소작료의 인상에서 나타나고 있다. 즉, 반분타조제(半分打租制)를 4·6타조제(소작인몫 4, 지주몫 6)로 바꾸고 잡을도조(지주가 소작인을 입회시키고 벼의 수확 예상량을 협정하여 정하는 도조)라는 소작료 장수방법을 채택하여 지주경영을 강화하였다.

이 때 마름(舍音)의 소작인에 대한 침탈행위 또한 극심하였다. 일제 시기에 마름을 지낸 암태도 사람이 "나는 바람이 불거나 날씨가 좋지 않은 날에는 배를 타지 않습니다"라고 술회하였는데, 이는 소작인에 대해 심한 행위를 많이 하였기 때문에 그 앙화(殃禍)가 무서워서 그런다는 것이었다.

1920년대 후반 그의 지주경영지는 약 300여만 평에 달하는 거대 규모로 성장하였다. 이제 문재철의 지주경영은 이 단계에서 재정비되지 않으면 안 되었다. 그것은 농민항쟁이 독립운동의 일환인 사회주의 노선과 조직적으로 연계되면서 광범위하게 일어나고 있었기 때문이다.

특히 그의 지주경영지에서는 더욱 그러하였다. 암태도(1924)를 비롯하여 도초도(1925), 자은도(1926), 지도(1927) 등에서 농민항쟁이 연이어 일어난 것이었다. 이 항쟁의 결과 소작 농민들은 논에서는 합복제(合卜制)라는 부정액타조제(소작인몫 5, 지주몫 4, 농사장려금 1)를 쟁취하였다. 따라서 지대의 감소는 필연적이었다.

이 때부터 문재철의 지주경영은 일제의 농업회사나 농장과 같은 경영방식을 채택하여 농업생산의 합리화를 꾀하였고, 생산에서 판매에 이르는 전과정이 지주통제하에 계획적으로 실시되었다. 농민은 수확물을 '자금대여'라는 고리대적 관계에 의해 철저히 수탈 당하는 처지에 놓이게 되었다. 이러한 경영기구의 개편은 일제 독점자본주의의 정책과 궤를 같이하는 것으로, 식민지 당국으로부터 경제적인 금융지원과 정책적 지원을 받음으로써 더욱 촉진되었다. 그것은 1930년대 후반 회사경영지를 중심으로 한 간척지 개간사업으로 나타났다. 이러한 전후 배경에 힘입어 문씨 집안은 1940년까지 약 500여만 평에 이르는 조선 굴지의 대지주로 성장할 수 있었다.

문재철은 막대한 자금을 들여 1941년에 목포 문태중학교를 설립하고, 상해임시정부에 군자금을 보내기도 하였다고 전해진다. 그러나 그가 축적한 물질적 기반은 일제와의 결탁이 없었다면 불가능한 것이었으며, 또한 1941년 이후 흥아보국단 및 조선임전보국단에 참여했던 기록으로 볼 때 그의 친일 성향에 대해서는 이론(異論)의 여지가 없다고 하겠다.

■ **박천우**(장안전문대 교수·한국사, 반민족문제연구소 연구원)

주요 참고문헌

『동아일보』 1923. 12~1924. 9.

『조선일보』 1923. 12~1924. 9, 1933. 5. 11.

『조선연감』 1933.

사회·문화—언론

진학문
장덕수
서 춘

진학문
일제 '문화정치'의 하수인

- 秦學文, 1889~1974
- 1936년 만주국 국무원 참사관. 1940년 대화동맹 이사
 1942년 만주협화회 산하 조선인보도위원회 참여

총독부 고위관료와 교분 두터웠던 친일 언론인

진학문은 해방 직후 한국무역진흥회사 부사장(1952), 한국무역협회 일본지부장(1955)을 지냈으며, 경제개발 붐이 한창이던 1960년대에는 전국경제인연합회 부회장(1963), 서울시 자문위원회 건설위원장(1964) 등을 지낸 재계의 대표적 인사다. 그가 일제하에서 언론인으로 있었다는 사실을 아는 사람은 그가 이렇게 변신한 데 대해 놀랄 것이다. 그러나 그가 경제계의 요직을 두루 거칠 수 있게 된 것은 우선 일제 말 만주국에서 일본 국책회사 간부로서 일한 경험과 이력이 작용하였으며, 나아가 초기에 언론계에 몸담고 있으면서 닦아 놓은 일본인 고위관료 및 조선인 대자본가들과의 인맥 덕택이었다.

오늘날 우리 사회가 일제하 사회와 구조적으로 다르다고 하나 그 밑바탕에는 여전히 일제하에서 형성된 특권 계층과 부(富)의 원천이 단절없이 이어지고 있다. 이런 점에서 진학문의 일제시대 활동과 이력을 살펴보는 것은 일제 잔재가 제대로 청산되지 않은 우리 사회의 단면을 보여 주리라 생각한다.

진학문은 1907년 일본으로 건너가 다음해에 게이오의숙(慶應義塾) 보통부에 들어갔다. 그러나 학비조달이 여의치 못해 귀국하여 보성고보를 졸업했다. 진

진학문

주에서 잠시 선생 노릇을 하다가 1913년 다시 와세다대학 영문과에 입학했다. 그러나 곧 중퇴하고 1916년경 도쿄외국어학교 러시아어과에 입학했으나 이 역시 졸업하지는 못하였다. 10대 초반부터 시작된 일본 유학생활을 통해 그는 최남선*, 최두선(崔斗善), 신익희 등의 유학생과 사귀게 되었다. 특히 그는 한때 조선유학생학우회 회원으로서 김병로, 신익희, 장덕수*, 최승만, 최두선과 함께 『학지광』(學之光)이란 잡지를 만들고 총무로 일했는데, 그의 회고에 의하면 이 때가 가장 흡족하게 열심히 활동한 시기였다고 한다. 이 무렵 그는 『청춘』 등의 잡지에 수필과 번역물을 싣거나 타고르에 관한 논문을 쓰기도 하고, 단행본 소설집을 내는 등 문학지망생이었다.

그러나 그는 조선의 장래를 좌우하는 민족주의자들과 사귀는 한편, 당시의 사상적 사조인 진화론, 실력양성론에 매몰되어 있던 대개의 유학생이나 지식인들과 마찬가지로 상대적으로 선진국인 일본사회의 문물에 경도되었던 것 같다. 그가 별 주저없이 일제의 정책선전기관인 어용언론사에 입사한 것은 이러한 차원에서 파악해야 할 것이다.

와세다대학을 그만둔 뒤, 『매일신보』에 일자리가 있다는 최남선의 이야기를 듣고 귀국한 진학문은 『매일신보』 자리가 여의치 못하자 일단 『경성일보』에 들어갔다. 그런데 『경성일보』는 1906년 일제가 조선을 침략하기 위한 선전기관으로 설립한 것으로 『매일신보』와 성격이 비슷했다. 따라서 그가 언론계에 첫발을 내디딘 곳은 '민족'과는 거리가 먼, 아니 정반대인 곳이었다.

상사와의 불화로 경성일보사를 그만둔 그는 경성일보사 사장 아베(阿部充家)의 추천으로 1918년 오사카 아사히신문사에 입사하였다. 경성지국에서 일하면서 총독부와 산하 각급 기관을 출입하여 식민지 고위관료와 관계를 맺게 되는데, 이것은 훗날 그가 언론계의 주요 인물로 활약하는 데 큰 힘이 된다.

진학문 자신은 스스로 여전히 '민족주의자'라고 자부하고 있으나 『경성일보』 입사 때부터 이미 그는 일본의 조선통치정책에 동화되어 개량주의로 기울어 가고 있었다. 1910년대 당시 대부분의 조선 지식인들이 비록 룸펜으로 방황할지언정 일제의 어용신문에 지식을 팔아 생계를 도모하는 일만은 기피하는 분위기였다는 점에서 그의 언론계 입문은 친일의 시작이라 하겠다.

일제 '문화정치'에 따른 『동아일보』 창간에 매개 역할

1919년 3·1 운동이 일어나자 일제는 사이토 총독을 부임시켜 종래의 무단통치를 철회하고 '문화정치'를 시행하였다. 이 문화정치의 주요 핵심은 친일세력 육성과 민족운동계열을 대립·분열시키는 것이었다. 그래서 친일파 민원식*에게는 『시사신문』을, 송병준*에게는 『조선일보』를 허가하였다. 일제는 민족운동권을 표면화시켜 그들의 감시권 내에 두고 또한 민족운동계열을 분열시키기 위한 의도로 『동아일보』 창간을 극비리에 진행하였다. 민족계열 신문 창간 계획을 총지휘한 이가 『경성일보』 사장 아베였고 그 중간에서 매개한 이가 바로 진학문이었다. 『동아일보』 창간이 민족주의계열에 의해서 주도된 것이 아니고 총독부의 계획하에 하나의 정책으로 진행되었음은 진학문의 회고에서도 확인할 수 있다.

> 나는 그 때 내무장관 우사미(宇佐美)를 만나 '민간신문 허가는 어떻게 하겠는가' 하고 물었더니 그는 완강히 거부하지도 않고 머뭇거린 끝에 '한데 뭉쳐서 출원하지 그래' 하더군요. '한데 뭉쳐서……'라는 말은 출원자 전부가 한데 뭉쳐서라는 뜻이 아니라 '민족주의세력이 한데 뭉쳐서……'라는 뜻이었다고 생각했어요.(『동아일보사사』, 상권, 67면)

'이 우사미의 발언은 총독이 갈리기 이전의 이야기로 당시 벌써 민간지를 허가할 방침이 서 있었던 모양'이라고 하는 것으로 보아 일제는 이미 진학문을 매개로 신문을 창간할 의도가 있었음을 알 수 있다.

민간지 창간 허가를 얻은 후 진학문은 최두선을 통해 자금주로 김성수를 구했다. 이리하여 1920년 4월 창간된 『동아일보』가 조선민족해방투쟁을 지지하고 조선민중을 대변하는 민족지가 결코 아니었음은 창간사에서 내건 '문화주의'와 '연맹주의'가 일제당국의 구호인 '문화운동'과 '세계주의'와 일치하는 점에서도 분명하다.

진학문은 창간을 주도한 공로로 『동아일보』의 정경부장 겸 학예부장, 논설위원을 맡게 되었다. 그러나 그는 6개월 만에 별다른 이유 없이 퇴사하고 러시아행을 결정하였다. 그는 이 러시아행을 자기 전공분야인 러시아문학에 대한 열정으로 설명하였다. 그러나 도쿄-상하이-블라디보스톡을 경유하여 모스크바로 가는 과정에서 1921년경 상해 임정의 조소앙, 홍명희, 이광수*, 안창호, 블라디보스톡의 이시영 등 다수의 민족운동가들을 만난 것은 개인적인 친분관계에서였다기보다 모종의 탐지가 아니었나 생각되는데, 이는 목적했던 러시아에는 가지도 않았다는 점에서도 그러하다. 또한 귀국 후 그는 사이토 총독을 비롯한 총독부의 고위관료와 수차례 접촉하면서 저들의 문화정치공작에 앞장 선 상황으로 미루어볼 때 총독부와 상당히 밀착해 있었음이 분명하다.

일제 문화정치의 하수인으로 활약

『동아일보』 창간시 이면에서 은밀히 활약한 것과는 달리, 그는 3·1 운동으로 옥고를 치르고 나온 최남선과 함께 일제의 보조금을 받아 주간지 『동명』을 창간하는 데 주도적 역할을 했다. 이 잡지 발행 역시 문화정치의 일련의 정책 연장선상에서 이루어진 것이다.

> 최남선에 대한 잡지 허가의 건도 있습니다. 그 자금조달에 관해 미노베(美濃部)총재(조선은행 총재——인용자)에게도 양해를 얻어 두었더니 진학문의 별지

편지로는 '독을 맡겼더니 서로 양보하면서 결판나기를 기다리고 있는 격'이라는 눈치(밑에서 이리 밀고 저리로 돌려붙이고 있어 결말이 나지 않는다는 말)…… 조금은 융통성을 넣어 주어도 조선의 일을 위해서 손해는 안 될 것을……하고 여기고 있습니다. 만약 계제가 닿으시면 한 말씀해 주셨으면 하고 부탁 드리는 바입니다.(「齋藤實에게 보낸 阿部充家 서한」, 1922. 1. 24, 『齋藤實文書』)

소생의 생각으로는 최(최남선——인용자)의 잡지가 발행되면 내지의 건전한 출판물을 적당히 쉽게 조선어로 번역해서 소책자로서 알맞게 값싸게 팔아 출판업을 일으키게 해서 그것으로 조선사상계의 악화를 구하고 또 진학문, 이광수의 생활비의 출처로 삼게 하도록 매번 말씀드립니다.……동경유학생들의 공기를 살피건대 최남선도 어지간히 낡은 인물이라고 배척되고 있는 추세입니다. 따라서 최도 이러한 움직임과 맞서지 않을 수 없게 됐는데, 유생과 학생 사이에 끼어서 하나의 세력권을 만들어 내어 그들끼리의 논전으로 사상악화의 견제력이 되게끔 하는 효과는 틀림없이 있습니다.(「齋藤實에게 보낸 阿部充家 서한」, 1922. 6. 1, 『齋藤實文書』)

이상에서 알 수 있는 것은 첫째, 최남선의 『동명』 잡지 허가와 자금조달을 둘러싸고 진학문이 아베를 통해 총독부와의 매개역할을 하고 있다는 점이다. 둘째, 잡지발행의 효과로 조선사상계의 악화 예방과 동시에 민족운동 사이의 분열을 꾀하고 있고, 또한 이광수, 진학문의 생활비를 마련해 줌으로써 친일 내지 민족개량주의적 세력의 육성을 의도하고 있다는 점이다.

결국 진학문 자신이 민족주의적 사명감에서 그렇게 했다고 아무리 변명하더라도, 객관적 상황에서 볼 때 그는 이미 단순한 언론인이 아니라 일제가 생활비 대책까지 걱정해 줄 정도의 하수인이었다. 사이토 총독은 친일 민족개량주의세력 육성을 위해 많은 친일인사를 접견하였는데 진학문도 그 가운데 한 사람이었다. 그는 잡지 창간으로 분주하던 시기인 1922~23년 무렵 사이토 총독과 10여 회 만났다. 특히 거금 1500엔을 총독으로부터 받았다고 한다.(『齋藤實文書』 1923. 4. 17, 위기봉, 『다시 쓰는 동아일보사』, 102면)

『동명』의 진용을 보면 최남선이 감집(監執), 진학문이 주간이었고, 그 외에 염상섭, 현진건이 참여하였다. 『동명』은 1924년 3월 31일자로 일간지 『시대일보』로 바뀌어 발행되었다. 재정난이 가속화되자 그는 최남선과 함께 1924년 9월 1일 물러나고 『시대일보』는 주식회사로 전환하였다.

『시대일보』 이후 그는 한때 일본 『호우지(報知)신문』의 서울특파원을 지내기도 했다. 이후 모든 일이 여의치 못하자 1년여 동안 잠시 브라질로 이민을 떠나기도 했다. 그는 '일정(日政)하에서 정신적 방황으로 고국을 떠날 생각'을 하게 되었다고 한다. 당시 사회주의세력이 대두하고 민족주의세력 간에 독립방식을 둘러싸고 타협적, 비타협적 노선으로 분화되는 한편, 이에 대한 일제의 파괴공작 또한 더욱 고도화되고 치밀화되자 일제 하수인으로서 주어지는 역할의 압박을 벗어나고자 하는 마음과 지식인으로서 이미 일그러진 양심에 대한 가책에서 비롯된 탈출이 아니었을까 생각된다.

언론인에서 만주국 고위관료로 변신

브라질에서 귀국한 1928년 4월부터 1930년대 전반까지의 그의 이력은 잘 드러나지 않는다. 그러나 종래 언론계에서 개량주의 유포의 선봉으로서 활동해오던 그가 마침내 관직에까지 진출하여 1936년 만주국 국무원 참사관이란 고위직에 취임하는 것으로 보아 역시 총독부 및 일제 고위관료급과 돈독한 관계를 유지하면서 지냈음은 더 말할 필요가 없을 것 같다.

그가 일제 고위관료, 군부요인들과 단순한 인간적인 교류 이상의 관계를 맺고 있었다는 것은 관동군 참모장과 육군대신을 지낸 이다가키(板垣征四郞)가 도조(東條)에게 몰려 쫓겨난 후 시국을 개탄하면서 '조선의 장래를 위해 더욱 자중자애 해달라'는 내용의 편지를 그에게 보낸 것에서도 충분히 짐작된다.(『순성진학문추모문집』 61~62면)

1930년대 말 그는 언론계 시절의 경력을 기초로 일제의 어용지인 『만몽일보』의 고문을 지내기도 했으나, 이후 언론계와는 손을 끊었다.

1939년부터 해방되기까지는 만주생필품주식회사의 상무이사를 지냈는데, 전반기 3년 동안은 만주 본사에서, 후반기 3년여 동안은 경성지사에서 지냈다. 만주생필품주식회사는 만철소비조합과 만주국관리소비조합에 대한 물자공급기구로 조직한 것을 개편한 일제의 국책회사였다. 시장 담당 이사로 만주에 있을 때는 도매시장을 만주생필품주식회사의 지점 내지 출장소로 인수하는 작업을 했으며, 경성 주재 이사로 있을 때에는 도매시장의 물품을 공급하는 조선 내 회사들과의 교섭을 주로 담당했다.

결국 그는 1920년대 초반에 문화정치의 하수인 역할을 담당했듯이, 1930년대말부터는 전시체제하 통제경제정책을 담당하는 관리자로서 일제에 기여했던 것이다. 그가 해방 후 기업인으로 부각되고 재계를 대표하는 전경련 부회장까지 지낼 수 있었던 것은 바로 일제 말 만주생필품주식회사 시절의 경력과 경제계인사들과의 교류에 기초한다. 일례로 그를 전경련 부회장으로 천거한 이는 일제 때부터 친밀했던 경성방직 사장 김연수*, 김용완이었다.

그가 만주국으로 가게 된 것은 경기도 경찰부장, 도쿄시 고급관리를 지낸 시라카미(白上祐吉)의 천거에 의해서였다. 그가 당시 국내에서는 창씨제도와 내선일체 정책으로 운신하기가 힘들고 또한 만주에 있는 조선 동포를 위해 조금이나마 현실적으로 일해야 하지 않겠느냐는 충정에서 만주국 관료 자리를 받아들였다고 하나 이는 친일파의 상투적인 변명일 뿐이다. 조선인으로 만주국 관료를 지낸 이는 『매일신보』 부사장을 지낸 박석윤*(만주국 외무참사관, 만주국 폴란드 영사)과 함께 그가 유일했다. 박석윤 역시 만주국 고위관료로 취임한 것에 대해 조선인 동포를 위한 충정에서였다고 하니 자기합리화 치고는 너무 옹색하지 않는가.

해방 후 재계의 주요 인사로 활약

전쟁 말기에 이르면 그 역시 일제의 각종 전쟁협력 모임 및 강좌에 참가한다. 예를 들어 1942년 2월 '오족협화'(五族協和)를 기치로 내세우는 만주협화회 산하에 설치한 조선인보도위원회(朝鮮人輔導委員會)에 참가하여 재만동포에게 국민개로운동(國民皆勞運動)을 주지시켰다.

그가 전쟁협력에 적극적인 친일파 집단의 일원이었다는 사실은 당대 친일파의 거두인 윤치호*, 박춘금*, 이광수, 조병상, 이성근과 함께 대화동맹의 이사로 일했다는 점에서도 확인된다. 대화동맹은 항일민중 및 독립투사 30만 명을 학살하라는 하청을 받고 박춘금이 조직한 대의당(大義黨)의 표면단체였다.

공식적으로 황도공민연성(皇道公民鍊成), 결전체제의 강화, 내선동포의 정신적 단결을 촉진, 증산·공출책임의 완수를 강령으로 내걸고 1945년 2월 11일에 조직되었다. 조직 시기가 패색이 짙어가는 전쟁 말기였으므로 시국상황을 알고 있는 인사들은 대개 빠져나가려 하였고, 따라서 내선일체론과 대화혼(大和魂)을 철저하게 신봉하는 골수 친일파를 중심으로 했다. 대화동맹 창립식에는 총독 아베와 군사령관 이다가키가 참석하여 동맹원들을 격려하기도 하였다.

이러한 친일행각 때문에 해방 후 두문불출하다가 곧 일본으로 건너갔다. 이 일본행은 물론 새로운 국가건설을 위한 일제 잔재의 청산과 민중운동의 가열화, 반민특위의 구성과 활동들 때문에 도망간 것이었다. 그러나 그는 "국제정치니 뭐니 하는 거창한 문제를 들고 나오지 않더라도 광복 후, 특히 정부수립 이후의 한국이 고립되어 살 수 없는 한 적어도 이웃 일본과도 어떠한 관계가 없을 수 없다는 건 자명한 일이 아닌가? 그렇다면 정부가 수립되고 국교가 정상화되어야 할 필요가 있을 때 갑자기 일본을 알려고 한다면 시간이 늦다. 누구든지간에 일본에서 일본의 정체를 끊임없이 파헤치고 있어야 하겠다. 그래서 나라가 그것을 필요로 할 때 내놓을 수 있는 사람이 있어야 하겠다. 그 임무를 감당할 사람으로 나만큼 적격자도 없다는 자부심이 있었다"(「나의 문화사적 교유기」, 『세대』, 1973. 5, 『순성진학문추모문집』, 81면)라고 만주행 당시와 같은 구차한 변명을 늘어 놓았다.

남한만의 단독정부가 수립되고 한국전쟁으로 인한 참화 복구에 정신이 없어 식민지 유산 및 친일파 청산문제가 더 이상 제기되지 않게 된 1957년경 그는 완전히 귀국하여 재계의 주요인사로 국내활동을 재개하였다.

■ **오미일**(부산공업대 강사·한국사, 역사문제연구소 연구원)

주요 참고문헌

『齋藤實文書』, 1922. 1. 24, 6. 1, 1923. 4. 17.
『東亞日報社史』 1, 동아일보사, 1975.
최승만, 『순성 진학문 추모문집』, 1975.

장덕수

근대화 지상주의에 매몰된 재사

• 張德秀, 1894~1947
• 1939년 사상보국연맹 경성분회 제4분회장. 1941년 조선임전보국단 간부
1945년 국민의용대 총사령부 간부

한국말보다 일본말 더 잘한 재사

장덕수는 뛰어난 재사(才士)로서 파란곡절로 가득 찬 생애를 보냈던바, 그에 대한 평가는 극에서 극을 달리는 감을 준다. 그는 이광수*와 함께 물질적 기반이 취약하여 한말 봉건권력이나 1905년 이후의 일제 권력, 1945년 이후의 미군정에 밀착하여 자본주의적 발전을 꾀해 온 한국인 부르주아계급의 정치적·이념적 대변인 역을 가장 충실하게 수행한 인물로 꼽힐 수 있을 것이다.

장덕수는 풍운아답게 갑오농민전쟁, 청일전쟁, 갑오개혁 등이 한꺼번에 일어난 1894년에 황해도 재령에서 빈농의 셋째 아들로 태어났다. 그는 14세에 부친을 잃고 편모슬하에서 극도의 빈궁한 생활을 하였는데, 이것은 재능이 뛰어난 그에게 반사적 영향을 미쳤을 것이다.

장덕수의 친일화는 소년시절부터 이루어졌다. 그는 1901년 사립 연의학교에 들어가 신학문과 접했는데, 나라가 거의 기울던 1907년 부친 사별과 함께 14세의 어린 나이로 일본인한테서 일어를 배웠다. 이 또한 출세지향적인 그에게 영향을 미쳤을 것이다. 그는 다음해 일제의 조선 침략의 전초기지인 진남포이사청(理事廳, 영사관 역할 수행)에 급사로 취직하였다. 1910년 나라가 망했

장덕수

을 때, 장덕수 형제에게 일어를 가르쳐 준 후쿠이(福井)가 진남포이사청에서 평양부청으로 전근하게 됨에 따라 장덕수는 평양부청에서 고원(雇員)으로 일하였다. 즉 조선총독부의 말단관리로 일제에 복무하게 된 것이다. 다음해 그는 '각고의 노력' 끝에 조선총독부의 판임관(判任官) 시험에 합격하는 '영광'을 얻었으나, 더 큰 출세를 위해 일본으로 가 와세다대학에 입학하였다.

일본에서 장덕수는 후에 한민당의 최고지도자가 될 김성수, 송진우, 최두선, 김양수(金良洙) 등과 교유하며 맹활약하였다. 그는 『학지광』(學之光)의 편집위원이었고, 전일본대학생웅변대회에서 1위를 하였는가 하면, 와세다대학의 모의국회에서는 총리역을 맡았다. 이광수와 함께 명성을 날리는 그에게 일부 유학생들은 "그대는 왜 모멘가쓰리를 즐겨 입고 왜놈 행색을 내는가", "한국말보다 일본말을 더 잘 하고 일본말 웅변대회에 나가니 한국인의 혼을 저버리는 처사가 아닌가"라고 힐난하였다. 후에 친일파 김우영(金雨英)은 이 시기에 자신과 장덕수가 친일파이며 자치파라는 비난을 받았다고 회고하였다.

그러나 머리가 뛰어난 재사로서 그는 국제적인 안목이 있었기에 제1차 세계대전 말의 세계적 대세를 잘 알고 있었다. 장덕수는 1917년 상하이로 가 여운형 등과 함께 교제하면서 여운형의 제의로 신한청년당을 조직하고, 1919년 1월 도쿄에서 귀국한 뒤 곧 체포되어 전남 하의도(荷衣島)에 감금되었다.

1919년 11월 여운형의 도쿄행 덕으로 하의도에서 풀린 장덕수는 『동아일보』 창간에 뛰어들어, 주간으로 창간사 「주지(主旨)를 선명하노라」를 집필하였다. 이 때부터 3년간 그는 한편으로 사이토(齋藤實) 총독을 면담하는 등 총독부 관리들을 종종 만나고, 조선노동공제회, 조선청년회연합회, 조선체육회의 간부로서 활약하게 되며, 미국의원단이 왔을 때에는 미국에 대한 사모와 찬양, 기대가 절절히 흐르는 문장을 『동아일보』에 실었다. 그러나 신진 청년들이 사회주의를 표방하면서 그를 부르주아지의 앞잡이로 공격하자, 그는 1923년 4월 미국으로 떠나지 않을 수 없었다.

미국에서 장덕수는 이승만을 만나고, 허정 등과 함께 『3·1 신보(申報)』를 발간하였으며, 오리건대학과 콜럼비아대학에서 수학하였다. 1928년 그는 미국에 들른 일본 부영사 김우영을 안내하였다 하여 물의를 빚었다. 그는 김활란*한테 구애하다가 실패하고, 박은혜(朴恩惠)와 교제하였다(1937년에 그녀와 재혼함). 1936년 콜롬비아대학에서 「영국의 산업평화」로 철학박사 학위를 수여받고 그 해 12월 귀국하니 고국을 떠난 지 13년 만이었다.

황국신민화운동의 유능한 선전가

장덕수의 13년 만의 귀국은 반가움보다 실망을 안겨 주었고, 실망은 곧 분노로 변하게 만들었다. 김활란, 이광수, 윤치호*, 주요한* 등과 함께 너무나도 노골적으로 일제의 침략 만행을 찬양하고, 일제의 민족말살정책인 황국신민화운동에 가담한 것이었다. 나치의 침략전쟁과 더불어 가장 야수적인 일제의 침략전쟁에 동족을 몰아넣는 데 이들은 전혀 주저함이 없었다.

보성전문학교에서 강사 또는 교수로 재직하면서 장덕수가 행한 반민족·전쟁 찬양 활동은 세 가지로 나누어 살펴볼 수 있다. 하나는 파시스트 전쟁옹호단체에서 활동하는 것이었고, 다른 하나는 각종 형태의 강연을 통하여 야수적인 침략전쟁에 동족들을 몰아넣는 활동이었으며, 또 하나는 글을 통해서 전쟁을 찬양하고 학병에 나가기를 권유하는 활동이었다.

장덕수의 파시스트 전쟁 범죄 단체에서의 활동은 또다시 두 가지로 구분할 수 있는데 하나는 '사상전향' 단체에서 활동하는 것이었고, 다른 하나는 전쟁범죄를 교사하는 단체에서의 활동이었다.

자신의 사상을 철저하게 파시스트 군국주의로 '연성'(鍊成)하여 '대일본제국'의 '천황폐하'께 몸을 바쳐 충성한다는 취지로 1939년 7월 5일 조선신궁(神宮) 앞에서 사상보국연맹 경성분회가 결성되었을 때, 장덕수는 제4분회장을 맡았다. 그리고 이 사상보국연맹을 발전적으로 해소하여 대화숙(大和塾)을 만들었을 때, 장덕수는 유억겸*, 이묘묵(李卯默)과 함께 대표적인 조선인 협력자로 꼽혔다. 대화숙은 이른바 '천황정신'으로 인간의 사상을 전향시키고 연성하게 하는 곳으로, 수많은 민족주의자와 사회주의자들을 고문하던 곳이었다. 따라서 그의 참여는 단순히 피동적인 것이 아니었다. 일제측 기록에 협력자로 나온다는 것은 이들이 행한 죄질의 성격을 말해 주는 것이고, 해방 후 그들이 무슨 짓을 할 것인가를 예고하는 행위였다.

장덕수는 국민총력조선연맹에 김연수*, 고원훈*, 이승우*와 함께 간부로 참여하였으며, 국민총력조선연맹 결성의 취지와 비슷하게 황국 신민으로서 일사보국(一死報國)의 성(誠)을 맹세한 임전대책협의회가 1941년 8월 부민관에서 조직될 때 윤치호, 이성근(李聖根)과 함께 참여하였다. 그는 임전보국단준비위원회가 만들어질 때부터 준비위원으로 활동하다가, 1941년 12월 결성되면서 김동환*, 이광수, 박인덕* 등과 함께 간부로 들어갔다. 임전보국단은 유창한 문장으로 황민화운동에 위대한 업적을 남기기 위해서 만든 단체였다.

장덕수의 활동은 일제의 패망이 코앞에 닥친 1945년 해방 직전까지 계속되었다. 악질 매국노·민족반역자의 두목급인 박중양*, 윤치호, 한상룡*을 고문으로 하여 1945년 7월 국민의용대 총사령부가 만들어졌을 때, 그는 모윤숙*, 진학문*과 함께 경성부 연합 국민의용대의 주요 인물이 되었다.

이 시기에 장덕수의 재능은 각종 강연에서 유감없이 발휘되었다. 그는 전일본대학생웅변대회에서 1등을 하였거니와, 그의 웅변 솜씨는 강연에서 잘 드러났던 것이다. 그는 귀국한 지 얼마 안 된 1937년 9월 전조선 명사 59명 제2회 각도 파견 시국강연반이 조직되었을 때, 그의 고향인 황해도를 맡았다. 최악의 황국신민화운동 잡지로, 박희도*를 사장으로 한 『동양지광』(東洋之光)이 1939년 2월 창간되어 부민관 대강당에서 창간기념 시국문제 대강연이 열렸을 때 그는 연사로 나갔다. 제목은 '전시체제하의 산업보국'이었다. 1939년 8월에 열린 '국민정신선양 각도 강연'에서 장덕수는 시국 진전에 대한 인식과 결심을 밝혔다. 그리고 1941년 12월 국민총력조선연맹 주최로 '애국열변 대강연회'가 부민관에서 열렸을 때, 그는 조병상(曺秉相), 윤치호, 이성근 등의 거물 친일파와 어깨를 나란히 하여 열변을 토했다. 그는 '적성국가의 정체'란 선정적인 제목으로, "오랫동안 두고두고 받아온 미·영의 압박과 굴욕에서 이제 동아(東亞)민족의 해방을 부르짖는 결전을 개시한 것이다. 이제 동아민족은 압박과 착취를 당하여 뼈만 남았지만 이제 뼈로서 단연 궐기하여 구적(仇敵) 미·영을 타도하지 않으면 아니 되겠다"라고 외쳤다.

일제가 태평양전쟁을 도발하고 곧 동남아시아를 침략하여 싱가포르를 공략, '개가'를 올렸을 때, 특히 친미세력들이 '미·영 타도'에 열을 올리는 이상한 모습을 보여 주었다. 1942년 2월 부민관에서 박인덕, 김활란, 신흥우 등의 도미유학파와 함께 장덕수는 싱가포르 공략 대강연회를 가졌다. 장덕수의 웅변은 일제의 패색이 완연하였던 1944년에도 계속되었다. 1944년 1월에는 '금일의 태평양'이란 제목으로 방송을 하였고, 그 해 10월에는 국민동원총진회 주최의 강연에 최재서*, 김동환과 함께 참여하였는데, 그의 연제는 '대의(大義)에 철하라'는 기막힌 것으로서 한 저서에는 수많은 청중 앞에서 연단을 둘러가며 열변을 토한 것으로 기록되어 있다.

또 어떤 기록에서는 '학병 강제 권유에 총독의 칭송을 받게끔 정신방면으로 우리 학도를 가장 괴롭힌 자는 가야마 미쓰로(香山光郎 : 李光洙)와 장덕수 두 사람'이라고 지적하였다. 장덕수는 "학생 제군 중에는 재학지를 떠나 행방을 감추고 또 집에 돌아온 자도 빨리 지원수속을 취하지 않고……선배와 뜻있는 사람의 권고까지 피하고 있다 하지 않는가. 이러한 비열하고도 언어도단의 치욕을 모르는 젊은이가 또 어데 있을까. 나는 오늘날까지 교단에서 교편을 잡고 날마다 제군의 얼굴을 대해 왔거니와, 제군들 가운데 이러한 젊은이가 있으리라고는 추호도 생각하지 않았다"라고 울먹이면서 '폐하'의 군인이 되어 반도황민화를 실천하라고 외쳤다는 것이다.

장덕수는 『동아일보』가 아낀 명논설가였다. 그렇기 때문에 그의 활동은 강연과 함께 문장에서도 두드러졌다. 그의 반민족적 친일논설은 잘 알려져 있으므로 여기에서는 몇 가지 제목을 나열하는 것으로 끝을 맺겠다. 1943년에 그는 『매일신보』와 『동양지광』 등에 「선혈로 조국을 지키자」, 「의무교육제의 실시를 앞두고」,「학도 열성에 감사」 등의 글을 썼다. 1944년에는「입영학병에 부탁」,「관민일치 총궐기」 등을 담화 형식으로 발표하였으며, 1945년 국민문학 5, 6월호에는「징병의 감격을 말함」이라는 논문을 썼다.

근대화 지상주의에 매몰된 뛰어난 재능

해방 후 우익의 정치평론가들이 펴낸『친일파군상』에서는 '원래 미·영에는 호의를 가졌으나 일본에 호감을 가지지 아니하였고, 혹은 친미 배일사상의 소지자였으나 위협에 공포를 느끼고 직업을 유지하기 위하여 과도의 친일적 태도와 맹종적 협력을 한 자'로 장덕수, 주요한, 신흥우, 김활란, 유진오(兪鎭午), 정인섭(鄭寅燮) 등을 꼽았다. 이들이 일제의 민족 말살정책이나 파시스트 군국주의 전쟁 범죄에 과도하게 협력했다는 점은 누구나 인정할 수밖에 없겠지만, 그것이 위협에 의해 이루어진 것이라는 주장은 석연치 않은 점이 있다. 왜냐하면 이들 대부분은 하등의 저항없이 너무나 '맹종적'으로 일제에 충순하였고 그것은 일제의 패망시까지 계속된 것이다. 따라서 그렇게 된 원인을 해명하는 일이 필요할 것이다.

우선, 장덕수 등은 근대적 민족의식을 소유하기에 앞서서 근대화 지상주의에 물들었고, 그것은 일본과 미·영에 대한 찬미로 이어졌다는 점을 지적해야겠다. 그렇기 때문에 이들은 한편으로는 자신이 기독교와 일본·미국의 '모던'(modern) 문명의 전파자로 생각하고 선민의식과 우월의식을 가졌다. 그리고 그것은 민족문화에 대한 모멸과 민족에 대한 열등의식을 부추기는 제국주의 문화침략의식에 접속되어, 민중을 우매시하고 민중을 억압하는 것을 당연하게 여겼다. 그들은 민족의식을 말살하고 황국신민이 되어야 한다는 일제의 논리에 애당초부터 충순 또는 순응하게 체질적으로 되어 있었다.

둘째, 이들은 도미유학과 도일유학을 한 자들이었으나, 위와 같은 정신바탕을 지니고 있었기 때문에 서유럽의 민주주의사상은커녕 개인주의나 자유주의조차 제대로 익히지를 못했고, 동양의 가부장적 전제주의나 권위주의와 결합된 파시즘, 곧 일제의 군국주의 파시즘에 영합하기 쉬운 정신구조와 심리상태를 지니고 있었다. 이러한 요소들은 이들이 근대문명을 받아들였던 1910

년대나 1920년대에 이미 드러나고 있었고, 따라서 이들이 미군정의 극우반공 테러리즘이나 이승만 체제의 극우반공 백색독재에 앞장 서는 것은 군국주의 파시즘에 앞장 선 것과 똑같은 맥락에서 자연스러운 일이었다. 이들이 일제 말에 야수적 전쟁 범죄 수행에 과도하거나 맹종적이었던 것은 비정상적인 일도, 돌연한 일도 아니었다.

이와 함께 이광수나 장덕수의 빈곤에 찬 불우한 유년생활이 미친 영향도 고려되어야 할 것이다. 그들은 대단히 뛰어난 재능을 가진 인물들이었으나, 자신들을 불우하게 만든 조국을 사랑하기보다 증오하기가 쉬웠고, 그들이 지닌 재능을 발휘하여 선망의 대상이 될 위대한 인물이 되는 데 있어서, 그들의 조국은 무력하고 때로는 혐오스러운 존재였다. 그들의 재능 또는 출세는 제국주의 침략자 또는 외세가 오히려 더 잘 보장해 주는 것처럼 보일 수 있었고, 따라서 그들은 자신들의 재능을 발휘하여 명사 또는 지도자가 될 수 있다면 무슨 일이든지 할 마음의 준비가 되어 있었다.

근대화 지상주의에 매몰되었던 명사나 유지들이 1930년대 이전까지만 해도 은밀하게 벌였던 친일적 활동에서 벗어나 1930년대 후반부터는 민족말살정책과 군국주의 침략 범죄에 충순하였던 것은 해방 후의 민족국가 건설에 심대한 영향을 미쳤다. 그들이 한 짓은 너무나 적나라했기 때문에, 그들은 주관적으로는 민족의식을 가지고 있었음에도 불구하고 해방 후 일제를 대신한 다른 외세에 적극적으로 추종하여 민족 분열, 국토 분단에 외골수로 매진하여 단정운동을 일으키게 되었다. 그것은 또한 인간성을 상실한 비극적인 근대화 지상주의 숭배의 악순환이기도 하였다.

해방 후 미군정과 한민당의 유착에 매개 역할

해방이 되자 장덕수는 미국의 대한정책에 힘입어 지도자가 되었다. 미군정은 한국에 상륙하자마자 민족혁명세력을 약화시키기 위해 현상유지정책을 강경히 추진하였다. 한편으로는 일제통치기구를 그대로 답습하고 일제 고위 관리조차 상당 기간 각종 명칭으로 유임시켰으며, 악질적인 친일경찰을 비롯하여 일제통치기구에 복무하던 자들을 다시 불러냈다. 그와 함께 한민당 인사들을 경찰기구를 비롯한 요직에 임용하였다. 그리고 다른 한편으로는 인민공화국과 인민위원회를 탄압하고 민족주의자들 또는 좌익을 억압하였다. 여기서 장덕수는 중요한 역할을 수행하였다. 그는 한민당의 외교부장으로 미군정 접촉의 전방사령관이었는데, 미군정은 그의 친미주의와 재능을 높이 평가하였다. 여기서 장덕수 등을 매개로 한 미군정과 한민당의 유착이 실현되었던바, 1945년 10월 10일 아놀드 군정장관의 인공 부인 성명은 한민당이 쟁취한 초기의 중요 개가였다. 장덕수는 또한 귀국한 이승만이 머물고 있는 돈암장에 가장 빈번하게 드나든 대표적 인사였다. 이로써 미군정-이승만-한민당을 연결하는 반민족혁명적 현상유지적 단정 추진세력은 공고화되어 갔다.

미소공동위원회 활동이 정지되어 민족이 분단의 위기를 맞게 되자 좌우합작운동이 1946년 5, 6월부터 추진되었는데 한민당은 이를 냉대하였다. 또한 10월에 '좌우합작 7원칙'이 발표되었을 때도 한민당은 반대하였으며, 장덕수에게는 이승만이 미군정의 의도에 배치되게 7원칙을 반대하도록 설득하는 임무가 맡겨졌다. 이 때 김병로계, 원세훈계, 김약수계 등 한민당의 민족주의계열 인사들이 대거 탈당하여 한민당은 단정세력으로 '순수'하게 재편되었다.

1947년 3월 본격적인 냉전체제의 개시를 선포한 트루만 독트린이 발표되었을 때, 장덕수는 무릎을 탁 치며, "이것은 큰 불빛이다. 긴 터널의 출구가 보이기 시작했다"라고 확신하였다고 한다. 분단을 향한 터널의 출구가 보였던 것이다. 분단의 절차로서 한국문제가 유엔에 이관되어 한국문제 결의안이 통과되었을 때, 장덕수는 김성수와 마주앉아 2년 전의 8·15 해방에 버금가는 감격적인 낭보를 반기었다고 장덕수의 전기 집필자는 기록하였다. 그로부터 얼마 안 된 1947년 12월 2일 장덕수는 비명에 사거하였다. 향년 54세. 범인의 배후에는 한독당 중앙위원 김석황(金錫璜) 등이 연결된 것으로 알려졌다.

■ **서중석**(성균관대 교수·한국사)

주요 참고문헌

李敬南, 『雪山 張德秀』, 동아일보사, 1981.
綠旗日本文化硏究所 편, 『朝鮮思想界槪觀』, 『今日의 조선문제강좌』 4, 녹기연맹, 1939.
『東亞日報社史』 1, 동아일보사, 1975.

서춘

『매일신보』 주필로 맹활약한 친일언론의 기수

• 徐椿, 창씨명 大川慈種 또는 大川豊注, 1894~1944
• 1932년 『조선일보』 편집국장, 주필 겸 경제부장
1937년 『매일신보』 주필

2·8 독립선언 대표에서 친일파로 전락

『독립유공자공훈록』에 의하면, 서춘은 2·8 동경유학생 독립선언의 실행위원 11인 가운데 한 사람으로 1963년에 대통령표창을 받은 이로 기재되어 있다. 그러나 3·1 독립운동선언에 참여했던 민족대표에서 친일파로 변절한 대표적인 인물로 최남선*, 최린*, 박희도* 등을 들 수 있듯이, 서춘은 이광수와 함께 2·8 독립선언 위원 가운데 친일파로 변절한 대표적인 인물이다.

서춘은 1917년 동경고등사범학교 재학 당시부터 일제로부터 일급의 요주의 인물로 지목될 정도로 조선유학생학우회에 소속되어 각종 조선유학생 집회나 웅변회를 통해 조선독립운동과 직·간접으로 관련된 활동을 하였다. 이러던 중 윌슨의 민족자결주의에 자극받아 1919년 2월 최팔용, 김도연, 이광수*, 김철수, 백관수, 윤창석, 이종근, 송계백, 최근우, 김상덕 등과 함께 조선청년독립단 명의로 2·8 독립선언서를 발표하였다. 2·8 독립선언은 3·1 운동을 촉진하는 계기로 작용했으나, 일본 정부 및 제국의회에 대해 조선민족대회를 소집하여 민족자결의 기회를 줄 것을 청원하는 타협적인 노선을 표방한 것이었다. 서춘은 이 독립선언으로 9개월 금고형을 받았다.

서춘

형기를 마친 후 그는 도쿄제대 철학부를 거쳐 교토대학 경제학부를 졸업하였다. 귀국 후 1927년 동아일보사에 입사해서 경제부장을 지냈다. 이 시기에 『동아일보』, 『동광』, 『비판』, 『신동아』, 『별건곤』, 『혜성』 등의 지면에 주로 금해금(金解禁), 공황, 미가(米價)폭락 등의 경제관련 시사문제를 다루는 글을 발표하여 경제평론가로서의 지위를 굳혔다. 또한 그는 동아일보 본사와 지국 그리고 각 사회단체에서 주최하는 강연회에 주로 경제, 교양, 상식분야의 단골 강사로 초빙되어 왕성한 계몽활동을 하기도 했다. 1932년에는 조선일보사로 옮겨 편집국장, 주필 겸 경제부장을 지냈다.

그의 경제평론은 초기에는 일제 경제정책을 비판하는 경향이 엿보였으나 이후 대부분 현상적인 경제실정을 해설하거나 근대경제학적인 입장에서 미시적인 분석을 하는 수준에 머물렀다. 교토대 재학 시절 가와카미(河上肇)로부터 배웠다고 하나, 그의 경제평론은 정치경제학적인 분위기보다 근대경제학적인 분석틀에 훨씬 가깝다. 이는 지식인들의 사상적 분화가 분명하게 나타나고 있던 1930년대 초에 일제에 대해 일정한 타협적 논조를 견지하는 동아, 조선 양신문에 몸담고 있었던 그의 사상적 이력과 무관하지 않다.

『동아일보』, 『조선일보』는 1937년 일제의 중국침략을 계기로 그나마 명분상 내걸었던 민족언론지로서의 역할을 공식적으로 부정하고 전시체제에 적극 협력하는 친일언론으로 탈바꿈했다. 예를 들어 『조선일보』의 1937년 8월 2일자 사설 「총후(銃後)의 임무——조선군사후원연맹의 목적」에서는 '조선 역시 제국신민으로서 응분의 의무와 성의를 다하고저 시국대책을 강구·실시하고 있는 중 조선군사후원연맹은 가장 중요한 것의 하나'라고 하여 일본제국주의의 침략에 적극적인 후원과 지지를 표명하였다.

서춘의 조선경제에 대한 관점 역시 1937년 이후 일제의 경제정책을 적극적으로 미화하는 방향으로 선회한다. 조선은 한일합병을 통해 산업적 발달의 기초를 다지고 만주침략을 계기로 호경기를 맞이하였으며, 전시 통제경제 기간은 비약적인 공업발흥 시기라고 일제의 경제정책을 적극 찬양·옹호하는 관변 경제평론가로 변신한 것이다(「전시체제하의 조선경제」, 『四海公論』 41호, 1938. 9, 「전시하의 조선상공업의 진로」, 『사해공론』 42호, 1938. 10).

그의 경제평론은 모두 전쟁으로 인한 물자부족, 물가등귀로 조선 민중이 굶주림과 고통을 당하고 있는 현실을 외면한 채 이러한 물가등귀 현상의 특징, 원인과 재정정책의 추이를 분석할 뿐 그 물가등귀 저지의 근본대책에 대해서는 침묵하고 방관하는 자기 한계를 드러낸 것들이다(「물가의 전도——등귀경향을 취할 것이다」, 『조광』 3권 3호, 1937. 3). 이후 그가 '현정세하에서 허용된 가장 유효한 물가등귀 저지책'으로 든 것은 국민의 소비절약과 저축장려, 가격통제였는데, 이는 일제의 경제통제정책을 그대로 대변한 것이다.

'현대전(現代戰)에 있어서의 교전국 간의 경제전이라는 것은 환언하면 협력전이다. 협력! 이것은 정신의 힘이다. 정부가 국민정신총동원 주간을 설치하여 한 사람 한 사람이 총후(銃後)인 용사다. 국민총력이 있고서야 총후가 공고하다', '가치 있는 대용품을 발명·발견하는 자 또는 대용품 사용주의를 철저히 실행하는 자, 이들은 그 개인의 사경제로 보아 칭찬할 만한 사람일 뿐만 아니라 동시에 위국봉사(爲國奉仕)가 되는 것이다'라는 노골적인 전시경제체제 옹호의 글은 그가 조선 민중을 통제경제의 희생양으로 삼고 있음을 분명하게 나타낸다(「물가대책의 강화」, 『사해공론』 4권 6호, 1938. 6, 「대용품시대」, 『사해공론』 4권 7호, 1938. 7).

1930년대 말, 1940년대 초에 그는 단순한 경제평론가라기보다 실로 총력전의 일환인 경제전에 복무하는 일본제국의 '충실한 전사'였다고 할 것이다.

『매일신보』의 주필로 친일언론의 선봉을 자처

1930년대 후반 종래 민족주의자로 자처하던 이들이 민족주의란 허울을 벗어 던지고 친일파로 내놓고 행세하게 되는 시기에 이르면, 서춘 역시 이미 『매일신보』의 논조와 별로 다를 바 없는 『조선일보』를 떠나 아예 총독부 기관지이자 황민화정책의 선전기관인 『매일신보』의 주필로 옮겨 앉는다.

『매일신보』(每日申報)는 1937년 이후 『매일신보』(每日新報)로 제호를 바꾸면서 그 경영도 주식회사로 고쳤는데, 주식의 과반수는 총독부가 가지고 나머지는 친일자본가에게 분양하였다. 자본의 출처가 그러한 만큼 인사 임명도 총독부에서 좌지우지했다. 전시체제 이후 『매일신보』에서는 교화사업차, 근로보국단 위문대 등을 전국 각지에 파견하여 내선일체, 전쟁협력 고취에 광분했다. 따라서 『매일신보』 주필이란 일제의 식민지정책을 찬양하고 지지하는 일을 거리낌없이 할 수 있는 골수 친일파만이 될 수 있는 자리였다.

그가 친일파로서의 면모를 본격적으로 드러낸 것은 1937년 일제의 중국침략을 전후하여 내선일체론자들로 구성된 방송선전협의회에서 강사로 일하면서부터였다. 이후 1938년경에는 내선일체운동에 박차를 가하고, 국민정신총동원조선연맹을 후원하기 위해 군관민(軍官民) 각 방면의 유력자가 모여 결성한 목요회의 회원이 되었다(『금일의 조선문제강좌』 4, 『조선사상계 개관』, 53~54면). 이외에 국민총력조선연맹의 중앙선전부 선전문화위원회 위원(참사), 임전보국단의 평의원 등 당시 웬만한 친일단체에는 거의 관여하였다.

이와 더불어 그는 대표적인 친일잡지인 『동양지광』, 『녹기』, 『총동원』, 『춘추』, 『조광』, 『대동아』 등에 일제의 지원병제도와 내선일체를 지지하는 글을 발표해 일제의 식민정책을 충실하게 대변하였다. 『매일신보』에 실린 많은 친일 사설 역시 대부분 그가 쓴 것이었다. 나아가 1940년 1월에는 조선문화사란 출판사를 직접 설립하여 친일 잡지 『태양』을 창간하기도 하였다. 당시 조선총독부는 신문용지 절감, 물자절약이란 명분하에 『동아일보』, 『조선일보』와 잡지를 모두 폐간시키는 등 '일도일지(一道一紙)주의' 원칙에 입각하여 언론통폐합을 단행하고 있었다. 이러한 언론통제 속에서도 그가 잡지를 발행할 수 있었다는 사실은 친일언론을 전제로 하지 않고서는 어려운 일이었다.

그의 친일언론은 강압과 회유에 의한 마지못한 친일의 수준을 넘어 소신과 논리로 무장한 것이었다. 그는 국가의 국민에 대한 선전의 근본 목적은 국민교화와 국민정신의 작흥(作興)이라 규정하고 독일의 선전성에서 그 모범을 구하였다. "'국가에 불리한 언론은 언론이 아니고 독약이다'라는 정신하에 소극적으로는 불온사상 및 악종(惡種) 언론을 취체하는 동시에 적극적으로는 국책에 대한 정당한 인식을 철저히 하는 주지(主旨)하에 국내·외에 대선전을 한다는 것이 즉 현대국가의 최대임무의 하나"(「국가와 선전」, 『조광』 24호, 1937. 10)라고 하는 그의 주장은 근대자본주의 사회에서 언론이 갖는 본래의 역할인 비판성을 도외시하고 오히려 국가에 의한 언론통제를 정당화하는 파시즘적 언론관을 드러내는 것이다.

그가 일본군국주의를 대변하는 하수인으로 자처하고 이를 충실하게 수행했음은 일본어 잡지 『태양』의 창간목표를 '신동아건설 및 내선일체의 구현에 관한 신이론체제의 창설 확립, 건전한 사상의 양성, 개인 위인의 배출 조성, 시비 선악의 준별' 등으로 정하고 있는 데서도 알 수 있다.(「창간사」, 『태양』 창간호, 1940. 1)

그가 얼마나 일본천황제와 국가주의에 오염된 철저한 골수 친일파이며 전쟁협력자였는가는 다음의 글에서 잘 나타난다.

> 반도청년 제군, 제군에게는 지금 절호의 기회가 온 것이다. 내선일체, 이는 제군에게 있어서는 절호의 기회이다. 제국의 비상시, 이는 제군에게 대해서는 다시없는 기회이다……이는 제군에게 더 없는 광영이지 않으면 안 된다. 아울러 일본제국의 신민으로 되는 일이 간단한 것 같으나 간단하지 않다. 여기에는 중대한 의의가 포함되어 있기 때문이다.
>
> 1. 대군(大君)을 위해 태어나 2. 대군을 위해 일하고 3. 대군을 위해 죽자는 정신을 지니지 않은 자는 대일본제국의 신민으로 될 수 없는 것이다……우리 일본의 대화혼(大和魂)으로부터 말한다면 대군을 위해 죽는 일은 신하된 자의 본분임과 동시에 죽는 그 사람에게 대해서도 더 없는 행복이다.(「반도청년이여 분기하라」, 『총동원』 1권 5호, 1939. 10)

소화 18년 5월 13일! 징병제 실시를 앞두고 일사봉공의 열의에 불타는 반도 1천 500만 민중은 이날 또다시 광대무변한 성은에 감읍하여 마지 않을 감격과 광영에 우뢰 같은 환성을 폭발시키었다. 해군특별지원병제 실시의 발표가 그것이다. 이것은 실로 징병제 실시와 아울러 반도 민중의 완전한 황민화를 가납하옵신 것이니 대동아전쟁하 총후 반도의 다시 없는 영예이요, 비길 데 없는 만족이라 하겠다. 삼가 우러러 동방을 요배하고 황공하온 일시동인의 성지에 봉답하려면 순국의 결의를 더욱 해야 할 것이라는 것을 반도 청년은 깊이 명심하지 않으면 안 된다.(「성은에 감읍」, 『춘추』 4권 6호, 1943. 6)

이와 같이 그는 일본제국주의와 천황제의 사수를 위한 지원병제와 징병제 실시를 일본뿐만 아니라 조선에서도 실시하는 것은 더 없는 광영이며 신하된 자로 기꺼이 받아들여야 한다며 전쟁협력에 열광적이었다.

이 밖에도 그는 일본 본토를 본따 각 경찰서 관할구역별로 학도병 지원을 권유하기 위해 조직한 경성익찬위원회 산하 종로익찬위원회의 호별방문대로서 조선 학생에게 제국군대 지원을 직접 권유하였다. 또한 1943년 11월 14일 조선문인보국회와 재경 잡지사 공동주최로 YMCA에서 열린 출진학도격려대회에 연사로 참여하기도 하였다. 결국 그는 '아무도 따라올 자 없는 그의 알기 쉽고 평이한 변설과 필설'을 민족의 독립과 동포를 위해서가 아니라 일본제국주의를 위해 친일파로서 십분 발휘한 셈이다.

민족주의자를 위협·회유하여 제국주의 통치의 하수인 집단으로 삼고 개량주의 논리를 유포시켜 민족진영을 분열시키는 것은 제국주의 문화통치의 기본전략이다. 그러나 독립선언을 주창했던 조선의 대표적 지식인이기에 끝까지 지조를 지키지 못한 그의 변절은 직업적 친일분자의 친일행각이 안겨준 것보다 훨씬 깊은 패배감과 굴욕감을 조선민중에게 안겨주었다.

■ **오미일**(부산공업대 강사·한국사, 역사문제연구소 연구원)

주요 참고문헌

서 춘, 「전시체제하의 조선경제」, 『四海公論』 41호, 1938. 9.
_____, 「창간사」, 『태양』 창간호, 1940. 1.
_____, 「반도청년이여 분기하라」, 『총동원』 1권 5호, 1939. 10.
_____, 「성은에 감읍」, 『춘추』 4권 6호, 1943. 6.

사회·문화—학술

정만조
어윤적
이능화
최남선

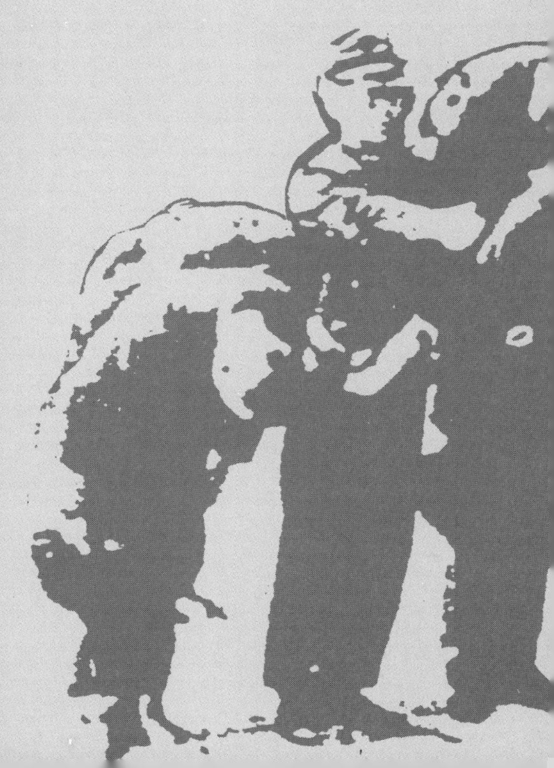

정만조
친일유림의 거두

- 鄭萬朝, 1858~1936
- 1922년 조선사편찬위원회 위원
  1929년 경학원 대제학

경학원 대제학의 벼슬자랑과 위당 정인보의 비웃음

1929년 정만조는 바라고 바라던 경학원(經學院) 대제학(大提學)이 되었다. 그는 족질(族姪)뻘이 되는 위당(爲堂) 정인보(鄭寅普)에게 근래에 들어 동래 정씨들이 많은 벼슬을 했지만 대제학은 내가 처음이라고 신나게 자랑을 늘어 놓다가 위당이 그런 대제학은 열 개를 씌워 놓아도 부러울 것이 없다고 핀잔을 주자 시무룩해졌다 한다. 대제학이라는 벼슬은 분명히 조선시대에는 영광된 벼슬자리였다. 그런데 경학원 대제학은 어떤 의미를 띠고 있기에 위당의 비웃음을 샀는가?

개항 이후 성균관은 교육기관으로서 침체를 면치 못해 특수교육기관으로 그곳에 경학원(經學院)을 부설로 설치했다. 그러나 이마저도 전통적인 교육과정과 양반 자제들의 입학으로 개화의 분위기에 맞추지 못하고 이름만 유지하였다. 일제는 조선을 완전히 '병합'한 뒤 성균관을 식민정책의 일환으로 전면적인 개편을 단행하면서 이름도 경학원으로 바꾸어 부르게 하였다.

그리고 그 관련인사도 친일파로 채웠다. 그래서 성균관은 또 교육기능을 상실하고 석전(釋奠)의 제사와 재산관리를 맡아 보는 정도였다. 이럴 적에 정만조는 친일유림으로서는 처음으로 부제학에 앉아 일제 식민지 정책에 협조했던 것이다.

민족주의자인 김창숙(金昌淑)과 같은 유림들이 경학원에 발을 끊자, 정만조 등 친일유림들은 성균관의 교육기능을 회복해야 한다는 총독부의 요구에 따라 명륜학원(明倫學院)을 설립하였다. 정만조는 대제학으로서 명륜학원 총재도 겸임하면서 조선총독부의 식민정책에 동조했던 것이다. 이들은 나중에, 예전에는 목숨을 걸고 지키려 했던 성을 바꾸는 일에 앞장 서는 사례도 있었고(창씨개명), 공자묘에 머리를 숙이던 것을 그치고 일본 천황에게 참배하는 일도 있었다(신사참배). 이런 일이 일어나게 된 책임은 형식상으로 그 최고책임자였던 정만조에게 지어져야 하는 것이다.

그러면 정만조는 어떤 출신으로 사회활동을 벌였던가?

그는 19세기 세도정치 속에서 네 임금 아래 영상(領相)을 지낸 정원용(鄭元容)과 당내친(堂內親) 사이이다. 이런 탓으로 그는 벼슬살이에 일찍 입문할 수가 있었다. 더욱이 그는 불우한 개화파 문사인 강위(姜瑋)에게서 시문을 충실히 익혀 문명을 얻었고 글씨도 인정을 받고 있었다.

그러니 여느 양반집 자제출신의 벼슬아치와는 달리 그는 지식인 관리로 꼽혔던 것이다. 그는 관계에 나와 승지, 참의 등의 벼슬을 지냈으나 차츰 반민씨세력에 가담하게 되었다. 이런 정치활동으로 김윤식*, 허진(許璡), 안주선(安周善) 등과 함께 유배되는 신세가 되었다.

그러나 일제가 통감부(統監部)를 설치한 뒤, 친일파를 육성하려는 계획 아래 이들을 풀어 주었고 정만조는 이왕직(李王職)의 직책을 받았다. 이후부터 그는 친일파로 변신하여 명문의 집안을 욕되게 하였다.

지식인 친일파의 전형

그는 지식인으로서 일제에 이용당하였기에 곧 규장각 부제학이 되었고 또 헌종·철종대의 국조보감(國朝寶鑑) 편찬위원이 되었다.

이렇게 되자 그와 가깝게 지내던 이건창(李建昌), 황현(黃玹), 정인보 등과 차츰 소원해지기 시작했고, 그가 중추원 촉탁 등의 일을 맡을 적에는 지조 있는 선비들로부터 따가운 눈총을 받았다.

1922년 조선총독부에서는 조선의 역사를 왜곡하기 위해 조선사편찬위원회를 발족시켜 『조선사』의 편찬을 시작하였다. 이 사업은 조선총독부 정무총감이 위원장을 맡았고, 당시 한국사를 전공한 일인 학자와 조선인 학자가 망라되어 여기에 참여했다.

그리하여 그 고문에는 이완용*, 박영효*, 권중현* 등이 추대되었고 기존의 조선총독부 편수과, 중추원 편찬과, 그리고 경학원의 대표 인사들이 위원으로 들어갔다.

그런데 정만조는 경학원 부제학의 대표로서 위원으로 위촉받아 참여하였는데, 역사학자도 아닌 그가 왜 위원으로 위촉을 받았는가? 그 까닭은 다음 두 가지로 요약할 수 있을 것이다.

첫째, 조선의 역사책을 만드는 데서 유림의 대표가 참여했다는 명분을 만들려 했을 것이요, 둘째는 박학하고 문장가(한문)인 그의 명성을 이용하려 했을 것이다.

그리하여 정만조는 1차로 1922년에서 1925년까지 위원으로 있다가 일단 해직되었다. 그러다가 조선사편찬위원회가 조선사편수회로 개편된 뒤 1927년에 다시 위원으로 피명(被命)되었다. 이 때는 책의 내용이 본격적으로 집필되던 시기여서 그의 한문지식이 필요로 했던 것으로 보인다.

정만조는 정기적인 고문의 일과 위원의 간담회에 열심히 참석한 것으로 나타나 있으나, 같은 위원인 이능화*와는 달리 별로 중요한 의견을 내지는 않은 듯하다.

당시의 관계기록에 따르면, 편찬의 구분에 있어 '제1편 삼국이전'이라고 표기된 것에 대해 단군조선이 여기에 포함되느냐는 의문을 제기한 정도이다. 물론 이들 기록이 상세한 질의응답 내용을 담고 있지는 않으나 그가 별로 의견을 내지 않은 것만은 확실하다 하겠다.

그리고 이능화나 최남선*, 신석호, 이병도와는 달리 집필에는 참여치 않았다. 이런 점으로 미루어 보아 그는 『조선사』 편수에는 피동적으로 참여했고 일제의 역사왜곡에 있어서는 위의 인사들보다 책임이 덜한 듯하다.

그러나 정만조는 또 하나의 역사왜곡 작업에 참여하였다. 즉 『고종실록』(高

宗實錄)과 『순종실록』(純宗實錄)의 편찬에 감수위원으로 참여한 것이다.

일제는 『조선사』의 편수와 함께 전통적인 『조선왕조실록』의 편찬방식에 따라 고종·순종의 실록편찬을 시작하였다. 그런데 이들 실록에는 일제의 침략정책과 관련된 내용들이 거의 대부분인데도 일제의 침략정책 사실을 누락하고 일제가 이른바 근대화에 기여했다는 기록을 중심으로 엮었던 것이다. 그가 비록 감수위원이었다고는 하지만 실제로는 권한이 없는 허수아비 노릇만 한 셈이었다.

미지근한 친일파의 길

정만조는 문사이면서도 그 꼿꼿한 기질을 보여 주지 않았다. 아마도 고생을 모르던 양반집 자제가 정치적 사건에 몰려 진도에 유배되어 12년을 지낸 악몽에 진저리가 났는지도 모른다. 그리하여 문사로서 여규형(呂圭亨)과 함께 친일파라는 오명을 남겼다.

또 그의 아우 정병조(鄭丙朝)는 그보다 더 노골적으로 친일행각을 벌였고 동래 정씨 문중산판까지 팔아먹은 일로 문중의 비난을 더 세차게 받아야 했다. 곧 형제 친일파라는 불명예를 낳았던 것이다.

정만조는 일제에 협조한 탓으로 재산도 그대로 유지할 수 있었고, 80세에 가까운 장수를 누리고 살았다. 그렇다고 해서 손자들의 이름을 지을 때 일왕의 이름인 다이쇼(大正)를 따 각각 대갑(大甲), 정갑(正甲)으로까지 지을 필요가 있었을까.

후배 친일파인 안인식(安寅植)은 그의 죽음을 애도하며 다음과 같은 만사를 썼다.

> 많은 선비 왕국에 났으나
> 남다른 재주 온 나라에 떨쳤네
> 문장은 해내를 울렸고
> 칭송의 이름 짝하리 없네

또 다음과 같이 뒤를 이었다.

늦게 성균관에 들었는데
70의 나이에 무엇을 구하리
우리 유학이 날로 이상해
엄숙히 자기 근심으로 여겼네

분명히 정만조는 이처럼 청장년시절에는 전국에 문명을 날렸고, 이런 명망 덕분에(?) 일제에 이용당하면서 비난을 한몸에 받기도 하고, 자기 회한에 빠지기도 한 것이 아닌가?

강위(姜瑋)의 제자 중에 그만이 친일파라는 오명과 함께 선비로서 성균관을 유린했다는 평가를 받게 되었다.

■ 이이화(역사문제연구소 소장)

주요 참고문헌

鄭萬朝,『茂亭遺稿』.
朝鮮史編修會,『朝鮮史編修會事業概要』.
國史編纂委員會,『日帝侵略下 韓國三十六年史』, 探求堂.

어윤적

유림 친일화의 앞잡이

- 魚允迪, 1868~1935
- 1919년 대동사문회 대표
  1922년 조선사편찬위원회 위원

친일단체 대동사문회의 우두머리

3·1 항쟁이 있은 후 일제는 무단정치라는 일반의 잘못된 인식을 바로잡기 위해 식민지 통치에 신명을 바쳐 협조할 인물로 귀족, 양반, 유생, 지주, 실업가, 교육가, 종교가 등을 포섭하여 그들에게 친일단체를 조직케 하려는 공작을 펴고 있었다. 즉 친일단체에 편의와 원조를 제공해서 충분한 활동을 보장하고 이들이 친일여론을 조성하도록 유도하려는 것이었다.

새로 부임해 온 사이토 마고토(齋藤實)는 그런 공작에 따라 유생들의 친일단체를 만들어 갔다. 그 중 제일 먼저 결성된 단체가 대동사문회(大東斯文會)다. 대동사문회는 1919년 11월 16일 발기총회를 가졌는데 그 대표는 중추원 참의 어윤적이었고, 또 일진회 간부 이범철(李範喆)과 김정기(金正基) 그리고 총독부 경무국의 정보위원인 일본인 등이 중심 인물이었다.

이들이 겉으로 내건 목적은 '덕성 함양, 윤리 존중, 지식 교환, 사업 진흥, 법률이 허용하는 범위 안에서의 동포 권리의 신장' 따위였다.

어윤적은 이 단체의 회장으로서 유생 끌어 모으기에 열중했으나 명망 있는 유생들이 여기에 낄 리가 없었고, 더욱이 어윤적이 그 동안 중추원 참의로 친

어윤적

일행각을 벌인 사실을 알고 있던 터라 백안시하였다. 그리하여 교활하고 약은 무리들(城狐社鼠 : 성이나 마을에 돌아다니는 여우나 쥐)만이 모여들었다.

어윤적은 이들 인사를 이끌고 총독부의 정책에 협조했는데 그 덕분에 중추원이 개편될 적에 3년 동안 이 단체의 회원이었던 정병조, 박이양(朴彝陽) 등 8명을 끼워 넣었다. 이 무렵 어윤적은 또 하나의 일본정책에 협조하고 나섰다.

『조선사』 편찬에 참여

일제는 '반도사'(半島史)라는 이름으로 우리 나라 역사를 편찬하기 위해 1918년 1월 기존의 조선총독부 편수과와는 달리 중추원에 편찬과를 두었다.

그리하여 중추원은 '반도사' 역사편찬을 담당하게 되었고 이를 지휘한 인물이 어윤적이었다. 중추원에 참여한 인사들이 대개 말짱 무식한 귀족 출신들이나 친일주구들로 구성되어 있었는데 그 중에서도 어윤적은 지식인에 속했던 것이다.

1922년에 일제는 본격적으로 『조선사』를 편찬하기 위해 조선총독부 밑에 '조선사편찬위원회'를 발족시키고 중추원 편찬과의 업무를 이관함과 동시에 그를 편찬위원으로 추대하였다. 그리하여 그는 죽을 때까지 이 일을 맡아 보았다.

그는 이 단체의 고문인 이완용*, 박영효*, 권중현*과 같은 친일주구와 자리를 함께 했고 또 일진회의 핵심인물인 유맹(劉猛)과 머리를 맞대고서 민족사를 왜곡하는 대열에 참여한 것이다.

어윤적은 우리 나라 역사에 대한 지식이 그나마 꽤 있었던 것 같다. 특히 고대사에 관심이 쏠려 있었던 모양이다. 『조선사』의 편찬 시기구분이 '제1편 삼국 이전' '제2편 삼국시대' '제3편 신라시대'로 되어 있었는데, 그는 편찬회의에서 '삼국 이전'은 '삼국전시대'로, '삼국시대'는 '삼국후시대'로 고치는 것이 좋겠다는 의견을 내기도 하였고, 단군과 기자가 '삼국이전'에 포함되는 것으로 알아도 되느냐는 정도의 질문을 하곤 하였다.

그러나 전체의 기술방침이라든지, 끝부분이 갑오개혁에서 끝나는 사실 등에 관해서는 거의 의문을 제기하지 않고 미리 정해진 방침에 따라가는 모습을 보임으로써 끝내 그는 민족사 왜곡에 한몫 거들었다는 오명을 남기게 되었다.

그 후에도 그는 경기도 참여관(參與官)이 되어 일제 식민지 정책에 적극적으로 동조하였고 정만조*와 함께 유교의 친일화에 많은 공로를 세웠다.

첫 출발이 친일파

그는 젊은 나이에 친일파가 되어 있었다. 일제는 조선을 침략하기 위한 전초작전으로 많은 귀족이나 유력자의 자제들을 일본에 유학케 하였고, 그들에게 많은 편의를 제공하여 일본에 협력하는 인물로 키워 나갔다.

어윤적은 이런 분위기를 타고 일본 게이오의숙(慶應義塾)에서 수학했다. 그가 도쿄에서 유학하고 돌아올 적에 그는 일본어를 능통하게 구사하는 수준에 있었다. 그리하여 일본어를 담당하는 번역관·상서관(象書官) 따위의 벼슬자리를 얻었다. 그리고 일본으로 가는 보빙대사(報聘大使)의 수행원으로 통역을 맡기도 하면서 일본인들과 교유를 넓혀 나갔다.

이 때 그는 젊은 개화파로 인정을 받았으나 일제의 마수에 깊숙히 빠져들고 있었다. 그가 개화파인 유길준(兪吉濬)이 미국에서 돌아와 『서유견문』(西遊

見聞)을 썼을 적에 그 교열을 맡아 간행하고, 신교육을 실시한 시무학교(時務學校)의 교사로 활약하였을 적만 해도 청년 개화운동가로 명망 있는 인물이었다.

어쨌든 그는 일제의 입김에 힘입어 용천감리(龍川監理)를 맡아 보았고 용천부윤으로 승진하였다. 일제가 '을사조약' 이후 내정까지 거머쥐게 된 1907년, 그는 학부(學部) 편집국장이 되어 고관의 대열에 들어섰다. 그는 편집국장으로 있으면서 중요한 일에 종사하게 되었다.

국문연구에 남긴 업적

당시 국학연구의 분위기를 타고 지석영(池錫永), 이능화* 등이 국문에 대한 새로운 연구를 발표하거나 정부에 보급을 소청하였고, 정부에서도 이를 일부 받아 주고 있었다.

그리하여 학부에는 1907년 7월 국문연구소를 설치하여 그 위원회를 두었다. 초대 위원장은 학무국장 윤치오(尹致旿)가 맡았고 위원에는 학부 편집국장인 장헌식*을 비롯하여 이능화, 주시경(周時經) 등이 임명되었다.

그 후 같은 해 8월 학부 편집국장이 어윤적으로 바뀜에 따라 어윤적이 새로이 위원이 되었다. 약 2년에 걸쳐 위원회는 국문 전반에 걸친 토론을 23회나 벌였는데 어윤적은 단순한 책임자로 참석한 것이 아니라 자신의 연구와 견해를 밝혔다.

그 결과가 오늘날 한글의 문자체계와 맞춤법의 원리에 반영되고 있는 것이다. 이 때 어윤적은 훈민정음의 모든 글자를 성리학의 기초인 태극과 음양의 이치로 설명하고 문자학의 의미를 부여했다. 또 지금은 쓰고 있지 않지만, '초성(初聲)은 ㄷ, ㅅ과 같이 종성(終聲)으로도 써야 한다'고 주장했다.

특히 그는 이 연구에서 가장 이론이 단단한 주시경의 말에 찬동하기도 하면서 많은 공헌을 하였다. 비록 이 일이 나라가 망하는 현실에서 제대로 수용되지는 못했으나 그의 노력과 공헌은 적지 않았다. 그가 한 일 중에서 이것이 나라에 공헌한 부분일 것이다.

그 후 어윤적은 교육자로 변신하여 한성사범학교 교장과 한성고등여학교 교장 등을 역임하였다. 일제는 그를 교육계의 대표로 중추원 참의에 임명했다.

그런 끝에 그는 씻을 수 없는 『조선사』 편찬에 참여하였고, 더 나아가서는 대동사문회 회장과 경기도 참여관까지 지낸 것이었다.

그가 늘그막에 경기도 참여관이 된 것도 하나의 오욕이었다. 일제는 친일분자를 양성하여 관료로 써 먹으려는 정책을 썼는데 구한말의 관리를 여기에 포함시켰다. 식민지적 관료조직에서 군수를 거쳐 참여관·도지사가 되는 과정은 엘리트가 되는 길이었다.

참여관은 도지사의 자문기관으로서 각 도마다 조선인으로 한 명씩 두었는데 지금의 부지사(副知事)에 해당한다. 구한말 학부의 국장이요, 중추원 참의를 지낸 인물이 일제가 주는 이런 자리를 60세가 되어서도 널름 받은 것이다.

그는 비록 적극적인 친일파는 아니었으나 지조를 지키지 못함으로써 그의 국문연구와 역사지식을 바래게 만들었다.

■ 이이화(역사문제연구소 소장)

주요 참고문헌

魚允迪, 『東史年表』
朝鮮史編修會, 『朝鮮史編修會事業概要』

이능화

민족사 왜곡과 식민사학 확립의 주도자

• 李能和, 1869~1943
• 1922년 조선사편찬위원회 위원
1925년 이후 15년간 조선사편수회 위원

『조선사』 편찬의 핵심인물

대개 이능화를 사학자로 아는 사람들도 그의 친일행각에 대해서는 별로 아는 것이 없는 듯하다. 그에 관한 연구는 역사학계보다 불교학계에서 먼저 시작되었거나 거론되었는데, 동국대학교에서 불교사를 연구한 안계현(安啓賢)은 이렇게 쓰고 있다.

일찍부터 보다 넓게 한국을 찾고 민족을 빛낼 국학(國學)의 길을 택해 왔던 그는 때마침 1922년 조선총독부에 조선사편찬위원회가 조직되어 그 위원의 한 사람으로서 위촉받았을 때 기꺼이 이를 수락했으니, 이는 다름아닌 일인(日人)들의 『조선사』 편찬에 직접 참여함으로써 우리의 국사를 조금이라도 올바르게 잡고, 나아가서는 희귀한 사료와 전적도 손쉽게 섭렵할 기회를 얻으려는 속셈에서였다. 이로부터 15년간을 위원 또는 편수관으로서 공적인 『조선사』 편찬에 종사하는 한편, 종교를 비롯한 민족문화 각 분야에 걸쳐 수집한 자료를 정리·연구해서는 이를 후학에 전수코자 정력적인 원고집필을 계속해 갔다.(「韓國近代人物百人選」)

이능화

이 글에서는 이능화가 『조선사』 편찬에 참여케 된 동기를, 우리 역사를 조금이라도 옳게 잡아 나가고 이어 이 일을 통해서 사료 같은 것을 수집해 개인이 이 관계 저술에 활용하려는 데에서 나왔다고 쓰고 있다.

아마 이런 해석과 평가가 그 동안 그를 소개하는 기준이 되어 온 듯하다. 그리고 그러한 해석에 그가 남긴 『조선불교통사』(朝鮮佛教通史)나 『조선도교사』(朝鮮道教史)가 이용되어 왔던 것이다. 그의 개인저술에 대한 평가는 일단 제쳐 놓고라도 그가 15년간이나 봉직했던 조선사편수회를 설립한 목적과 이곳에서 편찬·간행한 『조선사』의 내용을 검토해 보아야 그에 대한 평가가 제대로 내려질 듯하다.

『조선사』 편찬의 저의와 내용

일제는 조선의 역사를 학술적으로 연구해 놓은 것이 없고 수천 년에 걸친 문화변천의 자취를 더듬어 볼 수 있는 사서(史書)를 찾아볼 수 없음이 실로 유감스러운 일이라고 하여 조선의 역사를 집대성하여 간행하기로 하였다.

일제는 그 기본정신을 이렇게 기술하고 있다.

끝까지 그들을 교화하여 인문의 영역으로 나아가게 하고 일치합동(一致合同)의

단합된 힘으로 제국일본의 앞날의 융성을 도모케 함은 만세의 양책으로서 병합의 큰 뜻이 실로 여기 있다 할 것이다. 그러므로 이미 조선의 인민을 교화함을 목적으로 하는 이상은 처음부터 그들의 이목(耳目)을 가리는 책으로 나와서는 안 될 뿐만 아니라 더 더욱 교화의 본뜻이 어디에 있는가를 분명하게 밝혀 두지 않으면 안 될 것이다. 조선은 여타 식민지의 야만미개한 민족과 달라서 독서와 문장에 있어 조금도 문명인에 뒤떨어질 바 없는 민족이다.(『조선사편수회 사업개요』, 제2장 조선반도사의 편찬)

이 글을 통해서 '반도사'를 편찬하는 목적이 분명히 드러나고 있는데 이는 식민지 정책을 원활히 하기 위한 것이다. 또 이 글에서는 기존의 한국사 관계 저술에 대해 이렇게 기술하고 있다.

고래로 사서가 많고 또 새로이 저작에 착수한 것도 적지 않다. 그리하여 전자는 독립시대의 저술로서 현대와의 관계를 결하고 있어 헛되이 독립국 시절의 옛 꿈에 연연케 하는 폐단이 있다. 후자는 근대조선에 있어서의 일로(日露), 일청(日淸) 간의 세력경쟁을 서술하여 조선의 나아갈 바를 설파하고 혹은 『한국통사』(韓國痛史)라고 일컫는 한 재외(在外) 조선인의 저서 같은 것의 진상을 규명하지 않고 함부로 망설을 드러내 보이고 있는 것이다.

이것은 기존의 자주사관을 토대로 한 역사책이 식민사관에 맞지 않고, 또 박은식의 『한국통사』처럼 사실을 날조하는 역사책이 존재하는 현실을 타개하기 위해 새로이 근대사학의 방법으로 편술해야 한다는 것이다.

이러한 기본정신으로 보면 『조선사』의 편술목적은 처음부터 너무나도 뚜렷했던 것이다.

이미 일제는 '반도사'의 편찬에 뜻을 두어 조선총독부에 편수과를 두고 약 2년간 자료수집을 하고 있었다. 그 후 1918년 '반도사'의 편찬에 한층 더 권위를 부여하고 또 사료수집에 발맞추어 중추원(中樞院)에 편찬과를 설치하여 이를 담당케 하였다.

그리하여 삼한, 삼국, 통일신라, 조선 등 4편의 내용이 완성되었으나 고려와 조선 최근세사 등 2편의 내용이 이루어지지 않았다. 그러다가 1922년에 조선사편찬위원회가 조선총독부 직속으로 새롭게 설치됨에 따라 '반도사'의 모든 업무는 중지되고 이관하게 된 것이다.

조선사편찬위원회는 조선총독부 정무총감이 위원장을 맡았고, 고문과 위원을 두었으며, 실무 담당자로 서기와 간사를, 집필자로 촉탁을 두었다. 또 1925년부터는 조선사편수회로 명칭을 바꾸고 기존의 직제 이외에 수사관(修史官), 수사관보를 새로이 두었다.

처음 발족할 당시에 고문으로 추대된 세 사람은 중추원 부의장 이완용*과 중추원 고문 박영효*, 실직이 없는 자작(子爵) 권중현* 등이었다. 또 그 위원은 중추원 총독부 경학원(經學院)의 관계 인사와 조선사 연구교수들 19명이 임명되었다. 한마디로 말해서 친일파의 거두들과 이름 있는 친일 사학자들이 망라되어 있었다.

민족사 왜곡과 식민사학 확립에 지도적 역할

조선사편찬위원회가 이런 기본방향과 진용을 가지고 출발했는데, 이능화는 천명(天命)을 알 나이였음에도 불구하고 자신의 역사연구에 도움을 얻기 위해 여기에 가담했던가? 민족사를 왜곡하고 식민사학의 확립에 지도적 역할을 한 것을 이따위 구실로 자위할 수 있겠는가?

어쨌든 이능화는 조선총독부 편수관 자격으로 일진회의 이론가이던 유맹(劉猛) 등과 함께 위원이 되었다. 그는 유맹을 비롯하여 어윤적*, 정만조* 등이 실질적인 역할을 제대로 못할 적에 현채(玄采), 홍희(洪憙) 등을 이끌고 참여했다.

또 1925년 조선사편수회로 개편될 때 일시 겸직인 촉탁에서 해임되었으나 이는 절차상의 형식에 지나지 않았다. 이후로 이능화는 최남선*, 신석호, 이병도와 같은 유능한 후배들이 들어와 이들을 데리고 원로의 입장에서 지도하기도 했다.

이능화는 『조선사』가 7편으로 그 편찬을 구분 지을 때 조선시대 중기(광해군부터 영조까지)에 해당하는 제6편과 조선시대 후기(정조부터 갑오개혁까지)에 해당하는 제7편을 담당하여 집필하였다. 다시 말해서 조선시대 당쟁이 가장 치열하던 시기와 근대사의 분기점까지 맡았던 것이다. 그러니까 조선사편수회로 개편되어 사무분담이 새로 개편되던 1927년까지 6편과 7편의 편찬을 주도한 것이요, 그 후에도 촉탁으로서 가장 주요한 집필자가 되었다.

1923년에서 1935년까지 조선사편찬위원회는 9차의 회의를 가졌는데 그 참석자로 이능화는 거의 빠짐없이 적혀 있다. 이 때의 발언내용이 바로 위원들의 견해나 태도와 직접 관련이 있다. 1차 위원회 때 이능화는 "조선의 상대(上代)에는 단군조선, 기자조선, 위만조선이 있으므로 삼국이전을 고대조선으로 명칭하는 것이 좋겠다"는 의견을 내고, "발해사를 어디에 포함시키느냐, 그리고 건국의 신화는 민족의 정신을 발휘하는 내용이므로 수록하는 것이 좋겠다"는 말을 했다.

그러나 이런 질의에 고문 구로이타(黑板勝美)가 단군과 기자에 관한 사실을 수록할 생각이라고 대답하자 이능화는 "이번에 공평하고도 완벽한『조선사』가 편찬되는 일은 우리들이 크게 만족할 만한 일입니다"고 감격해 마지 않았다(결국에는 단군관계는 사실이 부정확하다고 빠졌으며 발해사는 신라에 포함되고 말았다).

『조선사』의 기본틀이 짜여질 무렵인 1934년의 8차 위원회에서 이능화는 이런 발언을 했다.

> 단군과 기자에 관한 사항은 매우 중요한 문제인데도 불구하고 그 연대가 불분명하기 때문에 본편에 수록되지 않았으므로 이제 몇 편을 만들자는 논의가 있습니다만 그것에 관한 사료가 매우 적기 때문에 저는 별편이 어떨까 생각합니다. 저의 생각으로는『삼국유사』와『동국통감』과 기타 중국인의 학설 등을 모아서 좀 전에 이나바(稻葉) 간사가 말씀하셨던 고려 백문보(白文寶)의 항(項)이나 이조 세종의 항에 수록하면 좋겠습니다.(『조선사편수회 사업개요』)

그는 단군문제에 있어 일인 사학자들의 방침에 동의하면서 구차한 방법을 제시하고 있다. 이런 태도를 두고 "건국신화는 민족정신을 발휘하는 것이므로 반드시 수재하여야 한다고 주장한 바도 있어 민족적 주체의식의 뚜렷함을 볼 수 있다"(이기영 집필의 『한국민족문화대백과사전』의 이능화 항목)는 평가를 내릴 수가 있는가?

마땅히 이 때쯤이라도 사표를 던지고 나왔어야 옳은 것이 아닌가? 결국 완성된 『조선사』는 동조동근론(同朝同根論)의 서술, 임나일본부설(任那日本府說)의 수용, 조선 중세의 정체성(停滯性)과 타율성(他律性) 서술 등 식민사관을 여실히 드러냈던 것이다. 더욱이 한국 근대사의 시작을 갑오개혁으로 보고 이 사항에서 끝을 맺었는데 바로 이능화가 이 대목의 집필에 참여했던 것이다.

현실 문제와 동떨어진 국학 연구와 기타 활동

이능화는 충북 괴산 출신이다. 그의 아버지 이원긍(李源兢)은 개화파로 법무협판을 지냈고 독립협회 운동에 가담하여 3년의 옥고를 치르기도 했다. 이 무렵 그의 아버지는 기독교신자가 되었는데 불교를 신봉하던 그와는 심한 갈등을 겪었다고 한다.

이능화는 한학을 바탕으로 영어, 중국어, 불어, 일어를 차례로 익혀 관립 법어학교의 교장이 되기도 했고 농공상부의 주사가 되기도 했다. 이런 지식과 경력을 지니고 국학에 본격적으로 관심을 기울인 것은 정부에서 설립한 국문연구소의 일원이 된 1907년으로 보인다. 국문연구소에서 그는 어윤적*, 주시경 등과 한글에 관해 토론을 벌이며 연구에 참여했다.

1910년 나라가 일제에 망하자, 그는 교육사업을 벌이기도 하고 불교운동에 나서기도 했으나 민족운동이나 독립운동에는 나선 적이 없던 것으로 알려졌다. 3·1 항쟁 때에도 그는 조용한 나날을 보냈다.

이런 온건한 그의 행동노선은 끝내 그를 조선총독부 편수과와 조선사편찬위원회에 참여케 만들었던 것이요, 그 자신은 적당한 변명의 구실이 될 꼬투리를 남겨 두려 했으나 결과적으로 친일파의 대열에 끼어 일신의 편안을 누리고 살았다.

그는 『조선사』 편찬에 참여하는 동안에 『조선여속고』(朝鮮女俗考), 『조선해어화사』(朝鮮解語花史) 등 불교, 유교, 도교, 기독교 그리고 사회사, 여성사 등 국학 전반에 걸친 저술들을 내놓았고, 그 중에 상당수는 오늘날 우리들도 아주

유용하게 이용하고 있다. 그가 이런 국학 관계 연구에 몰두했던 것은 엄연한 사실이다.

그러나 그의 학문적 태도가 불투명한 탓으로 친일파로 전락했듯이 그의 저술도 현실문제와는 거리가 먼 내용들로 채워져 있다. 그는 같은 시대에 산 박은식(朴殷植), 장지연(張志淵), 신채호(申采浩)와는 길을 달리 했던 것이다.

그는 일본학자들과 어울려 청구학회(靑丘學會)에 참여하여 그 평의원이 되었고, 또 다른 조선총독부의 사업에 협조하여 1932년 『고종실록』(高宗實錄), 『순종실록』(純宗實錄)의 편찬에 참여했으며, 이어 보물고적보존회의 위원이 되기도 했다. 이러한 것이 모두 학술 관계 활동이다 보니 민족문화수호에 앞장섰다는 해석이 나올 수도 있을 법하다.

아무튼 『조선사』 편찬이 끝난 뒤 그에게 이왕직(李王職)의 새로운 일자리가 주어져서 70세가 넘은 나이인데도 이를 받아 봉직했다.

이능화의 행적을 더듬어 보면 『조선사』 편수에 참여한 일 이외에 적극적으로 친일한 흔적은 드러나지 않는다. 다시 말해 지원병(志願制) 권유라든지, 정신대 권유라든지, 이런 일에는 참여하지 않았다. 이는 학자를 표방한 탓이었을 게다. 그렇지만 그가 이런 활동을 벌이며 고뇌한 글을 접할 수가 없음도 안타깝다.

식민사관에 철저하게 동조한 오류는 결코 지워지지 않을 것이다.

■ **이이화**(역사문제연구소 소장)

주요 참고문헌

央央大 韓國文化硏究所, 『李能和全集』.
朝鮮史編修會, 『朝鮮史編修會事業概要』.
安啓賢, 「李能和」, 『韓國近代人物百人選』, 『신동아』 1970년 1월호 부록.
이기영, 「李能和」, 『한국민족문화대백과사전』, 한국정신문화연구원, 1992.

최남선

반민특위 법정에 선 독립선언서 기초자

- 崔南善, 1890~1957
- 1928년 조선사편수회 위원. 1938년 조선총독부 중추원 참의
  1939년 만주국 건국대학 교수

「자열서」의 허와 실

육당(六堂) 최남선, 기미독립선언서의 기초자였으나 일제 말기의 친일행위로 반민특위법에 걸려 옥고를 치렀던 한국 근대 사학계의 거성. 그는 애국자인가, 매국자인가.

최남선은 이런 물음에 대해 자신의 결백을 주장하는 「자열서」(自列書)를 쓴 바 있다. 이 「자열서」는 1949년 2월 그가 반민족행위자로 지목되어 마포형무소에 수감되었을 때 쓴 옥중 자백서인데, 그는 "해방이 되자 세상 사람들이 나를 지나치게 무고(誣告)하므로 이에 대해 '나의 진실'을 밝히기 위해서 썼다"고 집필동기를 밝히고 있다. 따라서 이 「자열서」는 자신의 과오를 뉘우치는 '반성문'이라기보다는 자신의 죄과가 세상에 떠도는 소리처럼 그렇게 큰 것은 아니었다는 것을 변명하는 '해명서'였다.

최남선이 「자열서」에서 스스로 시인한 자신의 죄과는 다섯 가지 조목이었다.

첫째, 조선총독부의 한국사 왜곡기관인 조선사편수회 편수위원이 된 사실(1928년).

최남선

둘째, 조선총독부의 중추원 참의가 된 사실(1938년).

셋째, 만주 괴뢰국의 건국대학 교수가 된 사실(1939년).

넷째, 일제말기에 학병권유 연사로 활동한 사실(1943년).

다섯째, 악명 높은 일선동조론(日鮮同祖論)을 부르짖은 사실.

이상 다섯 가지 죄과 조목에 대해 최남선은 분명 무죄를 주장하고 있다. 즉, "나는 분명히 한평생 한 일을 한마음으로 매진하였다고 자신한다"고 말하면서 "조선사편수회 위원, 중추원 참의, 만주괴뢰국 건국대학 교수, 이것저것 구중중한 옷을 연방 갈아 입었으나 나는 언제나 시종일관하게 민족정신의 검토, 조국역사의 건설, 그것 밖으로 벗어난 일이 없다"고 단언했던 것이다.

그러나 최남선이 주장하는 것처럼 그의 모든 행적이 애국애족의 본심에서 벗어나지 않았다고 볼 수 있는 것일까. 아니면 그는 단지 자신의 유약한 성격 때문에 지난날 일제의 강권에 못 이겨 친일행위를 했던 것처럼 또 한 번 조국과 민족 앞에 거짓말을 하면서까지 자신의 범행을 숨기려 했던 것일까.

지조를 버리고 택한 학문연구의 길

최남선은 1890년 서울의 비교적 넉넉한 집안에서 태어나 불과 18세라는 어린 나이인 1907년에 문화사업에 착수하였다. 그리고 월간잡지 『소년』을 창간한 것이 19세 때인 1908년의 일이었다. 그 뒤 1910년에 조선광문회(朝鮮廣文會)를 조직하여 『역사지리연구』를 간행하고 1914년에는 『청춘』지를 발간하였다. 그리고 1919년에 이르러서는 3·1 독립선언서를 기초하여 유명한 "최후의 일인 최후의 일각까지"라는 공약3장(公約三章)의 글귀를 지어 일약 독립운동가로서 이름을 떨쳤다. 최남선의 나이 30세 때의 일이었고 이 사건으로 1921년 10월까지 2년 6개월간이나 옥고를 치러야만 했다.

그러므로 이 때까지의 최남선을 의심하는 사람은 거의 없다. 감옥에서 풀려난 것이 가출옥(假出獄)이라는, 약간 의심스러운 절차에 의한 것이었다는 사실 이외에는 그가 변절했다는 아무런 증거도 없다. 출옥 후 그는 동명사(東明社)라는 출판사를 창립하고 『동명』이라는 잡지를 간행하였다. 그리고는 『동명』지(1~11호)에 「조선민시론」(朝鮮民是論 : 1923)을 발표했으며, 1925년 불후의 논문 「불함문화론」(不咸文化論)을 발표하였다.

그러나 그로부터 3년 뒤인 1928년, 그는 돌연 조선총독부의 역사왜곡기관인 조선사편수회 편수위원직을 수락함으로써 변절자라는 지탄을 받기 시작하였다. '3·1 독립선언서를 기초한 최남선이 아닌가. 그런 그가 왜놈에게 붙다니 이럴 수가 있는가'라고 그를 민족의 양심으로 알고 있던 당시의 지식인들은 한결같이 개탄했다. 그러나 「자열서」에서 최남선은 이것를 변절이라 하지 않고 방향전환에 지나지 않았다고 변명하면서 단지 '돈' 때문이었다고 말한다.

> 무슨 까닭에 이러한 방향전환을 하였는가. 이에 대해서는 일생의 목적으로 정한 학연(學硏)사업이 절대절명의 위기에 빠지고, 그 봉록(俸祿)과 그로써 얻는 학구상의 편익을 필요로 하였다는 이외에 다른 말을 하고 싶지 않다.

그러면서 그는 "나는 의사(義士)가 되기보다 학자가 되기를 바랐기 때문에 학자보다 의사가 돼라는 일반의 기대를 저버렸다"고 해명하고 있다.

> 내가 변절한 대목, 즉 왕년에 신변의 핍박한 사정이 지조냐 학식이냐의 양자 중 하나를 골라 잡아야 하게 된 때에 대중은 나에게 지조를 붙잡아라 하거늘 나는 그 뜻을 휘뿌리고 학업을 붙잡으면서 다른 것을 버렸다. 대중의 나에 대한 분

노가 여기서 시작하여 나오는 것을 내가 잘 알며 그것이 또한 나를 사랑함에서 나온 것도 내가 잘 안다.

이처럼 최남선은 지조와 학식을 별개의 것으로 분리시키고 학식에는 지조가 필요 없다는 논리를 펴고 있다. 농부에게 지조가 필요 없듯이 학자에게도 지조가 필요 없다는 강변을 하고 있는 것인데 과연 학문이란 그런 것일까. 그는 학자인 자신에게 조선 대중이 요구한 '청고(淸高)한 지조'는 다만 상식적 기대라고 반박하고 있다.

그는 '어떤 역경에서라도'라는 말을 강조하면서 1928년 자신의 학문연구 사업이 절대절명의 위기에 빠져 있었다는 사실을 지적하고 있다. 그러나 최남선이 1928년에 절대절명의 위기, 즉 목숨이 끊길 것 같은 위기에 처해 있었다는 증거는 없다. 물론 넉넉하게 살았다고는 할 수 없으나 절명의 위기에 놓였다는 말은 과장된 말일 것이다. 학자란 본시 가난한 법인데 최남선이 변절 후에 누린 호강이 보통 학자들의 상식적 기준이 될 수 없는 것이다. 어찌 되었든 그는 학문을 위해 지조를 버렸다. 이 선택을 '변절'이라 하지 않고 다만 '방향전환'이라 했고 오로지 학문만을 위해 변절까지 불사한 자신의 과오를 "나의 암우(暗愚)"라고 변명하면서 "걷고 싶은 길을 걸어서 조선사편수회 수사(修史) 위원"이 되었다고 했다.

조선사편수회 위원이란 직위는 분명 반민법의 처벌대상이 된다. 그러나 최남선은 '조선사편수회에 참여하기는 하였으나 그 실제 업무에 있어서는 반민족행위에 해당할 아무런 내용도 없었기 때문에 처벌은 억울하다'며 변명하고 있다. 그의 변명을 들어 보기로 하자.

조선사 편수 같은 것은 최후까지 참섭(參涉)하여 『조선사』 35권의 완성과 여러 사료의 보존시설을 보기도 하였다. 이 『조선사』는 다만 고래(古來)의 자료를 수집하여 이를 배차(排次)한 것이요, 아무 창의와 학설이 개입하지 않는 것인 만치 그 내용에 금일 반민족행위 추구의 대상이 될 것은 1건 1행이 들어 있지 않다.

조선사편수회가 간행한 『조선사』 35권은 최남선이 말하는 것처럼 '고래의 자료를 수집해서 이를 연대순으로 배열한' 일종의 자료집이다. 따라서 '아무 창의와 학설이 개입하지 않은' 것이 사실이다. 그러나 그의 말처럼 '그 내용에 금일 반민족행위에 해당하는 대상이 1건 1행도 들어 있지 않는' 것일까. 이 주장의 옳고 그름을 가리기 위해서는 조선사편수회란 과연 어떤 곳이며 최남선은 거기에서 무엇을 했는가를 먼저 살펴볼 필요가 있다.

조선사편수회는 1911년 총독부에 설치된 취조국(取調局)에서 비롯되었다. 이 취조국은 '구습(舊習)제도의 조사와 조선사 편찬의 계획'을 설치목적으로 하였는데, 그 뒤 편찬과 및 편찬위원회로 개편되다가 1925년 마침내 조선사편수회라는 독립기관으로 발족되었다. 이 기관을 설치한 기본목적은 조선을 영구히 강점하기 위하여 조선인을 일본인으로 개조한다는 '동화주의'(同化主義)에 있었으며, 여기서 편찬하려는 조선사란 조선인으로 하여금 '병합의 은혜'를 깨닫게 하는 역사를 만들어 내는 일, 즉 식민사관에 의한 한국사 왜곡 작업을 하는 것이었다.

조선사편수회는 위원회제였는데 조선인 위원으로는 최남선(1928년 이후) 이외에도 이능화*(1925년 이후)가 있었다. 실무진 가운데에는 편사관(編史官)으로 홍희(洪憙:1925~35), 신석호(申奭鎬:1938년 이후), 편사관보로 이병도(李丙燾:1925~27), 신석호(1930~1937), 촉탁으로 홍희(1925), 이병도(1927년 이후), 최남선(1928~36), 신석호(1929~30) 등이 있었다. 따라서 최남선은 위원으로서 위원회에 관여했을 뿐만 아니라 실무자로서 직접 편찬업무에도 참여했다.

일제는 『조선사』 35권 편찬작업을 통하여 『삼국사기』를 한국고대사의 기본사료로 못박고 『삼국유사』의 기록은 '사설'(史說)로 규제해 버림으로써, 한국사를 2천 년 역사로 축소시키는 데 '성공'하였다. 최남선은 『조선사』에 국조 단군에 관한 기록이 수록되지 않은 점에 대해 항의했으나, 책은 이미 인쇄되어 배본중이었으므로 그의 의사는 전혀 관철되지 않았으며 그도 당초 그렇게 되리라는 것을 예측하고 있었다. 요컨대 최남선은 일제의 역사왜곡 작업에 들러리 역할을 했던 것이다.

편수위원직 수락 이후 공공연해진 변절의 길

뿐만 아니라 육당은 조선사편수회 편수위원직을 수락한 이후 총독부가 위촉하는 여러 가지 위원직을 맡으며 공공연하게 변절의 길을 걷게 된다. 1936년에는 경성제대에서 '심전(心田) 개발에 관한 강연'을 하였으며 만주국 건국대학 교수로 임명되기 1년 전인 1938년에는 만몽일보사 고문직에 취임하기도 하였다. 그리고 1937년에는 조선사편수위원으로서의 그의 공로에 대한 일제의 포상으로 조선총독부 최고의 영예직인 중추원 참의로 임명되었다.

그러나 무엇보다도 최남선의 일생에서 치명적인 오점은 만주국 건국대학 교수직을 그만두고 돌아온 뒤 조선인 대학생들을 일제 침략전쟁으로 몰아넣는 학병 권유 사업에 참여한 일이다. 육당은 1943년 11월 14일과 20일 이틀 동안 이광수*와 함께 일본 동경 메이지대학 대강당에서 열린 학도궐기 대강연회 연사로 참가하였다. 그는 귀국 후 『매일신보』에 그 때의 '맹활동' 상황을 다음과 같이 술회하고 있다.

> 우리 일행은 동경을 중심으로 맹활동을 하였다.…… 우리는 지난 14일과 20일 이틀 동안 메이지대학 대강당에서 학도 궐기 대강연회를 열었는데 그 때의 성황과 학도들의 열의는 지금도 눈에 선하다. 학도들은 황국을 위하여, 대동아건설을 위하여 싸우겠다는 불타는 결의로 충만한 우렁찬 모습들이었다. ……나는 원컨대 입영까지 유종의 미를 거두도록 건전한 신체와 열렬한 순국의 결의로 매진하여 미·영 격멸의 용사로서, 황군이 된 참정신을 발휘하는 가운데 잘 싸워 주기 바라는 바이다.

건국대학 교수직을 수락했을 때만 하더라도 위당 정인보 등 지우들이 '최남선이 죽었다'고 개탄할 정도였으니 그의 학병 권유 강연 사건은 변명의 여지가 없는 변절 재확인 행위였다고 할 수 있다.

그러나 최남선은 「자열서」에서 자신의 학병 권유 행위를, 마치 훗날의 조국 광복에 대비한 '민족 기간요원 양성'을 위한 행위였던 것처럼 강변하고 있다. 그의 친일 논리에 따르면 "이 기회를 이용하여 젊은 청년들이 조직과 전투에

능한 사회 중핵층을 형성하게 하여, 다가오는 신운명에 대비하려 생각했다"는 것이다.

그러나 1945년 3월 7일 일제 패망 직전에 『매일신보』에 쓴 「전력증강 총후수호의 진로」라는 그의 친일 논설은 아무리 변명한다고 하더라도 도저히 납득할 수 없는 내용이다.

> 나는 일본의 국력이 얼마나 된다는 것을 숫적으로는 물론 알 길이 없다. 그러나 나는 믿는다. 이 전쟁이 이기리라는 것을 굳게 믿는다. 그것은 일본 국민의 영혼의 힘이 세계에 절대하기 때문이다. 미·영의 물량이 아무리 크다 할지라도 그것에는 한도가 있다. 그러나 영혼의 힘에는 한계가 없다. 만일 이 전쟁에서 우리들의 운명이 참패를 당한다고 하면……그것은 인류의 영원한 비극이요, 벗어날 수 없는 암흑의 운명을 뜻하는 것에 지나지 않을 것이다. 우리는 이겨야 한다.

이와 같이 최남선은 속으로는 일제 패망을 확신하였는지 모르나 겉으로는 일제의 필승을 장담하였고, 속으로는 학병이 무사히 돌아와서 광복된 조국의 간성으로 활약해 주기를 바랐는지 모르나 공인으로서는 대일본제국을 위해 조선 청년들이 죽어 주어야 한다고 공언했던 것이다.

한편, 그는 건국대학 교수로 있으면서 1940년 10월 30일에 조직된 '동남지구특별공작후원회본부'의 고문도 맡고 있었다. 그런데 이 단체는 일본 관동군의 반공·선무공작 등을 지원한 간첩단체로서 독립군과 항일 빨치산을 상대로 한 '귀순공작'을 주임무로 하고 있었다. 그가 이 단체의 성격도 모른 채 단지 이름만 걸고 있었는지 매우 궁금할 뿐이다.

한일문화동근론으로 변질된 단군문화론

학자로서 최남선이 범한 가장 큰 죄과는 그가 단군을 연구하면서 일제의 '내선일체론'에 협력했다는 사실이다. 그의 학문적 업적은 1920년대의 단군 연구에 집약되며 그것의 백미는 「불함문화론」이었다고 할 수 있다. 그는 자신의 「불함문화론」이 일본과 조선의 정신상의 장기전에 대비하여 국조신앙을 우리의 정신적 지주로 확립하려 했던 것이라고 주장하면서 자신의 단군 연구에 대해서만은 학문적 '양심선언'을 하고 있다. 한 사람의 역사학자로서 최대의 자존심이 걸린 자신의 평생업적에 관한 것이고 만일 이 부분이 무너진다고 했을 때 육당 최남선의 학문은 거의 무(無)로 돌아간다고 해도 과언이 아닐 것이다. 그러기에 그는 이 점에 대해 한치의 양보도 할 수 없었다. 그러나 과연 그가 주장한 대로 그의 단군연구는 순결하기만 했던 것일까.

최남선의 「불함문화론」은 분명히 일제의 단군말살론에 대항하기 위한 논문으로 집필되었다. 「불함문화론」을 탈고한 직후 그는 『동아일보』에 「단군론」을 연재했는데 그것은 일인학자들의 단군말살론에 대한 정면도전이었다. 이로 인해 조선인의 반일여론이 비등하였고, 또 그 때문에 최남선이 조선사편수회 위원으로 포섭되기도 했던 것이다.

그러나 최남선의 「불함문화론」을 그보다 훨씬 이전에 썼던 그의 단군연구, 예컨대 그가 변절 기미를 전혀 보이지 않았던 29세 때의 논문인 「계고차존」(稽古箚存:『청춘』 14호)과 비교해 보면 양자간에 현격한 논리의 차이가 있음을 발견하게 된다.

1918년에 쓴 그의 상고사 연구 「계고차존」은 한국의 전통적·고전적인 고대사관을 그대로 수용하여 순수하고 티없이 맑은 글이었다. 그러나 1926년의 「불함문화론」은 단군조선을 출발점으로 하는 조선사라는 일국적 범주를 넘어서서 아시아 전역 내지 세계사의 광활한 영역으로 확대시킴으로써 그것은 이미 조선사가 아닌 아시아문화사로 변질되고 있다. 불함문화권은 조선과 일본을 중심으로 형성·발전하였으며, 두 민족이 비록 혈통적으로 같지는 않으나 문화적으로는 본시 같은 뿌리에서 나왔다는 결론에 도달하고 있는 것이다.

그의 한일문화동근론(同根論)은 그 뒤 1930년 라디오 방송원고로 알기 쉽게 풀이되었으니 새삼스러운 주장이 아니었다. 1937년에 쓴 「조선문화 당면의 과제」(『매일신보』, 1937. 2. 9~11)는 그의 「불함문화론」이 어떻게 내선일체와 일선동조론(日鮮同祖論)으로 기울고 있는가를 적나라하게 보여 준다.

일본과 조선은 원래 같은 문화 원천인 2개의 지류로서, 일본의 깊고 깊은 강이 만세에 흘러서 여일(如一)한데, 조선은 불행하게도 절단되는 운명에 놓여 그 의

식도 흐려졌던 것이다. 그러나 이제 시운을 만나서 이제야 분류가 재회하여 같은 원류를 가진 파도에서 춤추게 약속받게 되었다.

변절기에 있어서 육당은 이처럼 그의 역사학을 오용하고 있는데, 그 대표적인 사례가 「가라! 청년 학도여」(『매일신보』, 1943. 11. 20)이다. 여기서 그는 한국의 무사도를 일본의 무사도에다 견주어 세계 무사도의 쌍벽이라 하면서 조선 청년은 신라 무사의 무용성(武勇性)을 발휘하여 성전(聖戰)에 나가라고 선동하고 있다.

> 제군! 대동아의 성전은……세계 역사의 개조이다. 바라건대 일본 국민으로서의 충성과 조선 남아의 의기를 발휘하여……한 사람도 빠짐없이 출진하기를 바라는 바이다.

누가 이 글의 필자를 일찍이 3·1 독립선언서를 기초했던 사람이라 할 것인가.

심산 김창숙 선생이 대구 감옥에서 14년간 옥고를 치르고 있을 때였다. 일본인 간수가 심산에게 육당의 「일선동조론」을 읽어 보라고 주었다. 마지못해 이 책을 받아 본 심산은 "도시 이런 흉서(凶書)가 있는가"라고 개탄하면서 책을 잡아 비틀어 단자(單子)처럼 만들어서는 마룻바닥에 내동댕이쳐 버렸다. 그러고 나서 심산은 이렇게 말했다고 한다.

> 기미 독립선언서가 최남선의 손에서 나오지 않았는가. 이런 자가 도리어 일본에 붙은 역적이 되다니 만 번 죽어도 그 지은 죄는 남을 것이다.

■ **박성수**(한국정신문화연구원 교수·한국사)

주요 참고문헌

최남선, 「자열서」, 『자유신문』.

———, 「자신의 암우를 탄한다」, 『반민자 대공판기』, 한풍출판사, 1949.

『육당 최남선 선생 전집』.

朝鮮總督府, 『朝鮮史編修會事業概要』, 1938.

사회·문화－법조

이승우
신태악

이승우
민족운동가 감시에 앞장 선 친일 법조인

- 李升雨, 창씨명 梧村升雨, 1889~?
- 1936년 중추원 참의, 사상범보호관찰 심사위원
  1938년 조선총독부 시국대책조사위원회 위원

입신출세로의 매진과 매국의 길

1889년 충북 진천군 초평면 출생. 본직이 변호사. 상류 지식층에 있는 처지에서 일신의 부귀영화를 위해 파렴치하고 극성스럽게 친일 반민족행위를 자행한 친일 법조인. 중추원 참의에까지 이르렀던 자.

친일 법조인 이승우는 일제하에서 식민 통치기구의 판사나 검사를 한 것이 아니라 재야에서 활약한 사람이다. 당시 지도급에 있는 변호사로서 반제·항일투쟁에 직·간접으로 지원을 하며 민족운동선상에서 노력한 재야 법조인으로는 이인, 김병로, 허헌 등을 꼽을 수 있다. 이들은 독립운동가나 사회운동가를 비롯해 가난한 피해자들에게도 아끼지 않고 도움을 주었으며, 노동쟁의나 소작쟁의에 대해서까지도 지원을 했었다. 이승우는 그러한 민족운동과 사회운동에 대한 지원은 고사하고 일신의 안일과 부귀영화를 위해 민족을 배반하고 민족의 정기와 정신을 말살하며 조선의 젊은 남녀를 전쟁터로 몰아넣고 일제 침략전쟁을 지원하는 데 앞장 섰던 자들 중에 가장 지탄받아야 할 인물 중의 하나이다.

이승우는 일본 중앙대학 법과를 나온 후 1919년에 경성변호사 등록을 한 것으로 되어 있다(1919. 3. 12). 이 때는 3·1 운동 직후로서 우리 민족이 일제에 항거하며 조선의 독립을 외치는 만세소리가 삼천리 방방곡곡에 울려 퍼지고 있었다. 특히 3·1 운동이 나던 해는 중국에서도 3·1 운동의 영향을 받아 5·4 운동이 일어났으며, 우리 독립운동 노선상으로는 대한민국 임시정부가 서는 한편, 독립투쟁 전선에서도 민족운동의 방법과 전략에서 사회주의반제혁명운동이라고 하는 새로운 노선이 정립되어가던 중대한 시기였다. 그런데 이승우는 독립운동이나 사회운동에의 참여는 고사하고 친일쪽으로 기울어, 시세영합과 안일 그리고 매국의 길을 걸어 오면서 꾸준히 자신의 입신출세만을 위해 매진해 왔음을 볼 수 있다.

그의 친일행각이 사회적으로 두드러지게 나타나는 것은, 변호사를 개업한 지 10년 만인 1928년 11월 16일 일제 총독부로부터 대례기념장을 수여받을 때부터이다. 1926년 다이쇼(大正) 일왕이 사망함으로써 그를 이어서 쇼와(昭和)가 일왕의 지위에 오르게 된다. 이러한 행사의 일환으로 그것을 기념하는 대례기념장이 일제 공신이나 조선의 친일파들에게 수여된 것으로 되어 있다. 이는 그 동안 이승우가 저지른 친일행각이 공식적으로 인정되고 평가를 받는 하나의 사건이 아닌가 생각된다. 이어서 그는 사회적으로 두각을 나타내어 1925년에는 조선박람회 평의원으로 취임한다.

사상범 보호관찰심사위원으로 활약

이승우가 친일파의 거물급으로 부상하게 된 계기는 1936년 6월 13일에 총독부 최고자문기관인 중추원의 참의가 된 일이었다. 이 직책은 친일파로서는 일제에 의한 귀족작위의 수여 다음가는 고위 현직으로 볼 수 있다. 같은 해 11월 8일에는 경성 도매물시장 개설 조사위원으로 활약했는데, 이 또한 그가 사회적으로도 비중이 큰 유지로서 자리를 굳혔음을 나타내는 것이다.

그런데 이승우의 친일행각 가운데 가장 중요한 사회활동은 보호관찰심사위원이 된 것이다. 이 보호관찰심사위원이라고 하는 관직은, 일제가 치안유지법에 의하여 '사상범'이라고 부르는 민족주의자나 사회주의자들 가운데 검거·기소·실형중인 인사나 미결인 인사를 '사상범보호관찰령'에 따라 감시·통제·

관리하는 것을 임무로 한다. 이 조직은 주로 '전향'을 강요하거나 유혹하고 애국자들의 반일적 행동을 감시하며 일제의 탄압을 도와 주는 반민족적 매국행위를 일삼았다. 이는 그가 재야 법조인으로서 씻을 수 없는 엄청난 반민족적 행위를 자행한 죄과로 꼽을 수 있는 것이다.

그럼 여기서 사상범보호관찰령이 만들어지기까지의 시대 상황을 살펴보도록 하자. 일제하에서도 유례를 찾아볼 수 없는 탄압 악법인 치안유지법이 만들어지기 전에도 치안경찰법(1900)이라는 것이 있어 항일정치운동을 엄중하게 단속하고 있었다. 그런데도 일제가 1925년 치안유지법을 제정·공포한 목적은 그 해에 보통선거를 인정하는 데 대응하여 자유주의와 사회주의운동에 대처하고 자본주의제도와 군주제도를 대중운동과 혁명운동으로부터 보호하기 위해서였다.

그런데 이 치안유지법은 사상 자체를 탄압·규제하는 법으로서, 생각을 함께 하는 사람이 모이거나 접촉만 해도 죄로 인정하여 처벌할 수 있는 악법이었다. 이 법은 제정된 지 1년 만인 1926년에 더욱 개악되었으며, 1928년에는 일제의 정치경찰인 '특별고등경찰'을 공식적으로 창설하여 독립운동과 사회운동에 대한 더욱 악랄한 탄압의 고삐를 조이게 된다. 조선인 친일 매국역적으로 조선독립운동가를 고문하던 악질배 노덕술도 바로 이 '고등계'에 속해 있던 자였고, 자유당 시절 이승만 밑에서 내무부 장관을 지낸 이익흥도 고등계 출신이었다. 이익흥은 박천경찰서장을 할 때 조선독립운동가를 고문·학살하고 여성운동가에게도 말로 다 할 수 없는 비인도적이고 반인륜적인 가학행위와 학살행위를 저질렀던 자였다.

한편, 이 해는 일본에서 '3·15 사건'이라고 하는 일본공산당에 대한 일제 검거가 있었던 해이기도 하다. 그리고 1931년에는 '만주사변'이라고 해서 중국 동북지구에 대한 일제의 본격적인 침략으로 15년 전쟁이 개시되었다. 이렇듯 전쟁이 본격화함에 따라 일본의 파시스트 세력은 교토대학 다키가와 교수 사건(1933)과 미노배 교수의 천황기관설 사건(1935) 등을 통해 자유주의적 성향을 조금이라도 지니고 있는 법률이론은 깡그리 그 싹까지도 도려 내는 분위기로 상황을 몰고갔다. 그 후 1936년 '2·26 사건'이라는 군대의 우익쿠데타 기도 사건이 일어나 일본 군부가 정국의 주도권을 사실상 장악하게 됨에 따라 일제는 파시즘·군국주의화를 본격적으로 추진하게 되었다.

이러한 영향은 일제의 식민지 조선에서도 어김없이 적용되어 더욱 엄중한 탄압과 수탈이 강행되었다. 독립운동이나 사회운동에 대한 탄압은 극심해지고 그러한 운동에 관련을 맺고 있는 인사들에 대한 이른바 '전향'공작이 치안유지법에 의한 사상범 보호관찰이나 대책 등으로 나타난 것이다.

바로 이러한 시기에 이승우는 '보호관찰위원'으로서 매국 행위를 자행하는 친일 법조인의 일원이 되었던 것이다. '보호관찰위원'이란 실제로 독립운동자나 사회운동자를 가두는 형무소의 간수, 경찰, 검찰 그리고 재판관의 역할도 함께 겸하고 있었다. 이러한 직책을 지니고 조선민족의 반제 항일투쟁의 의기와 기백을 꺾으려고 일제주구로서 날뛰었다고 하는 일은 아무리 변명해도 결코 용납할 수 없는 일이다.

재야 법조계의 실력자로 친일행각 본격화

1937년은 일제가 중국을 침략한 해이다. 즉, 만주침략에 잇따라 중국대륙에 대한 본격적인 침략을 개시한 것이다. 따라서 이 해는 일제 침략과 그에 항거하는 중국이나 조선의 민중에게는 중대한 시련의 고비가 되는 시기이기도 하였다. 그러나 이승우의 반민족적 친일행각은 절정에 달한 시기였다. 일제는 이 해 10월에 '국민정신총동원 계획서 요강'을 고노에(近衛) 내각의 이름으로 공포하는 한편, 독일 및 이탈리아 파쇼 정부와 함께 '3국 방공(防共)협정'을 맺어 공산주의에 대처한다고 하는 파쇼국가끼리의 침략체제를 구축한다. 그런데 일본제국주의로서는 그 역량에 비해서 힘에 벅찬 침략전쟁을 확대·장기화시킨 꼴이 되고 일단 저질러진 전쟁을 자의로 중단할 수도 없는 진퇴양난에 처하게 된다. 인적·물적 자원이 달리고 세계대세의 흐름이 일제를 고립화시켜 감에 따라 일제는 총력전·총동원체제를 강행할 수밖에 없게 됨으로써 멸망으로의 불가피한 과정이 개시되었다.

이러한 민족적 시련기에 처하여 이승우는 하루살이가 불 속에 뛰어들기 직전에 밝은 불꽃에서 한껏 춤추듯이 온갖 사회적 고위직을 만끽하며 일제주구로서 반민족행위를 미친 듯이 날뛰며 자행한다. 이 해에 그는 경성 제1변호사회 상임위원이 되고 조선변호사회 이사가 되어 재야 법조계 실력자로서의 자리를 다시 확인했다. 아울러 그는 일제의 침략전쟁에 협력하여 1937년 7월 30일 경성군사후원연맹 결성에 주도적으로 관여하고 8월과 9월에는 개인적으로 상당한 돈을 국방헌금으로 내놓고 이른바 '애국공채(公債)' 발기인이 되어 전쟁지원을 위한 자금 갹출에 발벗고 나섰다. 나아가 자기 스스로 9월에 경성부회의 파견 군위문사로 북지(北支 : 북중국) 전선의 일본군 병사를 위문·격려하는 행각을 벌였으며 그 종군 위문체험을 강연이나 글로 발표하였다(「북지의 황군을 위문하고」). 그리고 경기도 '애국기' 헌납 발기회라고 하는, 일제에 비행기를 헌납하는 행사에도 참석하였다(1937. 9. 4).

중일전쟁이 개시된 이듬해인 1938년은 일제의 전쟁 진행이 점차 파시즘하의 총력전 체제로 본격화하는 시기였다. 적어도 표면적으로는 일제의 군대는 중국에서 승승장구하며 무패의 군대임을 자랑하는 것 같았으나 이미 중국에서는 국공합작으로 반제 항일전선이 구축되면서 새로운 전기가 마련된 시기이기도 했던 것이다. 이에 따라 일제는 중국전선에서 해안도시나 철도를 점과 선으로는 장악했으나 광대한 농촌지역에서는 포위·고립되고 있었으며, 전쟁비용이 바닥 날 정도로 자원면에서까지도 어려움을 겪고 있었다. 그래서 일제는 국가총동원법을 제정하여 모든 경제를 국방경제라는 이름으로 정부 통제하에 두고 개인의 사기업을 '산업보국연맹'이라는 하나의 단체로 묶어서 의무적으로 전쟁에 적극 협조하도록 어용화시켰다. 당시 고노에 내각은 그러한 아시아 침략을 '동아 신질서'라고 해서 침략전쟁을 미화시키고 정당화시키고자 했다.

동시에 일제는 침략전쟁을 효과적으로 추진하기 위해 식민지 조선에서 인적 및 물적인 모든 자원을 약탈·징발하고, 전쟁에 식민지 민중을 동원하고자 온갖 수단과 방법을 가리지 않았다. 그리고 하급관료 친일파에서 총독부 고관 등 고급 친일관료에 이르기까지의 친일관료들과, 친일 자본가 그리고 사회유지라고 일컬어지던 친일파 등은 이루 말할 수 없는 반민족적 죄악을 범하게 된다. 그 가운데 하나로서 이승우의 친일 반역행각은 이러하다.

그는 1938년 조선총독부의 어용기관인 조선총독부 시국대책조사위원회에 위원으로 참석하여 온갖 망령된 반민족적·매국적 언동을 하고 있는데, 그 중에서도 지나쳐 버릴 수 없는 것을 몇 가지 들면 다음과 같다.

신사참배를 더욱 효과적으로 하기 위해 이승우는 면단위로도 신사참배를 할 수 있도록 신사를 증설하라고 강요했으며, 조선의 풍속을 개량한다는 명목하에 흰옷 입는 습관을 뜯어 고칠 수 있게 하는 방도를 제안하고 다녔다. 특히 '내선일체'라고 해서 일본의 풍속과 습관이 조선에 뿌리내려야 한다면서, 그 자신이 스스로 일본식 주택에서 일본식 음식을 들고 일본식 의복을 입고 일본식 모양새를 갖추고 일본말을 하고 살았다고 하니 더 말할 것도 없겠다. 그가 열을 올린 '신사참배'는 '신사'라고 하는 일본 왕가의 조상을 모셨다고 하는 절에서 그를 공경하는 종교의식을 하는 것인데, 이는 조선사람의 신앙·종교·양심의 자유와 자존심을 무참히 유린·모독하는 가장 치욕적이고 악랄한 만행이었다. 그러나 그는 태연하게 동조했고, 나아가 더 열심히 하라고 강요하고 다닌 것이었다.

그 해에 그는 시국대응전선사상보국연맹 경성지부장의 지위에 있으면서 각종 망동을 일삼았다. 그 중에도 한심스러운 것은 지원병제 실시 축하대회를 개최하여 적극 참가하고 그 실행위원이 되었으며, 경성부 육군지원병 후원회 임원으로서 조선의 청년을 일본제국주의 침략전쟁에 총알받이로 내모는 일에도 앞장 서서 날뛴 것이라 하겠다. 이러한 악랄한 반민족행위를 한 자는 이승우 하나만이 아니지만 그가 지도급에 있는 지식인이었고 남보다 사회적으로 혜택을 받는 지위에서 그러한 행위를 자행했다고 하는 점에서 결코 용납될 수 없는 일이다.

창씨개명 작업에 주동적으로 참여

1937년이나 1938년에 못지않게 1939년에도 이승우의 죄악상은 잇따라 나타난다. 1939년 4월 2일 이승우는 그의 친일행각으로 인해 경성부회로부터 표창을 받았고, 그에 걸맞게 행동하는 듯, 친일 군인 김석원*의 무공을 찬양하는 모임인 '김석원 환영간담회'가 4월 5일 일제의 주최로 개최되었을 때에도 빠짐없이 얼굴을 내보였다.

그러나 무엇보다도 엄청난 반민족적 행위는 일제의 이른바 '창씨개명' 작업에 이승우가 주동적으로 참여한 사실이다. 조선사람의 성씨나 이름을 일본식 성이나 이름으로 바꾸게 호적제도를 고치는 일에 법률 자문을 해 주고, 나아가서 이를 홍보·선전하는 데 앞장 서고, 자기 스스로 기리무라 세우우(梧村升雨)라 바꿔 남에게 모범(?)을 보여 주었다.

일본제국주의가 조선민족에게 자행한 악질적인 만행 중에는 민족의 문화 동질성과 조상의 뿌리를 뽑아서 자기 정체(正體)를 잃어버린 바보로 만들게 하려던 정책으로서의 조선어 사용금지정책과 창씨개명을 들 수 있다. 말과 글은 생각과 느낌, 생활방식의 언어·기호적 틀이다. 이를 없애 버리면 민족 자체가 없어진다. 마찬가지로 자기 성과 이름은 사람이 민족으로서나 개인으로서나 동족집단의 일원으로서의 자기 정체성의 주요한 표지이고 상징이다. 따라서 감옥의 수인이나 포로나 노예에게서 이름을 빼앗고 기호를 붙여 처우·관리하는 것은 인간으로서의 존엄성과 자기 정체를 박탈하는 가장 기본적인 작업이다. 이러한 만행을 일제는 우리에게 창씨개명이라고 해서 자행했고 친일파 민족반역자들도 그러한 작업에 앞장을 서서 주구노릇을 했다.

1940년대 초는 일본제국주의가 미국과 영국 등에 선전포고를 하는 진주만 기습을 단행하는 시기이기도 하다. 일제는 이미 1940년 7월에 대정익찬회(大正翼贊會)를 만들어서 정당사회단체 일체를 해산·통합하여 관제 어용단체로 단일화시켰다. 이에 식민지 조선에서는 이승우 같은 친일 반역자들이 국민총력 조선연맹이라고 하는 총독부 어용단체를 만들어서 충성을 보였다. 이승우는 경기도연맹 주최 강연회 등에 참석하여 독려강연을 하였다. 더욱이 1941년 진주만 기습과 대미·영 선전포고를 하던 해에 일제는 4월에 '국민학교령'을 만들어 소학교를 국민학교로 개칭, 나치식의 파시스트 국가주의적 교육체제를 마무리했다. 조선에서는 지원병제에서 학병으로, 징용보국대로, 나아가 '정신대'라고 해서 조선의 처녀를 일본군인 위안부로 끌고 가는 인간사냥이 개시되는 시기에 접어들었다. 이 때 이승우 등 친일파 인사들은 학병제를 독려하여 조선의 청년에게 일제침략의 총알받이가 돼라고 떠들고 다녔다. 그는 이른바 '임전대책회 위원'이라는 명예롭지 못한 감투를 쓰고 있었다.

전쟁 막바지에 이른 1945년 1월에 전쟁 지휘 총본부인 일제의 대본영은 '본토작전대강'이라는 것을 결정하기에 이르고 이미 도쿄가 미국 공군의 폭격으로 쑥대밭이 되고 있었다. 1945년 2월에는 미국군이 필리핀 마닐라에 진입했고 4월에는 일본 본토의 코 앞인 오키나와에 상륙했다. 그런데도 일본제국 군대의 승승장구와 신국(神國) 일본제국의 불멸을 믿었던 소견머리 없고 민족적 양심 없는 친일파들은 일본제국주의의 주구를 자처하던 깡패 박춘금의 주도 하에 '대의당'을 만들었다. 물론 여기에 이승우는 대의당 위원으로 참여하여 말기까지 일제에 대한 충성을 보인다. 거기다가 어용단체 '언론보국회'에도 명예회원으로 이름을 올려 사회유지인 친일파로서 얼굴값을 하고 있는 것을 보게 된다.

이승우는 해방이 되어 세상이 바뀌자 충격을 받아, 은거하다시피하고 사회활동을 삼가했다. 그러다가 반민특위에서 민족반역자로 체포, 구속, 심문을 받게 되었다. 반민특위에서 그가 한 발언을 보자. 그는 일본 제국주의의 지배가 영원히 지속되리라고 보았기 때문에 친일을 했으며, 당시로서는 자기에게는 물론이거니와 조선민족에게까지도 그렇게 친일행위를 하는 것이 차선의 길이었기 때문에 친일행위를 했다고 변명하고 있다. 다른 사람은 자신의 목숨과 일가 처자를 버리면서까지 항일 구국과 혁명을 위해서 싸웠는데 친일매국에 대한 변명치고는 한심스럽기 짝이 없다. 더욱 한심스러운 것은 이들 반역자에 대한 처벌이나 심판이 단 한 번도 제대로 되지 못한 채 그야말로 '해프닝'으로 그쳐왔다는 점이다.

제2의 이승우를 낳을 사회적 토양이 아직도 건재하다는 것 자체가 우리 민족의 불행이 아닐까? 특히 친일 반민족의 재야 법조인에 대한 심판은 고사하고 재조 법조인으로서 일제하에서 판사나 검사로 친일 반민족행위를 한 행적에 대한 심판은 물론 조사·분석·비평조차도 거의 공백 상태에 있음을 다시 한 번 지적하지 않을 수 없다.

■ **한상범**(동국대 교수·법학, 반민족문제연구소 지도위원)

주요 참고문헌

朝鮮總督府, 『朝鮮總督府時局對策調查委員會 會議錄』, 1938.

朝鮮總督府, 『官報』.

고원섭 편, 『반민자죄상기』, 백엽문화사, 1949.

신태악
속물적 출세지향의 친일 변호사

- 辛泰嶽, 창씨명 三川泰嶽 또는 三川淸, 1902~?
- 1936년 조선변호사회 부회장
  1941년 조선임전보국단 이사

적극적 친일행각 통해 입신출세 도모

1902년 3월 4일 함경북도 부녕(富寧) 출생. 재야 법조인으로 출세지향의 친일 반역행위자. 1931년 일본 와세다대학 졸업, 일본 고등문관시험 사법과 합격. 1932년 변호사 개업.

신태악이 1932년 30세의 나이에 변호사 개업을 하였다는 것은 당시로서는 사회적으로 상당한 지위에 오른 유지급이었음을 드러낸다 하겠다. 그런데 1930년대 초로 말하면, 일본제국주의가 이른바 1931년 중국 만주에 대한 본격적인 침략·강점을 개시하여 그것이 1937년의 중일전쟁과 1941년의 태평양전쟁으로 이어지는 15년 전쟁이 개시된 때이다. 따라서 우리 민족으로서는 일대 시련기를 맞이하게 된 때이며, 반면에 조선독립을 위한 국내외의 항일전선이 새로운 전기를 맞이한 때이기도 하였다.

이런 시기에 신태악은 당시 항일에 직·간접으로 참여했던 재야 법조인과는 달리 안일한 입신출세의 길로 매진한 전형적 인물이 아니었던가 생각된다. 자신이 써낸 『한국 법조인 연감』(법률신문사)에서 해방 전의 그의 경력을 살펴보면, 변호사 등록 이후 일제의 패망까지의 행적으로 1935년 조선발명협회

신태악

이사, 1936년 조선일보사 취체역(이사의 일본식 이름), 1936년 조선변호사회 부회장, 1939년 일본 오사카에서 변호사 개업, 1941년 백동의숙(白東義塾) 이사장으로 되어 있을 뿐, 그의 친일행각은 어디에도 나타나 있지 않다. 물론 자기 치부를 스스로 경력란에 쓸 사람은 없다.

위의 경력란에서 보듯이 조선일보사 간부나 변호사회 간부로 사회적으로 책임을 지는 지위에 있을 때 신태악은 적극적으로 친일행각을 통해서 사회적 입신출세를 꾀한다.

여기서 잠시 친일 법조계의 반민족적 부역행위를 살펴보자. 그들의 행적은 재조와 재야라는 사회적 신분에 따라 행태 유형이 다르다. 재조 법조인으로서 일제 관료인 판사나 검사가 된 사람은 대개는 관료가 될 때부터 일제 통치에 협조하는 부역을 자처한 것이나 마찬가지이다. 그 가운데는 적극적으로 친일 부역행위를 해 동족에게 해를 끼치거나 항일 독립운동을 탄압하는 하수인이 된 자가 있고, 그렇지 않고 소극적으로 순응해 자기 안일을 꾀하면서 관료로서 자족하며 살아가려고 한 자도 있었다. 한편, 재야 법조인 가운데는 변호사의 본직을 활용하여 항일에 직·간접으로 이바지하고자 하여 애국적 노선을 따르려 했던 변호사가 있는 반면, 그저 직업인으로서 시국에 적응한 자가 있었고, 신태악처럼 친일 부역행위를 통하여 출세만을 추구하며 반민족적 과오를 범한 기회주의자가 있었다.

신태악의 친일 부역행위는 그 출세주의와 기회주의로 단정되는데 그것은 두 가지 면에서 특이하게 나타나고 있다. 하나는 일제 지배하에서 일제의 중의원 의원이 되고자 온갖 수단을 동원해서 추태를 벌인 일과 또 다른 하나는 이른바 '성전'(聖戰)이라고 하는 일제의 침략전쟁을 옹호·협력하는 친일 반역 행위 그리고 그것을 조직적으로 방조하는 각종 단체의 임원으로 활동한 것으로 나타난다.

일본 중의원 의원 출마와 매수 추태

먼저 신태악의 친일행위로서 가장 속물적 출세주의의 행위로 꼽을 수 있는 것은 일본 중의원 의원 출마를 둘러싼 추문이다.

신태악이 일본 오사카에 사무소를 둔 것은 1939년이고 그가 중의원에 출마하여 낙선한 것은 1942년 4월 중의원 의원 선거 때이다. 일제하에서 일본제국의회의 귀족원이나 중의원 의원이 된 조선인은 귀족원 의원으로 윤덕영*과 중의원 의원으로 박춘금*이 유명하다. 박춘금은 1937년 제20회 중의원 의원 선거에서 도쿄 제4구에서 출마하여 7919표로 당선되었다. 박춘금은 유명한 민족반역자이고 일종의 깡패로서 그가 우리 민족에게 끼친 해독은 이루 말할 수도 없다. 특히 일제하에 일본제국의회 의원이 된다고 하는 것은 조선인도 일본제국의 신민(臣民)으로서 출세의 길을 보장받는다고 하는 선전에 장식품으로 이용당함으로써 민족항쟁의 의기를 꺾고 항일대오를 분열시키려는 일제의 의도에 협조한 것과 마찬가지가 되었다.

신태악은 서울 무교동과 일본 오사카에 각각 사무소를 두고서 주로 오사카에서 약 2년간 중의원 의원 출마준비를 하면서 일인 변호사의 비호를 받아 주로 조선인들을 매수하여 당선을 꾀하였다. 표를 매수한 것이 500표에 이르렀다고 하니 거의 당선권에 육박할 듯 보였으나, 신태악의 경쟁자인 이선홍(李善洪)의 밀고로 들통이 나 자신의 선거운동원인 홍순병(洪舜秉) 변호사와 함께 8개월의 징역형을 받았다. 그의 이러한 출세를 위한 비도덕적 행위 자체부터가 파렴치한 일면을 보여 준다.

문제는 여기에 그치지 않는다. 선거에 출마한 것 자체가 일제에 부역을 자처하고 나선 것이지만, 그가 소견발표에서 한 언동을 보면 더욱 문제가 된다. 그는 정견발표 때마다 일제 침략의 명분이고 구실인 이른바 '대동아공영권 건설'을 떠들어 댔다. 그러면서 그는 재일 조선인 동포들에게 조선 사람이 많이 당선되어야 조선 사람도 '대동아공영권 건설'에 적극적으로 참여할 수 있게 된다며 자신에 대한 지지를 호소했다.

이러한 출세주의적 추태 이외에 일제의 침략전쟁을 방조·협조하고 그러한 반민족 친일단체의 임원으로서 활동한 그의 행상을 보자.

조선인 유지급 인사나 지식인이 일제의 강요로 1930년대 말에 이르면 일본의 침략전쟁에 대거 부역을 하게 된 것은 주지의 사실이다. 이를 일부에서는 변호하기도 하지만 신태악의 경우는 어디까지나 강요가 아니라 '자발적' 친일 반역행위라고 하는 점을 새삼 주의하지 않을 수 없다. 일제는 중일전쟁에서 태평양전쟁으로 본격적인 임전태세로 돌입함에 따라 조선의 청장년을 학병·지원병·징병·징용은 물론, 조선 처녀들을 정신대라고 해서 끌고 가고, 물적인 면에서 공출이라고 해서 알곡에서부터 나중에는 쇠붙이 조각이나 소나무 관솔까지도 쓸어갈 때, 친일파는 더욱 원활하고 능률적인 일을 추진하기 위해 각종 '국민운동'을 전개한다. 이미 일본 파쇼세력은 '국민정신총동원'이라는 관제운동을 펴서 모든 피지배 인민들을 '천황폐하'를 위해 목숨을 바치는 것을 최대의 영광으로 아는 바보로 만들어 내기에 미쳐 날뛰어 온갖 감언이설과 회유·협박을 서슴지 않았다.

1941년 8월 20일경 『삼천리』 잡지 사장 김동환*이 주동하고 각계의 유지라고 하는 인사 198명이 동원되어 8월 25일 임전대책회의라는 전쟁 협력 단체가 발기되었다. 8월 28일 경성호텔에서 개최된 제1차 총회에서 회명을 '임전대책협의회'로 고치고 임전대책 홍보·선전·연설과 임전에 소요되는 전쟁비용을 충당하기 위한 채권의 대대적 발매 협조운동의 전개를 결의했다.

상무위원 11명 중의 하나인 신태악은 1941년 부민관 강당에서 열린 '임전대책연설회'에서 '도쿄·오사카는 이렇다'라는 연제로 일본의 총력전 임전태세의 만전을 선전하였다. 당시 연사들의 연설 취지는 '일본제국이 대동아의 맹주로서 서양 백인 제국주의를 아시아에서 몰아 내고 새로운 낙토인 '대동아공영권'을 건설하는 일이 바야흐로 무르익어 가니 우리 조선인이 이에 몸과 마음을 바쳐 협조·참여하는 기회를 잃지 말고 특히 천황폐하의 성은(?)과 성덕(?)을 입을 귀한 기회를 잃지 말자'고 하는 매국매족의 부역선동이었다.

연설 행각 이외에 채권매각 가두홍보운동에도 적극 참여한 것은 물론이다. 신태악은 본정대(本町隊)에 가담, 일본 노자키 상점 앞에서 채권을 팔았다.

그 후 임전대책협의회는 윤치호* 계열의 흥아보국단과 결합하여 1941년 10월 22일 친일부역세력을 총망라하는 범단일단체인 '조선임전보국단'으로 재정비되는데, 신태악은 여기에서도 이사의 직책을 맡아 활동하였다.

그 밖에도 신태악은 1945년 6월에 박춘금이 주도하여 만든 정당 형식의 친일단체 '대의당'에서도 위원직을 맡아, 해방을 목전에 둔 시기까지 친일의 대열에서 맹활약한다.

해방 후 사회정치계의 최정상에서 눈부신 활약

해방 후 신태악은 1946년에 변호사 개업을 하고 같은 해에 '구국문화사'를 설립한다. 신태악 자신은 이를 '사회적 재기'라고 표현했다. 1945년 한 해 동안만 사회적 활동을 중단했을 뿐, 그 이후 그는 또다시 사회정치계의 최정상에서 눈부신 활약을 하게 된다.

1945년 해방 되던 해에는 신태악의 친일행각에 대한 따가운 규탄이 있었으나, 미군정의 친일관료 기용과 '반공주의' 정책으로의 선회로 인하여 친일세력은 다시 '반공주의'의 기수로 '재기'하게 되었다. 신태악도 그러한 추세를 놓치지 않았음은 물론이다. 더욱이 이승만이 친일관료와 사회 제반 분야의 친일세력을 정치적 기반으로 하여 집권하고 그 집권기반을 굳혀 나가면서 영구집권을 꾀하게 됨에 따라 신태악 같은 전문직의 '인재'는 다시 새로운 세상을 만났다고 해도 지나치지 않는다.

그는 1952년 이승만의 비호하에서 자유당 창립준비위원이 되고 1953년에는 자유당 감찰위원장으로 막강한 권세를 휘두르는 정치인으로서 행세하게 된다. 이에 더하여 신태악은 1958년 재야 법조인으로서는 최고의 명예직이라고 하는 대한변호사협회 회장이 되었다.

이승만 정권이 몰락한 이후에도 신태악은 원로 중견 정치인으로 남아서 활동하게 된다. 1963년에 민정당 전당대회의장, 1966년에는 신민당 운영위원장, 1971년에는 국민당 정무위원이 되었다고 되어 있다. 또한 그는 그 자신이 기록한 경력란에서 「매도담보와 목적물의 처분문제」라고 하는 논문을 발표하여 우리 법학계에 공헌했다고 적고 있다.

그의 생애는 친일파에 대한 민족적 심판이 없는 우리 사회에서 친일파가 어떻게 면면하게 실세로서 군림해 오고 있고, 그것이 어떠한 문제를 던져 주고 있는가를 있는 그대로 말해 주는 하나의 본보기라 하겠다.

■ **한상범**(동국대 교수·법학, 반민족문제연구소 지도위원)

주요 참고문헌

『민족정기의 심판』, 혁신출판사, 1949.
『한국법조인 연감』, 법률신문사.
『매일신보』

사회·문화—여성계

김활란
고황경
황신덕
박인덕

김활란

친일의 길 걸은 여성 지도자의 대명사

• 金活蘭, 창씨명 天城活蘭, 1899~1970
• 1941년 조선임전보국단 부인대 지도위원
1945년 조선언론보국회 이사

교육·기독교계 여성지도자의 대명사 김활란

김활란은 일제하에서는 '여성박사 1호, 전문학교의 유일한 여성교장 그리고 YWCA 창립자' 등이라는 수식어와 함께 교육·기독교계의 대표적인 인물로 손꼽혀 왔다. 그리고 8·15 이후에는 이화여대 총장직과 배화학원, 국제대학, 동구학원, 금란여중고, 영란여중고 등 여러 학교의 이사장직을 맡았으며, 사회단체로는 YWCA, 한국여성단체협의회, 대한부인회, 주부클럽연합회 등 여성단체를 설립하고 회장 등의 임원직을 역임하였다. 또한 정부 수립 직후에는 유엔총회에 한국대표로 참석하였고, 6·25 때는 공보처장, 1965~70년에는 대한민국 순회대사, 한국아시아반공연맹 이사 등 정치·외교활동도 하였다. 이러한 활동 결과 정부로부터 1963년에는 대한민국장 포상을 받았고, 1970년 사망한 이후에는 대한민국 일등수교훈장을 받았다.

그러나 교육·여성계에서 그가 누렸던 명성과 지위만큼이나 일제 말기에는 교육·종교계 인물 그 누구 못지않을 정도의 친일행각을 했다는 사실을 아는 이는 드물 것이다. 물론 일제하에서 그가 저지른 반민족행위 때문에 그의 공헌, 그에 대한 찬사가 모두 거짓으로 되지는 않을 것이다. 그러나 그것이 반

김활란

동강이의 우리 국토, 반공국시를 지키기 위해 왜곡된 우리 역사 속에서 나온 찬사란 점을 직시하면서 그 속에 가려진 '진실'을 밝혀 내야 할 것이다.

민족주의자 김활란

해방 직후 반민족행위자에 대한 처단문제가 한창 논의될 때 나온 『친일파 군상』에서는 김활란에 대해 다음과 같이 쓰고 있다.

> 김활란 여사는 본의로써 전쟁에 협력한 인물이라고 생각할 수 없을 것이다. 그 진의의 여하는 미상이나 당시 왜경찰의 주목과 엄중한 감시하에 있던 이화여전 교장의 직에 있었던 관계로 부득이 본의에 없는 자리에 출석도 하였고 말도 하였을 듯하나 좌우간 그의 언행이 세인에 많은 영향을 미치게 한 것만은 부인할 수 없는 사실이며 그 횟수가 빈번하였던 것도 또한 사실이다.(60면)

이렇게 안타까운 표현이 나오기까지는 그에 대한 기억과 기대가 있었기 때문이리라. 그가 민족적 성향을 띠었을 때는 어떤 입장에서 활동했을까.

그가 이화학당 대학과를 졸업하고 이화학당 교사로 있을 때 3·1 운동이 일어났다. 그 당시 그는 지하독립운동 조직과 연결되어 있었다. 1920년에는 이화전도대를 만들어 조선 각지를 돌며 포교활동을 하였다. 이 때 기독교는 메시아의 도래라는 면과 관련하여 민족에게 자각과 희망을 줄 수 있다는 점에서 그의 전도활동은 단순한 전도 이상의 의미가 있었다. 근우회가 창립되기 전까지 그의 생활은 주로 학교나 종교활동에 머물기는 했지만 강연과 글 등을 통해 여성해방론을 전파하였다. 그러나 그의 민족운동관이 무지로부터의 탈피, 생활개선 등 개량적인 실력양성운동론에서 벗어나지 않았던 것처럼, 여성운동의 목표도 여성의 교육권·재산권 확보 등에 두고 있었다. 참정권을 말할 수 없었던 당시의 상황에서 가능했던 전형적인 자유주의 여권론을 주장하고 있었던 것이다. 이처럼 민족문제·계급문제에 대한 치열함은 부족하였으나 민족적 성향은 계속 지니고 있었다.

그래서 비록 창립될 때까지이기는 하지만 좌우합작의 근우회에도 관여하였다. 1928년 근우회에서 활동을 끊은 후 주로 종교단체 활동만을 계속하다가 1930년 다시 미국으로 건너가 박사학위를 받아 '여성박사 1호'로 귀국하였다.

귀국 후 그는 농민문제에 관심을 갖고 농촌사업을 벌였다. 박사논문의 주제가 농촌교육이었고 이화여전에 농촌사업가를 양성할 과를 두고자 하는 포부를 가졌을 정도였다. 그러나 여전히 활동 방향을 문맹퇴치, 가정경영에 필요한 지식획득, 개인적 차원에서의 경제자립, 봉건적 인습 타파, 의복개량 등에 두고 있었다. 이들의 운동은 1920년대 말부터 1930년대 초반에 걸쳐 활발하였던 브나르도 운동과 연결되어 있었다. 그러나 1930년대에 들어서면 그들의 개량적 시도는 농촌진흥운동에서의 개량적 구호, 예를 들면 문맹퇴치, 금주·금연, 절약·저축, 미신타파 등의 구호와 접근하였다. 게다가 김활란 스스로가 밝히고 있듯이 비타협적 운동에 대한 일제의 탄압이 강화되고 있는 상황에서도 여전히 그는 '일제가 허용하는 범위 내에서'라는 범주를 벗어나지 못하였다. 그가 관심을 가진 여성해방도 민족해방 위에서만 꽃 필 수 있었음에도 점차 두 과제를 분리해 가기 시작한 것이었다.

반민족행위의 시점

1930년대 중반을 넘으면서 일제는 대륙침략을 위한 병참기지 건설을 위해 민족말살정책·황민화정책을 강력히 시행하여 내선일체를 내세우며 신사참배, 궁성요배, '황국신민의 서사' 낭독 등을 강요하였으며 철저한 통제망을 조직하여 우리 민족을 전쟁수행의 도구로 삼기 위해 광분하기 시작하였다.

이러한 가운데 지식인층이 일제에게 굴복하여 반민족적 행위에 나서는 데는 각각의 계기가 있었다. 기독교계 학교에 속한 인물들은 신사참배 등의 문제로 일제와 선교사들의 입장이 배치되었을 때, 폐교를 무릅쓰고 일제의 정책에 반기를 들 것인가, 아니면 묵수할 것인가를 결정해야 할 순간을 맞이했다. 여기에 대해서는 교파마다 학교마다 서로 다른 태도를 취하고 있었다. 북장로교계에서는 학교 폐쇄를 불사하였고, 평양의 기독교계 학교 대부분과 광주 수피아고등여학교, 숭일중학교 등은 폐교하는 방향으로 나아갔으나, 김활란이 몸담고 있던 이화여전은 일제의 요구를 수용하는 쪽으로 나아갔다. 결국 일제의 요구에 이리저리 끌려 다닌 대표적인 이가 바로 김활란이었다.

그가 저지른 친일행각은 교장직을 맡았을 때인 1939년 4월 이후부터가 아니라, 교장직을 조만간 맡을 가능성이 엿보였던 1936년 말부터 나타난다. 즉, 1936년 부교장으로서 그는 총독부 사회교육과가 '가정의 개선과 부인교화운동의 촉진'을 목적으로 주최한 사회교화간담회에 참석하였고, 1937년 1월 황민화정책을 철저히 하는 방책의 일환으로 실시된 방송에도 참가하였다.

그리고 1937년부터는 일제와 관련된 일회적인 모임만이 아니라 지속적인 단체활동에 나가기 시작하였다. 즉, 1937년 1월 말에는 학무국 알선으로 조선부인문제연구회를 결성하였고, 중일전쟁이 터지자 손정규(孫貞圭)와 더불어 애국금차회의 발기인으로 참가하여 사회자로 활약하였다. 애국금차회는 일찍부터 매국노라고 손가락질을 받았던, 일제로부터 작위를 받은 귀족 부인들이 일본의 침략전쟁을 지원하기 위해 금비녀를 뽑아 바치자고 조직한 단체였다.

이후 그는 이와 같은 목표를 둔 단체나 활동에 약방의 감초처럼 참가하게 되었다. 그는 곧 '출정가족 간담회'(『매일신보』, 1937. 10. 6)에 참가하는 등 친일의 수렁에 빠지기 시작하였다. 이 때까지의 김활란의 행적에 대해, 일제하라는 조건에서 합법적인 계몽운동을 하기 위해서라면 그 정도는 눈감아 줄 수 있지 않겠나 하는 생각을 할 수도 있겠지만, 애국금차회에 가담한 시기부터는 민족역사상의 분명한 반민족적 행위라 하지 않을 수 없다.

1938년 3월 칙령으로 내선일체화란 이름하에 조선교육령이 개정되어 사학에 대한 통제가 더욱 심해졌다. 수업중 조선어의 사용은 금지되었다. 학생들은 군수공장에 근로동원되고, 교과 과정에서도 우리 문화나 전통에 관한 것은 말살되어 갔다. 그런 가운데 김활란은 1938년 6월 20일 이화여전과 이화보육의 400명 처녀들로 '총후 보국을 내조'한다는 애국자녀단을 조직하였다.

한편, 기독교 여성단체 중 가장 활발한 사회활동을 벌였던 조선 YWCA가 1938년 6월 8일 일본 YWCA에 가맹하는 사태가 벌어졌다. 바로 이 때 회장이 김활란이었다. 그는 그날 "비상시국에 있어 기독교 여자 청년들도 내선일체의 깃발 아래로 모이지 아니하면 안 되겠으므로 시국을 재인식하는 동시에 황국신민으로서 앞날의 활동을 자기(自期)하는 의미에서 금번 '제네바' 동맹을 탈퇴……기독교여자청년회 일본동맹에 가담하게 되었다"(『매일신보』, 1938. 6. 9)라는 발표를 하고 있었다. 1941년경에 가면 결국 활동이 중지될 것을, 이토록 굴욕적인 태도를 보이면서까지 단체의 목숨을 연장시키고 있었다. 이 때 지방 YWCA에서 활약하던 인물 중에 신사참배를 거부하고 일제에 소극적이나마 저항하여 사회적 지위에 초연한 태도를 취한 여성들도 있었다. 조선 YWCA를 탄생시킨 김필례(金弼禮)가 바로 그러한 인물 중의 하나였다.

김활란의 친일활동은 계속되었다. 그는 1939년 이화전문학교 학생들에게 교복을 입히는 것에 앞장 섰다. 당시 일제는 중등과정의 학생들에게는 강제로 교복을 입게 했지만 전문학생의 경우는 이 문제를 학교의 재량에 맡겨 놓고 있었다. 그런데 부교장이었던 김활란은 언론(『동아일보』)과 학생·학부모의 반발에도 불구하고 단체생활상 필요하다고 강조하며 교복을 입게 하였다. 이것은 학교에서 한복이 사라지게 하는 데 중요한 계기가 되었다(『매일신보』, 1939. 1. 18, 19) 이렇듯 학교의 최종 결정권자인 교장 자리를 맡기 전부터 너무 많은 친일 행위를 했기에 '학교를 살리기 위해 마음에도 없는 친일을 했다'라는 정도의 면책조차 받을 수 없는 것이다.

그리고 이와 관련되어 김활란이 교장이 된 데에는 약간의 곡절이 있었던 것으로 보인다. 당시는 이화고등여학교, 배재중학교 등 선교사가 경영하던 학교의 교장이 조선인으로 바뀌어 가고 있는 상태이기는 했어도 아펜젤러 교장이 물러나는 것에 대해 이사회 내에서 약간의 이견이 있었던 것 같다. 김활란이 교장이 되는 데는 당시 이사였고 선교사 대신 조선인으로서는 처음으로 배재교장이 된 신흥우(申興雨)의 힘이 컸다고 한다(최규애, 『참다운 크리스찬 최활란 여사』, 나랏말 출판사, 1991, 91면). 김활란이 1939년 4월 정식 교장이 되면서부터는 일제에게 굴복하면서까지 학교를 지킨다는 명분 하나만으로 민족사에서 학교가 해야 할 많은 역할을 포기하고 말았던 것이다.

야마기 카쓰란이 되어 학병·징병을 권유

1941년 12월 태평양전쟁 이후 일제는 창씨개명을 강요하고 지원병제에서 나아가 징용, 징병, 정신대 등의 강제연행을 시작하였다. 동시에 식민정책을 효율적으로 수행하고 선전하기 위해 각종 친일단체를 결성하여 우리 민족의 정신까지 앗아가려는 온갖 책동을 다하였다. 여기에 친일 여성단체를 만들고 여성명사들을 동원하는 등 여성들도 본격적으로 이용하기 시작하였다.

김활란은 임전대책협력회 위원, 조선임전보국단 부인대 지도위원, 국민총력조선연맹 평의원, 조선교화단체연합회 부인계몽독려반, 조선언론보국회 이사 등 각종 친일단체의 임원직을 맡았다. 그리고 여성대중에게는 노력동원, 가정의 절약과 저축을 강조하였다.

그는 1941년 말 야마기 카쓰란(天城活蘭)으로 창씨하였다. 그리고 부인궐기촉구 강연, 결전부인대 강연, 방송 등을 통해 일제의 침략정책을 미화하고 내선일체·황민화시책을 선전하며 일반 여성이나 여학생들에게 '어머니나 딸·동생으로서' 징병·징용·학병 동원에 대한 이해를 촉구하였다.

확장되는 전선을 일본인 군인으로만 막을 길이 없자 전면적인 징병제를 실시하여 조선의 남아들을 침략전쟁의 총알받이로 삼고자 한 결정에 대해 그는 다음과 같이 감격하였다.

> 이제야 기다리고 기다리던 징병제라는 커다란 감격이 왔다.……지금까지 우리는 나라를 위해서 귀한 아들을 즐겁게 전장으로 내보내는 내지의 어머니들을 물끄러미 바라만 보고 있었다.……그러나 반도여성 자신들이 그 어머니, 그 아내가 된 것이다.……이제 우리도 국민으로서의 최대 책임을 다할 기회가 왔고, 그 책

임을 다함으로써 진정한 황국신민으로서의 영광을 누리게 된 것이다. 생각하면 얼마나 황송한 일인지 알 수 없다. 이 감격을 저버리지 않고 우리에게 내려진 책임을 다하기 위하여 최선을 다할 것이다.(「징병제와 반도여성의 각오」, 『신시대』, 1942. 12)

학도병 출진의 북은 울렸다. 그대들은 여기에 발맞추어 용약(勇躍) 떠나련다! 가라, 마음놓고! 뒷일의 총후(銃後)는 우리 부녀가 지킬 것이다. 남아로 태어나서 오늘같이 생의 참뜻을 느꼈음도 없었으리라. 학병 제군 앞에는 양양한 전도가 열리었다. 몸으로 국가에 순(殉)하는 거룩한 사명이 부여되었다.(「뒷일은 우리가」, 『조광』, 1943. 12)

그는 후에 자서전 『그 빛 속의 작은 생명』에서 일제 때 가장 안타깝고 분하게 여겼던 일 중의 하나가 1943년 말 전시비상조치방책으로 이화전문학교가 농촌지도원 연성소가 된 것을 꼽고 있다. 이것은 사실 그가 친일행각을 중단할 계기가 될 수도 있었다. 그러나 이 때도 이렇게 말하였다.

아세아 10억 민중의 운명을 결정할 중대한 결전이 바야흐로 최고조에 달한 이 때 어찌 여성인들 잠자코 구경만 할 수가 있겠습니까……이번 반도 학도들에게 열려진 군문으로 향한 광명의 길은 응당 우리 이화전문학교 생도들도 함께 걸어가야 될 일이지만 오직 여성이라는 한 가지 이유 때문에 참여를 못하는 것입니다. 그러나 싸움이란 반드시 제일선에서만 있는 것은 아닙니다. 이런 의미에서 우리 학교가 앞으로 여자특별연성소 지도원 양성기관으로 새로운 출발을 하게 된 것은 당연한 일인 동시에 생도들도 황국여성으로서 다시 없는 특전이라고 감격하고 있습니다.(『매일신보』, 1943. 12. 25)

이화전문학교가 여자청년연성소 지도자연성과로 바뀌어, 기존 학생들에게는 3개월간의 교육을, 신입생에게는 1년간의 교육을 시켜 전조선에 설치된 여자청년연성소 지도자로 배치하여 농촌여성을 계몽한다는 일제의 방침대로 되자, 1944년 이화여전 학생 모집에는 150명 모집에 40명밖에 지원하지 않았다. 게다가 재학생들도 격감하였다. 그리고 제자들과 후배들은 그를 외면하고 학교를 떠났다. 그래도 그는 그냥 있었다. 아무리 자기 본심과는 다른 행동이었다 하더라도 그가 하는 모든 것은 이미 공인으로서의 행동이 아닌가. 그러나 그는 공인으로서의 책임 있는 행동보다는 껍데기뿐인 이화를 잡고 놓지 않으려는 몸부림으로 일관했을 뿐이었다. 그가 조선 민족을 향해 내뱉은 그 숱한 반민족적 연설·글·방송을 어떻게 주워 담을 것인가.

이러한 친일적 지식인 여성들의 활동이 대중에게 미친 영향은 매우 컸다. 그들 중 많은 수가 과거 민족운동에 참가하였던 까닭에 일제에 대해 적극적인 투쟁은커녕 안면몰수한 친일행위는 민중에게 분노와 실망만을 가져다 주었다. 특히 지식인들에게는 패배주의를 낳게 했다. 김활란과 같이 교육계에 있었던, 특히 서울의 여학교 교장들——황신덕*, 송금선, 이숙종, 신봉조, 조동식, 배상명——은 모두 약속이나 한 듯 같은 길을 갔다. 교육계에 종사한 이들의 친일행위는, 어린 학생들에게는 그저 보고 따르는 스승이었기에 악영향은 상대적으로 더욱 큰 것이었다.

김활란의 측근자였던 김옥길의 『김활란 박사 소묘』에서는 그가 1944년경 악성안질에 걸려 실명할 우려가 있다는 의사의 말에 "남의 귀한 아들들을 사지(死地)로 나가라고 했으니, 장님이 되어도 억울할 것 없지.……당연한 형벌"이라고 말하였다 한다. 그러나 그의 자서전에서 자신의 친일행위에 대해 진실로 반성하는 구절을 찾기는 어렵다. 다만 친일한 많은 이들이 자서전이나 전기를 남겼지만 대부분 친일행위에 대해 일언반구도 없는 것에 비하면 그나마 나은(?)지도 모르겠다.

반공전선에 서서 활동을 계속

8·15는 우리 민족에게 해방을 안겨 주기는 했지만 민족이 분단되고 군정이 실시된다. 이러한 상황에서도 국가와 사회를 어떻게 건설할 것인가가 중요한 문제로 제기되고 합법공간에서 각종 사회운동이 활발하게 전개되었다.

그런데 남한에서 미군정이 실시되자 어제 '적국영미'(敵國英米)를 외치던 이들이, 이제는 기독교인이며 영어를 구사한다는 장점을 이용하여 미군정 당국자들에게 접근하기 시작했다. 미군정청은 일제의 잔재를 청산하기는커녕 항일운동가들을 고문·탄압하던 자들까지 그대로 인수받아 그들에게 권력을 남용할 기회를 주었기에 친일 지식인들의 군정청 접근은 오히려 당연하였다.

이 때 김활란은 이화전문학교를 종합대학으로 승격시키기 위해 미군정을 열심히 드나들었다. 8·15 직후에는 사회단체 활동에 별로 앞에 나서지 않았지만, 1946년 반탁운동이 고조될 때 그도 우익계열의 독립촉성중앙부인단에 참가하는 등 반탁운동에 앞장 섰다. 그리고 민정 이양시기에 그를 보호하고 그의 지위를 유지시켜 줄 정치세력으로서 이승만을 선택하였다.

한편 분단을 기정사실화한 제헌의회 선거에 여성의 정치진출을 강조했던 당시 우익 여성계의 요구로 김활란도 서울 서대문구 국회의원 선거에 출마하였다. 대한부인회 대표로서 나온 이 선거에서 낙선은 했지만 그의 정치적 활동은 꾸준히 계속되었고 사회적 지위도 점점 확고하게 자리잡혀 나갔다.

경찰이나 군대·행정기관에 소속되어 직접 항일운동가와 민족성원을 탄압한 이들과는 다르지만, 문화·교육가로서의 역할이 결코 가벼울 수 없는 만큼 그가 민족사에 남긴 오점은 분명히 해야 한다.

반민족적 행위를 범한 경력이 있음에도 불구하고, 그는 생전에 이렇다 할 반성의 말 없이 갔고, 현재의 우리는 여성계의 대모로서 그를 인식하고 있다. 역사서에서는 그를 근우회 활동의 중심인물 내지 회장이라고 적어 놓고 있다. 그러나 그는 근우회 활동에서 도중하차했을 뿐이다.

일제에게 굴복하기보다는 죽음을 무릅쓴 투쟁을 한 이보다 어떠한 이유든간에 강자의 압박에 못 이겨 굴복한 이를 우리는 더 많이 알고 추앙해야 할 인물로 설정하고 있는 것이다. 이것이 우리의 실정이다. 이제 이렇게 된 연유에 대해, 그리고 민족적 자존심과 긍지가 어디에서부터 나오는가 하는 질문을 던져야 할 시점이다.

■ **강정숙**(영남대 강사·여성학, 반민족문제연구소 연구원)

주요 참고문헌

김활란, 『그 빛 속의 작은 생명』, 여원사, 1965.
김옥길, 『김활란 박사 소묘』, 이화여대출판부, 1959.

고황경

황도정신 선양에 앞장 선 여성 사회학자

- 高凰京, 1909~
- 1937년 애국금차회 간사. 1939년 조선부인문제연구회 간부
  1942년 조선임전보국단 부인대 지도위원

박사학위 받고 귀국 직후부터 식민지 사회교육에 가담·협조

고황경은 일제 시기에 일본과 미국의 대학에 유학하였으며 여성으로는 드물게 박사학위를 소지한, 가히 우리 나라 최초의 지식인 여성의 대표라 할 만한 인사이다. 1928년 일본 도지샤(同志社)여전 영문과를 졸업하고 다시 1931년 도지샤대학 법학부를 졸업하였으며, 1937년 미국 미시간대학 대학원에서 철학박사 학위를 받았다. 그러나 고황경은 '일찍이 선각자적 현안으로 나라의 힘을 기르는 것만이 곧 나라를 구할 수 있는 길이라는 신념으로 일본으로 건너갔으나' 오히려 친일의 길을 걸어 가게 된다.

박사학위를 받고 귀국하여 그는 이화여전 교수로 재직하게 되나 1937년부터 바로 친일집단에 가담·협조하는 행적을 남기고 있다. 제7대 총독 미나미는 일본의 국체를 인식시킴으로써 신민(臣民)된 자각을 갖게 하는 사회교화 교육을 강화하기 위해 각종 어용단체를 조직토록 한다. 그 일환으로 1937년 1월 총독부 학무국 알선으로 '조선부인문제연구회'가 조직되었다. 조선부인문제연구회는 총독부의 '비상시 국민생활 개선책'에 호응하여 '가정보국운동으로서의 국민생활의 기본양식'이라는 것을 제정하였다. 전시에 맞게 가정생활을 간

고황경

소화하자는 것이었는데, 그 내용은 '매월 1일 가정에서 황거요배, 축제일의 국기게양, 총독부의 의례준칙 준수, 혼·상례의 간소화, 누습타파, 근로보국정신의 앙양, 국 한 그릇 찬 하나의 식사 간소화' 등이었다. 이 단체는 신진 여성을 총망라해 매월 마지막 토요일을 정례 회합일로 정하고 생활개선부와 수양부를 두어 활동하였다. 여기서 고황경은 중요한 핵심적 역할을 담당하였다. 조선부인문제연구회는 단체의 활동을 선전·계몽하기 위해서 11명으로 된 순회강연반을 결성하여 1938년 9월 12일부터 13도를 순회강연하였으며, 고황경은 홍승원(洪承媛)과 함께 전남북을 맡아 강연을 다녔다.

또한 1937년 1월에 총독부 사회교육과가 주동해서 '방송선전협의회'가 발족되었는데 이 역시 '일본 국민으로서 부끄러움이 없는 생활, 즉 내핍과 절약으로 전쟁을 이겨내고 신명을 천황께 기꺼이 바치게 한다는 사회교육을 수행하게 할' 목적으로 수양강좌, 부인강좌, 상식강좌 등의 방송강좌를 실시하였다. 여기서도 고황경은 부인강좌를 맡는 역할을 하였다.

'내핍과 절약으로 전쟁을 이기고 천황께 신명을 바치자'고 하고 있으나 당시 조선 여성의 생활은 그야말로 초근목피로 연명하며 '일하는 노예와 같이' 생활하고 있었다. 가난한 소작농가의 여성들은 모두 농업노동에 종사하고 있었으며 소작농가는 5할에서 7할에 달하는 고율 소작료를 지불했다. 즉, 여성의 농업노동은 곧 일제의 식량 수탈과 농업노동력 수탈의 근원을 이루고 있었다. 일제는 특히 식량 수탈을 위해 '산미증식계획', '농촌진흥운동'을 실시하면서, 조선의 농촌이 낙후된 원인을 일본과 비교하여 여성들이 외업노동을 기피하기 때문이라고 하여 여성들을 옥외노동, 야외노동에 동원하기 위해 온갖 방법을 강구하였다. 이른바 '전가(全家)근로'라는 구호 아래 읍·면부락 단위로 부인회가 조직되고 야외노동단, 공동면작 등으로 여성노동이 최대한 활용되는 등 여성 농업노동에 대한 착취는 극에 달했다. 그래서 '촌여자는 소보다도 힘세며, 소보다도 끈기 있다'고 할 지경이었다.

이런 상황에서 미국박사 사회학자 고황경은 비참한 조선여성들의 권익을 위해 노력하기보다는 오히려 그들을 더욱 착취하는 데 앞장을 섰던 것이다.

그렇다면 우리는 여기서 고황경이 미국에서 받은 사회학이라는 것이 과연 무엇을 목적으로 한 것이었는가 회의할 수밖에 없다. 자신의 말처럼 '나라의 힘을 기르는 것만이 곧 나라를 구할 수 있는 길'이라고 믿었다면 그 교육은 분명 일제의 식민지배에서 신음하는 조선 동포들에게 침략자들의 횡포를 고발하고 나아가 독립의 희망을 심어 주는 것이어야 했다. 그러나 불행하게도 철학박사 고황경의 실천은 정반대로 나타났다.

그 원인은 과연 어디에 있을까? 일본과 미국을 통해 배운 학문 그 자체에 문제가 있었을까, 아니면 강단의 이상과 식민지의 현실이 너무나 동떨어져 끝내는 절망하고 모든 것을 포기했기 때문이었을까, 그것도 아니면 일제에 협력하는 길만이 진정 조선 민족에게 도움이 된다고 생각했기 때문이었을까.

그런데 우리를 더욱 실망하게 하는 것은 그가 미국에서 돌아오자마자 친일의 대열에 합류했다는 점이다. 물론 당시 이른바 내로라 하는 여류명사들이 이미 변절의 대열에 모여 들고 있었기 때문에 그 역시 별다른 문제의식이나 눈치(?)를 보지 않고서도 이 대열에 쉽게 참가했을 수도 있다. 그렇다면 그는 너무나 쉽게 자신의 조국을 버리고 만 것이다.

애국금차회 간사로 활약

수렁에 한번 내디딘 발은 빠져 나올 줄 모르고 계속 들어가기만 하였다. 조선부인문제연구회에서 활약하던 고황경은 '애국금차회'(愛國金釵會)의 간사 자리까지 맡게 된 것이다. 1937년 8월 16일 조선중앙정보위원회의 권유로 귀족의 처와 중견여류를 망라해서 결성된 이 단체는 한마디로 말해서 여자들의 금비녀·금가락지를 뽑아 일제의 국방비로 헌납하자는 전쟁협력단체였다.

산금량이 군수체제하에서 수요를 감당할 수 없게 되자 총독부는 '조선산금령'을 공포하고, '금의 사용제한에 관한 건'을 제정하여 국방의 목적 이외에는 금을 사용할 수 없도록 하여, 장신구 제조 금지는 물론 민간이 소유하고 있는 금제품과 장신구까지도 극성스럽게 긁어 모았다. 그리고 '우리도 국민의 한 사람이다. 우리가 애용하는 금비녀야말로 이 초비상시에 국가를 위해 바치지 않으면 안 된다'는 것을 결의하게 하면서 금비녀·금가락지를 뽑아 갔다. 또한 금반지를 아끼는 여자를 '비국민'으로 매도하면서 손가락을 자르라는 폭언까지 하였으며 심지어는 촌부의 구리 가락지까지 동원하였다.

동시에 애국금차회는 '황군원호'를 목적으로 하면서 황군의 '환·송영, 총후가정의 위문격려, 총후가정의 조문, 일반 조선부인에 대한 황군원호의 강화 및 국방비의 헌납 등을 사업계획으로 정하였으며 육군병원 방문, 위문금 전달, 국방헌금, 장병위문을 실시하였다.

1939년 9월 10일 고황경은 『동양지광』 주최의 '내선일체좌담회'에 박인덕*, 쓰다(津田節子 : 녹기연맹 회장 津田榮의 처) 등과 함께 참여하여 부인층의 비상시적 각오와 내선일체에 대해 토론하였다. 1939년 1월에 창간된 『동양지광』은 '반도 2천만 동포의 심흉에 일본정신을 철하고, 황도정신을 앙양하고, 폐하의 적자로서 황국 일본의 공민이 될 것'을 창간 목적으로 하는 잡지였다.

1941년 말 조선에 배당된 국공채 중 공채 미상환액만 11억 600만 원으로 발표되었으며 이 액수는 호당 곡가로 환산하면 13가마 꼴이었다. 이 살인적 액수를 소화하기 위해 총독부는 단체, 학교, 직장의 장을 동원하였다. 이를 위해 임전대책협의회는 1941년 '임전대책 연설회'를 마친 후 '채권가두유격대'를 조직하였다. 12개 반으로 편성된 이들 '채권가두유격대'는 '애국운동은 이론보다 실천에서'라는 슬로건으로 1원짜리 꼬마채권을 가판했는데, 서대문대로 편성된 고황경은 우체국 앞에서 신흥우, 주요한* 등과 함께 채권을 판매하였다.

침략전쟁이 장기화됨에 따라 일제는 일반 부녀자들까지 총후운동에 대대적으로 동원하기 시작했다. 1942년 1월 5일 조선임전보국단의 산하기관으로 이른바 총후부인(銃後婦人) 진영을 총망라한 '조선임전보국단 부인대'가 발족되었는데 고황경은 이 단체의 지도위원으로 활동하였다. 이들은 황도정신을 선양하는 것을 목표로 하였으며, 1943년부터는 지원병과 학병을 권유하는 데도 앞장 섰다. 이러한 활동의 일환으로 『매일신보』 1943년 8월 5일자에 그는 「징병 감사와 우리의 각오, 건군정신에 투철」이라는 제목으로 다음과 같은 글을 쓴다.

> 이 영광이야말로 과거 34년 동안 역대 총독과 위정자 여러분이 일시동인의 성지를 받들어 반도 동포로 하여금 명실상부한 황국신민을 만들려고 심혈을 기울여 분투한 결정이 아닐 수 없다. 이에 대한 무한한 감사를……굉대 무변하옵신 성은에 오로지 공황(恐惶)·감격할 뿐입니다.……성은을 무엇으로 보답하올까. '나라를 위하여 한마음이 되어서 힘 다하여라. 임금님의 군사로 나서는 젊은이들' 젊은이들아, 그 집안 사람들아, 임금을 위하여 참마음 하나로 일어서라 하노라.

해방이 되자 고황경은 다른 친일 여류명사와 마찬가지로 진정한 자기반성 없이 분단 조국의 교육에 중심적인 역할을 하였다. 1945년 경기여고 교장을 거쳐 1946~48년에는 미군정청에서 보건후생부 부녀국장을 역임하고, 다시 1949~50년 미국의 프린스턴대학에서 연구활동을 하다가 귀국해서는 이화여대 사회학과에 재직하였다. 그리고 1960~63년에는 유엔총회 한국대표로 참석하였으며, 1958~86년 대한어머니회 회장, 1961~84년 서울여대 학장, 1963년 걸스카우트 단장, 서울여대 명예총장, 학술원 종신회원을 역임하였으며, 대한민국 문화대상 국민포장 동백장, 5·16 민족상을 수상하였다.

■ **장하진**(충남대 교수·사회학)

주요 참고문헌

고황경, 「징병 감사와 우리의 각오, 건군(建軍)정신에 투철」, 『매일신보』, 1943. 8. 5.

황신덕

제자를 정신대로 보낸 여성 교육자

- 黃信德, 1889~1983
- 1940년 국민총력조선연맹 후생부위원
  1942년 조선임전보국단 부인대 간부

친일 성향 강했던 중앙여고 교장

'일장기 머리띠를 두른 제복의 여학생이 선생님들과 함께 찍은 한 장의 기념 사진'. 이 사진은 1943년 한 여학생이 정신대로 차출되어 가기 전 이를 기념하기 위해 찍은 것으로 사진 속의 교장은 황신덕, 부교장은 박순천이다. 이 사진의 주인공 '김금진 할머니'는 자신이 당시 정신대에 가게 된 경위를 다음과 같이 설명하고 있다. "황신덕 교장이 하루는 ㄷ여고, ㅇ여고 같은 다른 학교 학생들도 정신대에 지원하고 있는데 우리 학교에 그런 용기 있는 학생이 한 사람도 없다는 사실은 슬픈 일이라며 눈물을 흘렸어요. 그 순간 나도 모르게 교장 선생님이 저렇게 눈물로 호소하는데, 내 한몸 희생해 학교를 구하자는 결심이 솟구치더군요." 그리고는 교장실을 찾아갔고 바로 기념사진 찍고 정신대로 끌려 갔다고 했다. 그 후 김금진 할머니는 후지코시의 총알 만드는 군수공장에서 일하다 해방되어 귀국했다.

1970년 어느 해 황교장의 병환 소식을 듣고 찾아가 "'선생님, 그 때 절 정신대 보내신 것 너무하셨어요. 선생님 가슴 아프라고 하는 얘기는 아니지만 그 때 왜 그렇게 하셨어요'라고 하였더니 선생님께선 '그래. 네 말이 맞다. 나도

정신대 차출을 '기념'하며 찍은 사진. 당시 김금진 학생은 일장기 머리띠 착용을 거부했으나 황신덕 교장은 이를 강요했다. 앞줄 오른쪽에서 두번째가 황신덕 교장. 뒷줄 왼쪽에서 첫번째가 박순천 부교장.

그 일을 후회하고 있네'라고 처음으로 사과의 말씀을 하시더군요"라고 증언하고 있다(『뉴스메이커』, 1992. 6. 5).

이 사진 이야기는 『중앙여고 30년』에도 '근로봉사와 정신대'라는 항목하에 "학교마다 2명의 정신대를 보내라는 명령이 나왔다. 만일에 정신대원을 보내지 않으면 학교를 폐쇄시키겠다는 것이다. 그 때 김금진이란 학생이 교장실로 찾아왔고, 결국 김금진의 희생으로 학교는 폐교를 면하게 되었다"라고 쓰여 있다. 그러나 교육부 자료 등 다른 어떤 자료에도 일제 말기 당시 정신대 문제 하나 때문에 폐교당한 학교는 없었다. 강제적으로 끌고 가다시피 한 국민학생 정신대와는 달리 여고의 경우, 친일 성향의 교장이 일제에 충성심을 보이기 위해 감언이설로 학생을 설득해 자원케 했다고 한다. 그러면 당시 '황신덕 교장 선생님'은 과연 친일 성향의 인사였는가?

우리에게 알려져 있는 황신덕은 우리 나라 여성운동의 지도자 중 한 사람이며, 탁월한 여성교육자이다. '일제하의 압박 속에서도 굴하지 않고 민족의 자긍을 지키며, 정부수립에도 중요한 역할을 담당했던 황신덕', '여성문제의 해결과 그 입지를 구축하는 일에 앞장 서 온 황신덕은 민족사의 산 증인으로 우리 민족의 수난사와 동시에 그 안에서 얼마나 꿋꿋하게 설 수 있는가에 대한 민족자존의 표상으로 현대 한국인에게 삶의 한 좌표를 제시하고 있다' 등이 황신덕에 대한 일반적인 평가이다. 또한 『추계학원 중앙여자중고등학교사』 간행사는 "일제치하 암흑기에 창립자 추계 황신덕 선생은 오로지 구국의 일념으로 서대문구 충정로 일각에서 온갖 어려움을 무릅쓰고 37명의 신입생과 더불어 개교하였습니다"라고 적고 있다. 그리고 해방 후에는 이승만 과도임시정부 입법위원으로 정부에 들어가 관선대변인을 맡으며 초기 국정에 참여하기도 한 '민족운동에 앞장 서 온 여성지도자'라는 평가도 있다.

각종 친일단체의 간부와 중책을 맡으며 시국강연 연사로 활약

그에 대한 이러한 공식적 평가에도 불구하고, 일제하의 그의 경력과 족적은 '일제의 압박에도 굴하지 않고 민족의 자긍을 지킨 사람'이 아니라 '친일 성향이 강한 교장 선생님'으로 우리에게 다가오고 있다.

초기에는 애국계몽적 여성운동을 이끌어 온 황신덕은 조선 독립을 목적으로 좌우세력이 협력하여 건설한 '근우회' 활동을 그만둔 이후부터는 적극적 친일파 여류인사 중의 한 사람으로 되었다. 각종 중요 친일단체의 간부와 중책을 맡았음은 물론이고 여성들을 대상으로 '황국신민'이 될 것을 호소하는 시국강연의 연사로도 크게 활약한 사람이었다.

기자 출신인 황신덕이 본격적인 친일의 길로 접어 든 것은 신문기고 논설들을 통해 전시를 맞이한 여성들의 국가관을 설득하는 한편, 전국 순회강연반에 참석하면서부터이다. 1938년 6월 24일 종로 기독교청년회관에서 부인들을 대상으로 보국을 주제로 한 시국강연회를 개최하고 국방헌금을 모금하였는데, 그 자리에 황신덕은 연사로 참석하여 '비상시국과 가정경제'라는 제목으로 강연하였다. 또한 1941년 9월 16일자 『매일신보』에 실린 「폐품을 재생산하여 국가에 필요하게 쓰자」라는 논설은 겉으로는 절약정신을 주장하는 것이지만 결국에는 가뜩이나 굶주리고 피폐해진 민중들을 쥐어짜서 일제의 전시물품을 동원하자는 논리로 귀결될 수밖에 없는 것이었다.

「전시생활과 부인도덕」이라는 주제의 좌담이 『매일신보』 1942년 1월 3~10일자에 5회에 걸쳐 연재되었는데, 황신덕은 김봉희(金鳳姬), 임효정(林孝貞), 아라이(新井昌子) 등 6명과 함께 참석하였다. 좌담 참석자들은 '새 시대의 도덕은 개인에서 공중도덕으로', '소극적인 것을 버리고 정(靜)에서 동(動)의 도덕으로' 등을 논하고 있으나 중심내용은 전시에 국가를 위하여 여성들이 적극 호응하고 나서자는 것을 골자로 하고 있다.

역시 동일한 맥락에서 『매일신보』 1941년 12월 25일자에는 「정전(征戰)을 뒤에 지키는 맹서——근로의 정신」이라는 제목으로 근로 정신의 신명을 갖고 책임을 다하자는 취지의 글을 실었다. 또 「어머니의 책임이 중대」라는 제목의 글에서는 "해군지원병제도를 실시한 우리는 구군신(九軍神)과 같이 한번 나라를 위해 죽을진대 '죽음'을 생각지 않는다는 그러한 위대함을 길러 내는 어머니가 되도록 노력해야 할 것입니다"라고 강변하고 있으며, '전위여성격려대'로 청주, 충주, 영동지방을 순회하며 강연한 기록들도 볼 수 있다.

그는 글이나 강연을 통한 활동뿐만 아니라 각종 친일단체의 간부, 임원직을 맡아 활동하였다. 황신덕은 1940년 10월에 결성된 '국민총력조선연맹' 후생부위원직을 맡았으며, '아등(我等)은 황국신민으로서 황도정신을 선양하고 사상통일을 기하며, 아등은 전시체제에 즉하고 국민생활의 쇄신을 기한다'는 강령을 내세우고 1941년 10월 22일에 친일세력을 총망라하여 조직된 '조선임전보국단'에도 몇 안 되는 여성 평의원의 한 사람으로 참여하였다.

또 1942년 1월 5일에는 조선임전보국단 산하기관으로 총후부인 진영을 망라한 '조선임전보국단 부인대'가 발족되었는데 황신덕은 그 단체에서 중추적 역할을 담당하였다. 이 단체의 활동 중의 하나로 근로봉사운동을 전개하여, 각 정(町), 애국반원, 부내 실천회원들로서 군복 수리 작업을 시작해서 같은 해 12월경까지 연중무휴로 이 작업을 계속한 바 있었다. 그리고 징병, 학병, 해군지원병 제도가 잇따라 실시되던 1943년 무렵부터는 지원병과 학병으로 나갈 것을 강요하는 데도 앞장 섰다.

황신덕은 처음부터 친일적 여성은 아니었으며 적어도 1930년 중반까지는 애국계몽운동 계열의 여성운동 지도자였다. 1889년 평양의 학자 집안에서 태어난 그는 평양 숭의여학교를 졸업하고 신학문을 공부하기 위해 일본으로 건너가 사회사업을 전공하였다. 숭의여학교 시절에는 황에스더와 함께 '송죽회'(松竹會)를 조직하여 독립운동의 일환으로 '일본어배격운동'을 벌인 적도 있었다. 일본에서의 수학을 마친 그는 1925년부터 기자생활을 하였으며 『시대일보』, 『중외일보』를 거쳐 1934년부터 1940년까지, 중앙여고의 전신인 '경성가정의숙'을 설립하기 이전까지 『동아일보』 기자로 재직하였다.

'근우회'에서 '조선임전보국단 부인대'로

일제하 여성운동의 맥락은, 기독계 여성단체가 중심이 되어 선교활동과 함께 교육운동, 계몽운동, 문화운동 등을 전개한 흐름과 개인적 차원에서 봉건적 남녀차별에 저항하며 자유주의적 경향을 띠는 이른바 신여성운동그룹, 그리고 독립운동과 기층 여성의 생존권 투쟁운동을 결합시키는 사회주의적 여성운동으로 크게 나눌 수 있다.

황신덕은 기자로 재직하면서 이러한 여성운동계열 중 애국계몽운동계열의 여성운동을 주도하였다. 1927년 여성운동과 항일운동의 일원화라는 목표 아래 이 세 계열의 여성운동계가 '근우회'를 창립하여 여성운동의 역량을 총결집하게 된다. 이 근우회에서 황신덕은 21명의 중앙집행위원 가운데 한 사람으로 중책을 맡았으며, 중앙기구의 부서에서 교양교육부 상무직을 역임하였다. 또 1928년 제1회 대회에서 지방과 해외지사의 대표가 추가되어 31명으로 중앙집행위원회가 구성될 때에도 황신덕은 다시 집행위원의 한 사람이 되었다. 그러나 앞에서도 말했듯이 근우회가 해체되고 나서 일제의 조선인 탄압정책이 더 혹독해지고 노골화되자 황신덕은 친일인사로 변모하게 된다.

한편, 그의 교육자로서의 길을 더듬어 보면 그 시작부터 민족주의적인 입지에서가 아니라 친일행각의 일환으로 시작된 것이 아닌가 하는 의구심을 갖게 한다.

중앙여고의 전신인 '경성가정의숙'은 이왕가(李王家)의 소유건물, 즉 초대 추계학원 이사장인 박찬주의 남편 이우공의 서재를 희사받아 1940년 10월 10일 신입생 37명으로 시작한 것이다. 그런데 황신덕은 이 시절 이미 각종 친일단체에 깊이 관여하여 일제에 적극 협력하는 인사로서 활동하고 있었던 것이다. 또한 당시 서울에서는 황족이나 친일 고관부인이 중심이 되어 여성의 민족의식을 약화시키고 노동력을 착취하기 위한 준비로 여성교육에 관여하였던 경우가 많았다.

1895년 우리 나라에 처음 여학교가 세워진 이래 이미 1910년만 하여도 전국에 세워진 여학교는 공식 집계만도 659개였다. 그 후에도 자립적으로 크고 작은 학교들이 많이 세워졌는데, 여학교 설립은 그를 후원하는 여성단체의 조직——주로 여성교육계몽단체——을 촉발시켰다. 그리고 이들 단체는 서울의 경우 황족, 친일고관 부인이 중심이 되었다. 이들은 한편으로는 여성교육을 여성근대화로 위장시키면서 '문명에 점취하는 시대적 요청에 따라 여자교육을 시행하여 구습(舊習)에서 벗어나는 것'이라 하고 다른 한편으로는 여성교육계몽을 내세우면서 친목·자선·봉사활동을 한다는 명분으로 조선 여성의 친일화, 식민화를 꾀하고 있었다.

이런 측면에서 볼 때 이미 적극적 친일인사로 전향해 있던 황신덕이 민족주의적 입장에서 학교를 설립하였다고 보기는 어렵다. 따라서 그가 애국·애족정신의 함양을 교시로 개교식을 가졌다 하지만 그 때의 애국애족이 과연 민족주의적인 것이었는지 친일적인 것이었는지도 확실치 않은 것이다.

1940년 37명으로 세운 학교는 1945년 1월에 사립학교 규정에 의해 중앙여자상과학교로 인가를 받게 된다. 정신대와 관련해 양심고백을 한 일본인 교사 이케다 씨의 '정신대 모집이 많았던 학교의 교장은 영전했다'는 발언을 주목한다면 '황신덕 교장'이 제자를 정신대로 보낸 대가로 경성가정의숙은 그 후로 정식 학교로 인가를 받게 된 것이 아닌가 하는 의구심을 갖게 한다.

1983년 11월 22일 사망하기까지 황신덕은 추계학원 이사장으로 있었으며 수많은 여성단체에 관여하였고, 3·1 여성동지회 부회장을 역임했다.

■ **장하진**(충남대 교수·사회학)

주요 참고문헌

「좌담회 : 전시생활과 부인도덕」,『매일신보』, 1942. 1. 3~10.

황신덕,「폐품을 재생산하야 국가에 필요하게 쓰자」,『매일신보』, 1941. 9. 16.

『중앙여고 30년』, 1970.

박인덕

황국신민이 된 여성 계몽운동가

• 朴仁德, 창씨명 永河仁德, 1896~198?
• 1941년 임전대책협의회 위원. 1943년 조선교화단체연합회 부인계몽독려반 1945년 조선언론보국회 이사

박인덕은 반민족행위를 한 여성명사들 가운데 상대적으로 잘 알려지지 않은 인물이다. 1950년대 거의 모든 시기를 미국 등 외국에서 지냈기 때문이다. 그러나 일제시기에는 김활란의 선배로서 '잘 생기고 다방면에 걸쳐 뛰어난 재주를 갖춘' 인물로서 활자매체에 무척이나 자주 등장하던 여성이었다. 또한 그의 자서전적인 글 『9월생 원숭이』(*September Monkey*)는 세계적으로 널리 알려지기도 했다.

여성 계몽운동가로서 화려한 활동

1896년 평남 진남포에서 출생한 그는 고등교육을 받은 대부분의 여성들처럼 기독교와 밀접한 관계를 맺고 있었다. 과부가 된 어머니가 기독교인이 되면서 하나뿐인 딸을 제대로 키우겠다는 신념으로 기독교계인 진남포의 삼성학교에 입학시킨 것이 그가 기독교와 인연을 맺는 계기가 되었다. 이후 박인덕은 선교사의 지원과 장학금으로 1912년 이화학당 중학과를 졸업하였고 1916년에는 이화학당 대학과를 졸업하였다. 아직 경성제국대학도 설립되지 않은 시기였으므로 이화학당 대학과는 국내 최고의 전문과정이었고, 학생수도

박인덕

극히 적어 한 해 졸업생이 한 명도 없었던 적도 있었다. 이런 까닭에 졸업생은 이화학당 내에서만이 아니라 조선 사회의 주목과 기대를 한몸에 받기 마련이었다.

박인덕은 졸업과 함께 이화에서 기하, 체육, 음악을 맡아 가르쳤다. 서글서글한 눈과 이지적인 콧날에, 사람을 거느리는 포용력까지도 뛰어났던 그는 '노래 잘하는 인덕', '말 잘하는 인덕', '잘 생긴 인덕'으로 이화학당 내에서만이 아니라 사회적으로도 알려져 있어 프라이 당장(堂長)의 총애를 받고 있었다.

박인덕은 이 시기에 계몽운동적 차원에서 사회 참여 활동도 했다. 그러다가 3·1 운동 때에는 민족정신을 고취하고 학생을 선동하였다는 죄목으로 동료교사인 신준려(申俊勵)와 더불어 경찰에 연행되어 4개월 동안 감옥생활을 했다. 그리고 출옥한 지 얼마 지나지 않은 그 해 11월에 또다시 대한애국부인회사건으로 투옥되는 고초도 겪었다.

연이은 두 번의 투옥 후에 그는 이화학당에서 교사생활을 하다가 1921년 그를 아끼던 아펜젤러(훗날 이화여전 교장이 됨)로부터 인생의 전환점이 될 수 있는 제안을 받게 된다. 즉, 미국 오하이오의 웨슬레안대학으로 유학할 수 있도록 주선을 해 주겠다는 것이었다(그의 유학 주선은 이화학당 대학과 5회 졸업생인 김활란*보다 앞섰다).

그러나 박인덕은 유학이라는 좋은 기회를 포기하고 결혼을 결심했는데, 그 결혼 상대는 김운호(金雲鎬)라는 부호였다. 박인덕이 결혼을 선택하였다는 사실은 당시로서는 주위 사람들에게 큰 실망을 안겨다 주었다. 당시 이화학당의 선교사들은 자기 학교 출신의 학생들이 독신으로 남아 학교와 사회에서 중요한 역할을 해 주기를 기대하고 있었기 때문이다. 그리하여 그의 결혼 결심은 이화에서 절대적인 지지자들을 잃어 버리는 계기가 되었다.

결혼 후 박인덕은 1923년 9월 감리교 여자신학교에서 금주·금연운동을 주요 활동으로 하는 조선여자기독교절제회를 발족하여 회장으로 활동하는 등 사회활동을 계속하였다. 그러나 얼마 후 그의 결혼생활이 파경을 맞게 됨으로써 그는 두 딸을 거느리고 배화학교(1921~26. 9)와 여자신학교에서 영어와 음악을 가르치다 배화의 교사였던 루비 리(Rubie Lee)의 협조로 1926년 웨슬레안대학으로 유학을 떠났다. 그는 그 곳에서 사회학 문학박사학위를 받았고, 컬럼비아대학 사범대에서 교육학 문학석사학위를 받았다.

미국에서도 박인덕은 사회활동을 계속했는데, 민족주의단체인 근화회(槿花會)에서 활동한 것이 그 대표적인 예이다. 근화회는 1928년 2월 뉴욕에서 김마리아, 황애덕(黃愛德), 박인덕 등 여자유학생들의 발기로 조직된 것으로 출판이나 순회강연 등을 통해 국내정세를 외국인에게 소개하여 조국광복에 기여하려는 단체였다. 그는 미국에서 학생봉사운동에 호응하여 각지의 대학에 나가 강연하고 세계 유세계획을 세워 북아메리카는 물론 유럽 각지에 조선을 소개하는 활동을 벌였으며, 동남아와 중국을 거쳐 1931년 조국에 돌아왔다. 그의 귀국을 환영하는 모임이 명월관 본점에서 윤치호*의 사회로 각 방면의 지기 56명이 참석한 가운데 열렸는데 이는 박인덕에 대한 기대와 지명도를 잘 반영해 준다.

귀국 후 그는 교사모임으로 조직되었던 망월구락부를 황애덕, 최활란(崔活蘭)과 더불어 1932년 '단정한 직업을 가진 여성'들의 모임인 조선직업부인협회로 개편하여 여성들을 위한 경제학 강연을 여는 등의 활동을 폈다.

한편 박인덕은 농촌여성에 대한 계몽활동에도 참가하였다. 그의 열성 덕분에 여자사업협회에서는 1933년 농촌부녀를 위한 이동학교를 개설하기도 했으며, 감리교 농촌부녀지도자수양소의 일도 하였다.

1935년에는 『농촌교역지침』을 발간하여 종교활동의 일환으로서 농촌계몽운동을 하였다. 민족주의계열 내에서는 1920년대 후반 이후 협동조합에 대한 관심이 커져가고 있었는데, 이 영향을 받아 그의 농촌에서의 활동은 덴마크식 농촌을 이상으로 삼고 있었던 것으로 보인다. 그래서 그가 농촌문제나 농촌 여성들의 문제를 보는 시각은 식민지 현실에서 문제의 해결을 찾아나가는 식이 아니라 덴마크의 모델을 따라가려는 식이었다. 따라서 당시 농촌문제의 원인제공자인 일제와 지주소작관계의 문제는 그의 관심 밖에 있었던 것이다. 그래서 그의 활동은 주로 농민을 계몽의 대상으로 파악하고 행해졌으며, 그들의 처지를 개선하는 것에 주요한 관심을 기울였고, 무지로부터의 해방이 생활 개선의 주요 수단이라고 보았다.

이것은 그가 주로 지식인 여성 중심의 여성단체 활동을 하고 있었던 것과 동전의 양면을 이룬다. 박인덕이 일제와의 투쟁적 관점을 결여하고 있었다는 것은 그가 3·1 운동 때 집단적 행동보다 개인적 행동을 주장했다는 데에서도 잘 드러난다. 그리고 3·1 운동 전후의 성향은 1920년대 초반에도 별 변화없이 계속 이어져, 금주·금연을 운동의 목표로 내세우게 된다. 이것은 그의 민족운동, 여성운동의 방향이 실력양성운동, 자유주의적 여권운동에 기반하고 있었다는 것을 잘 설명해 준다.

이처럼 일제에 대해 타협적인 태도를 취하면서 합법적 공간에서 운동하는데 익숙했던 그의 성향이 훗날 반민족행위로 나아가는 데도 거리끼지 않게 만드는 요인이 되지 않았을까.

녹기연맹 의원으로 덕화여숙 설립하며 급격한 변신

미국에서 조선 민족의 존재를 알리며 민족주의단체에 참가했던 그가 어떠한 계기로 반민족행위자가 되었는가. 이에 대한 분명한 기록은 없다. 그러나 당시의 사회정세와 밀접한 관련이 있었으리라 추정할 수는 있다. 그가 벌인 여러 가지 활동은 1930년대 중반이 지나면서 일제 관제운동인 농촌진흥운동에 흡수되거나 중단되었다. 게다가 박인덕은 교회나 각종 사회단체들과 관련된 활동을 하였으나 안정된 직업을 가지지는 못한 것으로 보인다. 1935년경부터는 일제가 기독교에 대해서도 신사참배니하는 각종 시책을 강요하여 강력하게 통제하였다. 이런 가운데 다른 활동가들도 마찬가지였겠지만 박인덕 역시 자신의 입장을 결정할 시점을 맞이하였다.

국내의 민족주의계 인물들 대부분이 이미 일제에 대해 투쟁성을 잃어 버린 지 오래였다. 침묵할 것인지, 굴복할 것인지 그것만이 남아 있었다. 일제에 저항하기엔 그의 정치적·사회적 입장이 너무나 미약했다. 그의 개인적 야망과 왕성한 활동욕은 일제와 타협하여 비록 굴욕적이더라도 자신의 사회적 생명을 이어가는 쪽을 택하였다. 자신과 친분 있던 많은 사람들——윤치호, 신흥우(申興雨), 김활란 등——이 이미 친일행각을 벌이고 있는 것을 보면서.

그의 반민족행위는 다른 여성명사들과는 다소의 차이를 보인다. 다른 이들이 이미 확보한 지위——교장이나 교사, 종교상의 지위 등——를 유지·강화해 가려는 데 있다면, 상대적으로 부평초같이 지내던 그는 자신의 입지를 새롭게 만들어 나가는 데 친일 행위를 이용한 것이었다.

박인덕의 친일행각은 덕화여숙(德和女塾)의 설립에서 시작된다.

덕화여숙은 녹기연맹(綠旗聯盟) 부설 청화여숙(淸和女塾)을 본따 자매학교로서 만들어졌다. 해방 이후의 기록에 의하면 덴마크의 실업학교를 본보기로 삼은 것이라고 하나, 덕화여숙은 음으로 양으로 녹기연맹의 도움을 받은 것이 분명하다.

박인덕이 녹기연맹과 관련을 갖게 된 것은 일본어를 배우게 되면서부터이다. 일제가 목조아 오는 가운데 그는 1939년경 일본어를 익혀야 할 필요성을 절실히 느끼고 있었다. 1938년 교육령에 의해 교사들은 일본어를 상용하지 않을 수 없었다. 다른 학교와 달리 이화학당에서는 일본어 교육이 그리 중시되지 않았고 박인덕으로서는 미국 유학으로 일본어를 충분히 익힐 기회가 없었다. 녹기연맹(綠旗聯盟)의 쓰에(須江愛子)에게서 일본어를 배우기 시작하여 하시기타(橋北町)의 '국어강습회'를 거쳤다. 이러한 가운데 녹기연맹측은 자기 끄나풀로서 박인덕을, 박인덕은 자신의 입지를 강화해 줄 수 있는 학교설립의 지원자로서 녹기연맹을 선택한 셈이었다.

1941년 4월 18일 덕화여숙 설립일에 검사정(檢事正) 야마사와(山澤) 및 나가사키(長崎), 구라시게(倉茂) 보도부장, 이화여학교 신도순(辛島純 : 원이름은 辛鳳祚) 등이 축사를 읽었다. 교사진은 녹기연맹의 쓰다(津田節子), 청화여숙 교사가 겸하는 경우가 대부분이었다(淸田美智子, 「덕화여숙을 방문하고」, 『綠旗』, 1941. 6). 이런 점으로 미루어 덕화여숙 자체가 고등여학교를 졸업한 사람에게 1년 과정의 직업교육을 실시하는 것이라고는 하나 자율적인 교육기능을 갖는다는 것은 거의 불가능한 상태였다. 매일 아침마다 「황국신민의 서사」를 읊고, 청화여숙과 조선신궁에 합동참배하는 일종의 녹기연맹의 부설학교와도 같은 것이었다.

그 즈음하여 그는 나가가와(永河仁德)라고 창씨하고, 같은 해 8월에는 임전대책협의회의 결성에 위원 자격으로 김활란과 함께 참여했으며, 9월에는 김동환*, 신태악*, 신흥우, 윤치호, 이성환(李晟煥), 이종린(李鍾麟), 최린* 등과 함께 '임전대책 연설회'에서 '승전의 길은 여기에 있다'는 제목으로 연설하였다. 또한 전쟁비 조달을 위한 채권가두유격대로서 이숙종(李淑鍾), 송금선(宋今璇)과 함께 참가하였다.

그가 당시 행하고 다닌 친일행위들은 1941년 12월 20일 『매일신보』에 실린 「정전(征戰)을 뒤에 지키는 맹서」라는 글을 통해 명확히 드러난다. "대체 왜 영·미하고 싸우게 되나를 잠깐 생각합시다.……중대한 것 중의 하나는 남의 구역에 영·미가 침범을 한 것입니다.……그것이 우리 한 개인의 문제가 아니라 대동아에 사는 전민족에게 끼치는 일이니까 우리는 정의를 위하여 굳게 싸우는 것입니다." 이제 그는 자신이 공부하고 강연하고 다녔던 미국을 적국으로 돌리고 자신의 조국을 짓밟고 있는 일본 제국주의를 비호하여, 일본이 일으킨 태평양전쟁을 '정의의 전쟁'으로 미화하였다.

근대에 들어오면 전쟁시기에 여성정책이 극명하게 드러나는데, 일제도 이 시기에 와서 여성들을 역사의 전면에 부각시키고 여성의 역할이 중요함을 강조하여 여성들을 회유·동원하는 데 광분하였다. 박인덕은 이러한 일제의 요구에 대해 조선임전보국단의 평의원과 그 부인대의 지도위원로서 1941년 12월 27일 결전부인대회에서 사회를 맡아 "지금은 우리 1500만 여성이 당당한 황국 여성으로서 천황폐하께 충성을 다할 천재일우의 시기입니다. 이에 우리 반도 여성을 대표로 하여 '결전부인보국회'……를 조직"하자고 하였다. 그리고 목 조이듯 궁핍을 강조하였던 당시 가정생활에서의 절약, 간단화를 강조하여 "이 때야말로 주부된 우리들이 모든 생활에 간단화하기를 생각하여 시간으로, 물질로, 금전으로 남은 것은 국가에 바치겠다는 이 한 정신을 가지고 생활할 때에 필승은 우리 앞에 오고야 말 것이다"(「의식주에 관한 필승의 길」, 『신시대』, 1943. 4)라며 일제의 수탈과 착취를 합리화하고 군복수리작업 등을 활동으로 삼았다.

그리고 전쟁이 소모전으로 되면서 군인의 충원이 급해지자 일제는 징병제를 계획하고 학병을 끌고 갔다. 이를 위해서 우선적으로 선전대원으로서 각종 관제 단체들을 동원하였다. 이 때 박인덕은 '새 어머니 될 우리의 감격과 포부'를 논제로 한 좌담회에 참석하였고, 학병을 동원하기 위해서 조선교화단체연합회 부인계몽독려반으로 파견되었다. 이외에도 조선언론보국회(1945. 6. 8 조직됨)의 이사를 맡는 등 일제가 패망할 때까지 각종 반민족적 단체나 각종 토론회·강연회의 연사로서, 그리고 사회자로서 맹활약을 하였다.

이러한 친일행위 중에서도 그는 "(여성인——인용자) 우리는 배우고, 생각하고, 남을 사랑하는 마음을 가지고 대표적 황국신민이 되어서 우리 스스로가 지도자로 되자"(『대동아』, 1942. 5)고 함으로써 매국적 행위 속에서도 여권신장에 대한 희망을 나타냈다. 이는 바로 1920년대의 자유주의 여권론자 대부분의 모습이었다. 일제에 굴복하면서도 여성문제를 어느 정도 해결할 수 있다고 본 것은 전형적으로 민족문제와 여성문제를 분리시켜 본 예이다.

해방 후 반탁·반공연사로 활약

해방 전에는 미국을 비난하던 입으로 박인덕은 일제가 패망하고 미군이 들어오자 돌변하여 미군정에 밀착되어 미소관계의 냉전이 시작되는 틈 속에서 다시 변신을 꾀하였다. 그러나 8·15 직후에는 반민족행위와 관련되어 우익민족주의자들이 별 영향력을 행사하지 못하였다.

그런데 1946년 신탁문제를 둘러싸고 우익여성운동도 바람을 타고 성장하기 시작하였다. 반탁운동체가 총집결될 때 여성단체도 독립촉성애국부인회로 결집되었다. 박인덕은 독립촉성애국부인회의의 전국부인대회에서 '민주주의와 여성'이라는 주제로 강연을 하는가 하면 회의의 사회자로 맹활약을 하고 정보부장으로 선임되어 전국적 무대에 재등장하였다. 뿐만 아니라 미군정청에 의해 제1회 국제부인대회에 남한대표로 미국에 파견되었고 미국에서 반탁여론을 조성하는 데 노력을 아끼지 않았다.

그리고 이후 미국에서 저술, 강연에 열중하여 자서전적인 책 2권(*September Monkey*와 *The Out of Tiger*)을 썼다. 이 책은 각국어로 번역되어 수만 권이 판매되었고, 이외에도 격언집 『용의 지혜』(*The Wisdom of Dragon*) 등도 발행하였다. 그 인세와 강연료 등을 기금으로 1961년 이후 인덕실업전문대학 등을 설립하여 인덕학원 이사장이 되었다. 일제하 덕화여숙으로 왜곡되어 나타났던 박인덕의 학교 설립의 포부는 그 후에도 이어져 학교의 이사장이 되었다. 그리고 일제시기 학교 설립자가 되었던 대부분의 인물들이 학교를 그들의 자손에 물려준 것처럼 그 역시 딸에게 자리를 물려 주었다.

■ **강정숙**(영남대 강사·여성학, 반민족문제연구소 연구원)

주요 참고문헌

淸田美智子, 「덕화여숙을 방문하고」, 『綠旗』 1941. 6.
박인덕, 「정전(征戰)을 뒤에 지키는 맹서」, 『매일신보』 1941. 12. 20.
______, 「의식주에 관한 필승의 길」, 『신시대』 1943. 4.